Das waren Zeiten 3

herausgegeben von
Dieter Brückner
und Julian Kümmerle

C.C. Buchner

Das waren Zeiten – Baden-Württemberg

Unterrichtswerk für Geschichte an Gymnasien, Jahrgangsstufe 8

Herausgegeben von Dieter Brückner und Julian Kümmerle

Bearbeitet von Markus Benzinger, Dieter Brückner, Caroline Galm, Kirsten Galm, Frank Harteker, Ursula Hepp, Volker Herrmann, Julian Kümmerle, Markus Sanke, Dagmar Setz, Regine Winkle und Franziska Zach

---

Zu diesem Lehrwerk sind erhältlich:
- Digitales Lehrermaterial **click & teach** Einzellizenz, Bestell-Nr. 310481
- Digitales Lehrermaterial **click & teach** Box (Karte mit Freischaltcode), ISBN 978-3-661-31048-0

Weitere Materialien finden Sie unter www.ccbuchner.de.

Dieser Titel ist auch als digitale Ausgabe **click & study** unter www.ccbuchner.de erhältlich.

2. Auflage, 1. Druck 2019
Alle Drucke dieser Auflage sind, weil untereinander unverändert, nebeneinander benutzbar.

Das Werk folgt der reformierten Rechtschreibung und Zeichensetzung. Ausnahmen bilden Texte, bei denen künstlerische, philologische und lizenzrechtliche Gründe einer Änderung entgegenstehen.

Auf verschiedenen Seiten dieses Buches finden sich Mediencodes. Sie enthalten optionale Unterrichtsmaterialien und/oder Verweise (Links) auf Internetadressen.
Haftungshinweis: Trotz sorgfältiger inhaltlicher Kontrolle wird die Haftung für die Inhalte externer Seiten ausgeschlossen.

© 2018 C.C.Buchner Verlag, Bamberg
Das Werk und seine Teile sind urheberrechtlich geschützt. Jede Nutzung in anderen als den gesetzlich zugelassenen Fällen bedarf der vorherigen schriftlichen Einwilligung des Verlages. Das gilt insbesondere auch für Vervielfältigungen, Übersetzungen und Mikroverfilmungen. Hinweis zu § 52 a UrhG: Weder das Werk noch seine Teile dürfen ohne eine solche Einwilligung eingescannt und in ein Netzwerk eingestellt werden. Dies gilt auch für Intranets von Schulen und sonstigen Bildungseinrichtungen.

Redaktion: Johanna Dörrenbächer und Verena Binder
Korrektorat: Philippe Larrat
Layout, Satz, Grafik und Karten: ARTBOX Grafik & Satz GmbH, Bremen
Umschlag: ideen.manufaktur, Dortmund
Druck- und Bindearbeiten: creo Druck und Medienservice GmbH, Bamberg

www.ccbuchner.de

ISBN: 978-3-661-**31043**-5

Inhalt

So findet ihr euch im Buch zurecht 6
Vorwort der Herausgeber 9

1 Europa nach der Französischen Revolution
Bürgertum, Nationalstaat, Verfassung

Einstieg: „Die Freiheit führt das Volk" 10
Fragen an ... Europa nach der Französischen Revolution .. 12
Napoleon: Retter Frankreichs? 14
Die Landkarte wird neu gestaltet 16
Neue Länder im Südwesten 18
Das Ende der napoleonischen Herrschaft 20
Europa wird neu geordnet 22
Bürger fordern Einheit und Freiheit 24
Die Bürger Europas stehen auf: Vormärz und Völkerfrühling. 26
1848: Die Revolution im Deutschen Bund 28
Das erste deutsche Parlament 30
Methode: Karikaturen interpretieren 32
Jetzt forschen wir selbst: Freiheitsbewegung Südwest 34
Fenster zur Welt: Nach Amerika! 36
Reichseinigungskriege 38
Die Reichsgründung „von oben" 40
Die Polen kämpfen für einen eigenen Staat 42
Das Jahrhundert der Nationalstaaten? 44
Das weiß ich – das kann ich! 46

2 Durchbruch der Moderne
Der industrialisierte Nationalstaat

Einstieg: Moderne Zeiten 48
Fragen an ... den Durchbruch der Moderne 50
In England beginnt eine neue Zeit 52
Nachzügler Deutschland 54
Besser, schneller, mehr: Hochindustrialisierung 56
Methode: Ein Diagramm erstellen 58
Leben und arbeiten in der industriellen Welt 60
Karl Marx fordert die Revolution 62
Sozialdemokratie und Gewerkschaften 64
Der Staat wird aktiv 66

Verstädterung im Deutschen Reich 68
Die Umwelt leidet 70
Frauen fordern ihr Recht 72
Jetzt forschen wir selbst: Die Frauenbewegung beginnt 74
Jüdisches Leben: Der Weg zur Gleichstellung 76
Aus Antijudaismus wird Antisemitismus 78
Herrliche Zeiten? 80
Nationalismus und Militarismus 82
Welche Feste feiert eine Nation? 84
Methode: Denkmäler untersuchen 86
Fenster zur Welt: Verkehr, Kommunikation und Handel um 1900 88
Fenster zur Welt: Ein Jahrhundert der Migration 90
Fenster zur Welt: Die Welt zu Gast: Weltausstellungen 92
Das weiß ich – das kann ich! 94

3 Imperialismus und Erster Weltkrieg
Europäisches Machtstreben und Epochenwende

Einstieg: Wettlauf in die Katastrophe 96
Fragen an … die Zeit des Imperialismus und des Ersten Weltkrieges 98
Fenster zur Welt: Der schwarze Kontinent – ein weißer Fleck? 100
Fenster zur Welt: Warum werden Kolonien gegründet? 102
Fenster zur Welt: Wozu werden Kolonien genutzt? 104
Jetzt forschen wir selbst: Der Aufstand der Herero 106
Bündnisse und Konflikte 108
Konfliktherd Balkan 110
Frieden ist keine Option 112
Jetzt forschen wir selbst: Suche nach einem Schuldigen 114
Die Schrecken des Krieges im Feld … 116
… und in der Heimat 118
Methode: Kriegspropaganda erkennen 120
Vom europäischen Krieg zum Weltkrieg 122
Russland um 1900 124
Die Oktoberrevolution 126
Wohin soll es gehen? 128
Novemberrevolution in Deutschland und Kriegsende 130
Novemberrevolution in Baden und Württemberg 132
Welche Republik? 134
Geht die Revolution weiter? 136
Das weiß ich – das kann ich! 138

4 Europa in der Zwischenkriegszeit
Durchbruch und Scheitern des demokratischen Verfassungsstaates

Einstieg: Tanz auf dem Vulkan?	140
Fragen an … Europa in der Zwischenkriegszeit	142
Eine neue Weltordnung?	144
Die Neuordnung Europas	146
Der Versailler Vertrag: Frieden auf Dauer?	148
Faschismus in Europa: Das Beispiel Italien	150
Die Weimarer Verfassung	152
Parteien – Träger der Demokratie?	154
Methode: Plakate analysieren	156
Republik unter Druck	158
Bettelarme Millionäre – Inflation und soziale Konflikte	160
Die stabilen Jahre	162
Die „Neue Frau"?	164
Die große Krise	166
Dem Ende entgegen	168
Der 30. Januar 1933 – Hitler wird Reichskanzler	170
Jetzt forschen wir selbst: Woran scheiterte „Weimar"?	172
Warum bleibt Frankreich eine Demokratie?	174
Das weiß ich – das kann ich!	176

Service-Anhang
Die GFS im Fach Geschichte vorbereiten	178
Aufgaben richtig verstehen – durch Operatoren	180
Methodenkarten	182
Hilfestellungen: Gewusst wie!	182

Lexikon zur Geschichte
Begriffe	190
Personen	199

Register
Sachregister	201
Personenregister	205
Bildnachweis	207

So findet ihr euch im Buch zurecht

Der „Einstieg" – damit ihr wisst, worum es geht

Jedes Hauptkapitel beginnt mit einem großen Bild sowie einem Text mit kurzen Erklärungen und Hinweisen, der die *Leitgedanken* zu den folgenden Themen nennt und auf das Thema einstimmen soll. Unten rechts findet ihr einen Vorschlag, wie ihr das Bild selbst befragen könnt. Mithilfe dieser Seite könnt ihr euch fragen: „Was ist an diesem Thema interessant und bedenkenswert?"
Übrigens: Alle Aufgaben im Buch verwenden sogenannte *Operatoren*. Das sind Verben, die euch darauf hinweisen, was ihr jeweils tun sollt. Die alphabetisch geordnete Liste im Anhang (S. 180/181) gibt euch dazu Hilfestellungen.

„Fragen an …" – euer Informationszentrum

Diese Doppelseite ist euer *Informationszentrum* für das folgende Kapitel. Sie wirft Fragen auf, warum wir uns heute mit diesem Teil der Vergangenheit befassen.
Die *Karte* zeigt, wo die Ereignisse stattfanden, die ihr kennenlernen werdet. Die *Zeitleiste* hilft dabei, euch den Zeitraum vorzustellen und mit der Zeit der vorigen Kapitel zu vergleichen.
In jedem Kapitel haben wir das Thema übersichtlich in fünf wichtige Bereiche (*Kategorien*) gegliedert und mit einem Zeichen (*Symbol*) gekennzeichnet. Dazu könnt ihr wiederum Fragen stellen. Wichtig ist die *Leitfrage*: Sie soll euch durch das Kapitel begleiten und am Ende beantwortet werden.

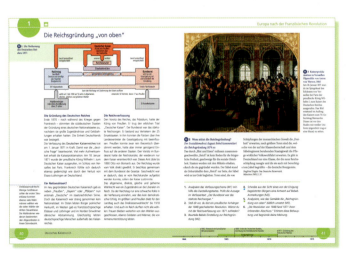

Teilkapitel – das Wichtige, übersichtlich geordnet

Auf der *linken Seite* haben Geschichtslehrerinnen und -lehrer aufgeschrieben, was sie zum Thema für wichtig halten. Das *Symbol* oben zeigt, welche *Kategorie* vor allem behandelt wird. *Schlüsselbegriffe* sind fett gedruckt und unten wiederholt. Dort sind die Begriffe schwarz gedruckt, die der Bildungsplan besonders hervorhebt. Erklärungen zu den Begriffen findet ihr im „Lexikon zur Geschichte".
Auf der *rechten Seite* enthält das Buch *Materialien*, also Texte, Bilder und Zeichnungen zum eigenständigen Arbeiten. Sie sind mit Ⓜ gekennzeichnet.
Die *Zeitleiste* enthält wichtige Daten zur Doppelseite.
Arbeitsvorschläge stehen unter der Linie.

So findet ihr euch im Buch zurecht

Methoden – Aufgaben schrittweise lösen

Wer Geschichte verstehen will, muss die richtigen Fragen stellen und zu ihrer Beantwortung schrittweise vorgehen. Dafür braucht ihr *Methoden*. Wir zeigen euch an Beispielen, wie ihr Materialien auswertet. Auf den *Methodenseiten* könnt ihr das gleich selbst erproben: M1 bearbeiten wir mit euch gemeinsam. *Jetzt bist du dran!* Zu M2 machen wir keine Vorschläge. Mit den *Hilfen zur Formulierung* könnt ihr diese und kommende Aufgaben sicher allein lösen.

„Fenster zur Welt" – Einblick in andere Kulturen

Ein Haus ohne Fenster wäre etwas ziemlich Merkwürdiges: Man könnte nur die Dinge in seiner eigenen Wohnung sehen. Was draußen vorgeht, bliebe unsichtbar. Für den Durchblick braucht man auch den Ausblick. Solche Ausblicke stellen die „*Fenster zur Welt*" dar. Sie ermöglichen euch Einblicke in andere Kulturen, die es zu anderen Zeiten oder gleichzeitig auf anderen Erdteilen gab. Sie verdeutlichen euch aber auch, wie eines mit dem anderen zusammenhängt und wie es zu Begegnungen zwischen Menschen kam – über tausende von Kilometern hinweg.

„Jetzt forschen wir selbst!"

Solche Doppelseiten findet ihr in jedem Großkapitel. Die Materialien, die wir zusammengestellt haben, gehören *zu einem Thema* des Kapitels. Wir machen euch *Vorschläge*, welche Fragen ihr an die Bilder und Texte stellen könnt.
Um mehr über das Leben in der Vergangenheit herauszufinden, geht ihr am besten *schrittweise* vor – unsere Aufgaben helfen euch dabei.
So übt ihr nach und nach, Zeugnisse aus der Vergangenheit zu *beschreiben*, zu *untersuchen*, *einzuordnen* und eure Ergebnisse zu *präsentieren*.

„Das weiß ich, das kann ich!" – Testet euch selbst

Am Ende des Kapitels seid ihr Experten für die behandelte Zeit!

Die Seite *„Das weiß ich – das kann ich!"* kommt auf die *Leitfrage* von der *„Fragen an ..."-Seite* zurück:

Links machen wir Vorschläge, wie ihr die Fragen zu den *Kategorien* beantworten könntet. *Rechts* findet ihr neues Material und passende Aufgaben. Damit könnt ihr prüfen, wie gut ihr euch jetzt auskennt und wie sicher ihr die Methoden anwenden könnt.

Noch unsicher? Besucht im Internet die Seite *Kompetenz-Test*! Hier könnt ihr herausfinden, was ihr schon gut erklären könnt und was ihr noch üben solltet.

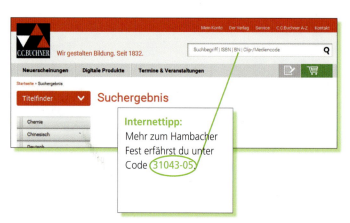

1. Arbeite heraus, welche …
   … …
2. Gestalte einen Brief, in dem du …
   … …

Lust auf mehr? Geht ins Netz!

Vielleicht bekommt ihr ja Lust darauf, zu dem einen oder anderen Thema noch etwas mehr zu erfahren. Dann achtet auf die Internettipps, die wir auf vielen Seiten dieses Buches abgedruckt haben.

Wenn ihr die Links aufrufen wollt, müsst ihr keine langen Internetadressen abtippen. Geht einfach auf unsere Homepage *www.ccbuchner.de*. In das Suchfeld oben rechts müsst ihr nur den Code des Internettipps eingeben, z. B. „31043-05".

Aufgaben-Kennzeichnungen

Zu Aufgaben, die mit dem Symbol ● gekennzeichnet sind, geben wir euch im Anhang eine *Hilfestellung*. Aufgaben mit dem Symbol ● sind etwas *kniffliger* oder brauchen etwas *längere Zeit*.

Ereignisse, die die Welt verändern

Liebe Schülerinnen und Schüler,

„wenn man einen Römer aus der Antike in das Jahr 1750 gebeamt hätte, dann wäre ihm sicherlich vieles ungewöhnlich vorgekommen, aber nach einiger Zeit hätte er sich in seiner neuen Umgebung genauso sicher bewegt wie in seinem gewohnten, antiken Alltag. Hätte man ihn aber ‚nur' hundert Jahre weiter in das Jahr 1850 oder gar in die Zeit nach 1900 versetzt, würde er meinen, in einer völlig anderen Welt gelandet zu sein." – Mit dieser kleinen Geschichte lässt sich beschreiben, wie radikal sich die Welt und das Leben der Menschen in den etwas mehr als hundert Jahren zwischen 1800 und 1930 verändert haben.

Während ihr euch im vergangenen Schuljahr mit einem Zeitraum von rund tausend Jahren beschäftigt habt, nehmt ihr in diesem Jahr also nicht einmal eineinhalb Jahrhunderte in den Blick. Das liegt daran, dass es in dieser kurzen Zeit so viele umwälzende Veränderungen gab, die es sich lohnt, kennen zu lernen. Hinzu kommt, dass ihr mehr als im bisherigen Geschichtsunterricht über Europa hinaus auf die gesamte Welt blicken werdet. Und es liegt auch daran, dass in dieser Zeit die Wurzeln für viele Prozesse und Gegebenheiten liegen, die uns und unsere Gegenwart noch direkt beeinflussen. Industrie und Technik, die sogenannte kapitalistische Wirtschaftsform und ihr ‚Gegenspieler', der Kommunismus, die Herrschaft der technisch hoch entwickelten Staaten in ihren Kolonien in Übersee und deren Folgen, aber auch wie Freiheit und Demokratie in Europa hart erkämpft wurden: Darüber müssen wir Bescheid wissen, um unsere eigene Gegenwart besser verstehen zu können.

Auch dieser Band eures Geschichtsbuches liefert euch die für dieses Verständnis unerlässlichen Sachinformationen und Materialien. Er wird euch aber auch wieder dazu anregen, nicht nur Wissen zu erwerben, sondern auch Methoden der Geschichtswissenschaft anzuwenden und zu vertiefen, um euch eine fundierte, begründete eigene Meinung über historische Ereignisse und Personen zu bilden. Und dazu fordert die Geschichte dieses Zeitraumes geradezu heraus. Schon die Zeitgenossen haben darüber gestritten, ob die rasante Entwicklung der Technik wirklich ein Fortschritt war, sie haben sich gefragt, warum im Jahr 1914 ein Krieg begann, der sich zum ersten Weltkrieg der Geschichte ausweitete, und sie haben erlebt, dass die Demokratie, für die ihre Väter und Großväter gekämpft hatten, noch lange nicht gesichert war.

Am Ende dieses Schuljahres habt ihr nicht nur wesentliche Ereignisse der Zeit zwischen 1800 und 1930 kennengelernt, sondern auch die Debatten und Fragen, die diese ausgelöst haben. Dann werdet ihr in der Lage sein, Bilanz zu ziehen, ob ihr das Erbe dieser etwa 130 Jahre eher positiv oder eher negativ einschätzt.

Wir wünschen euch bei dieser Begegnung mit Geschichte wieder viel Freude und Erfolg!

Dieter Brückner
und
Julian Kümmerle

1 Europa nach der Französischen Revolution

Als der Maler Eugène Delacroix sein Gemälde malte, stand er noch unter dem Eindruck der Ereignisse in Paris im Juli 1830: Wieder waren die Menschen auf die Barrikaden gegangen, denn der König wollte die alten Machtverhältnisse und die Rechte des Adels wiederherstellen. Und sie hatten Erfolg! Neben Frankreich erlebten auch viele andere europäische Länder in diesen Jahren revolutionäre Umwälzungen. Die Menschen forderten immer lauter Mitbestimmung darüber, wie sie regiert werden.

M „Die Freiheit führt das Volk"
Ölgemälde von Eugène Delacroix, 1839 (Ausschnitt)
Das Gemälde versucht, die revolutionäre Stimmung in Paris 1830 zum Ausdruck zu bringen. Charakterisiert diese Stimmung und stellt Vermutungen an, warum und wofür Menschen im 19. Jh. „auf die Barrikaden" gehen könnten.

Fragen an … Europa nach der Französischen Revolution

Dass wir heute in einer Demokratie leben, unsere Meinung frei äußern und politisch mitbestimmen dürfen, ist nicht selbstverständlich. Es ist das Ergebnis eines langen Kampfes mehrerer Generationen. Die Revolutionen in Amerika und Frankreich hatten in den deutschen Fürstentümern, in Italien, Polen und Österreich-Ungarn Vorbildcharakter. In Frankreich konnte sich dagegen zunächst ein Alleinherrscher, Napoleon Bonaparte, durchsetzen. Seine Herrschaft als Kaiser der Franzosen von 1804 bis 1814 veränderte die europäische Landkarte. Die von Napoleon eroberten und unterdrückten Fürstentümer schlossen sich in den Befreiungskriegen gegen Frankreich zusammen. In Deutschland stärkte der Kampf für Freiheit und eine gemeinsame Sache das Zusammengehörigkeitsgefühl über die Grenzen der Einzelstaaten hinweg. Die Menschen sehnten sich danach, als Nation in einem Staat zu leben.

Nach dem Sieg über Napoleon verhandelten die europäischen Herrscher 1815 über eine Friedensordnung für Europa. Dabei versuchten sie, ihre Macht zu festigen und die Verhältnisse vor der Französischen Revolution wiederherzustellen. Die Rufe nach Freiheit und Einheit konnten jedoch nicht ausgelöscht werden. Auf Festen und Kundgebungen wurden sie immer wieder laut und führten 1848/49 zu zahlreichen Aufständen in den europäischen Ländern. In diese Zeit fällt auch die erste demokratische Verfassung für ein einiges Deutschland. Sie trat aber nie in Kraft, da die Revolution der Bürger von den Fürsten niedergeschlagen wurde.

Erst das Deutsche Kaiserreich erfüllte die Forderung nach Einheit. Die Reichsgründung wurde 1871 von den Fürsten, besonders vom preußischen König, durchgesetzt. Erstmals gab es nun einen deutschen Nationalstaat. Auch anderswo in Europa wurden im 19. und frühen 20. Jh. Nationalstaaten gegründet, die fortan die europäische Politik bestimmten.

Leitfrage *Das Ringen der Menschen im 19. Jh. um Einheit und Freiheit – ein Erfolg?*

Nach dem Vorbild der Französischen Revolution kämpften überall in Europa die Menschen für einen Nationalstaat sowie für Menschen- und Bürgerrechte.

Missernten, Verarmung und Hungersnöte ließen immer wieder auch Forderungen nach besseren Lebensbedingungen und Bekämpfung der sozialen Not laut werden.

Entwickelt Fragen zu Europa nach der Französischen Revolution und ordnet sie den fünf „Frage-Bereichen" (Kategorien) zu. ▶

 Herrschaft
…
…

 Wirtschaft
…
…

Fragen an ... Europa nach der Französischen Revolution

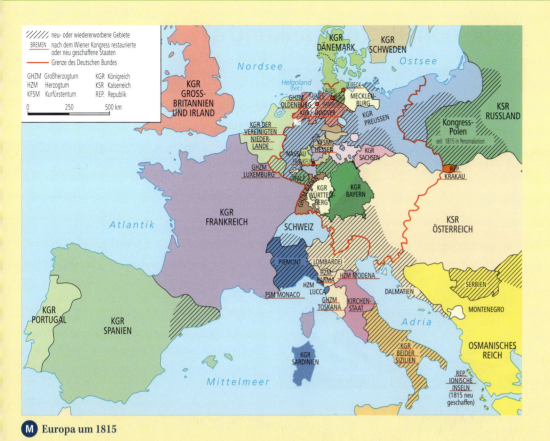

M Europa um 1815

Der erwachende Nationalismus führte auch dazu, dass die eigene Nation über andere gestellt wurde. So wurden angeblich „undeutsche" Bücher verbrannt.

Kultur

...
...

Mit den Revolutionen hatte das Bürgertum an politischem und wirtschaftlichem Einfluss gewonnen. Dies zeigte sich auch nach außen in der Gründung von Vereinen.

Gesellschaft

...
...

Das Scheitern der Revolution aber auch wirtschaftliche Schwierigkeiten veranlassten viele Menschen, Europa zu verlassen und sich eine neue Heimat zu suchen.

Vernetzung

...
...

| Vormärz | Ende der Revolution, Sieg der Restauration; Deutscher Bund | Einigungskriege | 1871-1918: Deutsches Kaiserreich |

1840 — 1850 — 1860 — 1870

...mbacher Fest | „Europäischer Völkerfrühling"; Märzrevolution, Nationalversammlung | Reichsgründung „von oben"

Napoleon: Retter Frankreichs?

M 1 „Napoleon überschreitet den großen St.-Bernhard-Pass"
Ölgemälde von Jacques-Louis David, 1799
Am linken unteren Bildrand stehen die Namen „Hannibal", „Karolus Magnus" (Karl der Große) und Bonaparte. Napoleon wird den Pass in Wirklichkeit zu Fuß oder auf einem Maultier überschritten haben.

Ein steiler Aufstieg

Wie kann das sein? Am 2. Dezember 1804 krönt sich der Bürger Napoleon Bonaparte im Beisein des Papstes zum „Kaiser der Franzosen" – und das nur 15 Jahre nach dem Sturm auf die Bastille!
Napoleons Karriere vom einfachen Offizier zum allmächtigen Kaiser ist eng verknüpft mit der Französischen **Revolution**. Geboren 1769 auf Korsika, wurde er schon mit 24 Jahren General der Revolutionsarmee. Vor der Revolution war dieser Rang Adligen vorbehalten.
1799 setzte er als erfolgreicher und beim Volk beliebter Feldherr kurzerhand die Regierung ab und setzte sich selbst an die Spitze des Staates. Er erließ eine Verfassung, die zwar Wahlen und Gremien zur Gesetzgebung vorsah, ihm selbst jedoch als „Erster Konsul" umfassende Rechte zubilligte.

Ein erfolgreicher Herrscher

Dass Napoleon so beliebt war und die Franzosen seine Herrschaft akzeptierten, gründete sich auf seine militärischen Erfolge. Er besiegte äußere Feinde und zwang sie zu Friedensschlüssen, die für Frankreich günstig waren. Eroberte Staaten mussten hohe Abgaben zahlen.
Im Inneren gelang es ihm, die großen, schon seit Beginn der Revolution herrschenden Probleme zu lösen. Ein umfangreiches Bauprogramm, eine neue Währung, ein strenges Steuersystem und eine straffe, zentralistische Staatsverwaltung[1] sorgten für wirtschaftlichen Aufschwung und einen handlungsfähigen Staat. So bot Frankreich vielen Bürgern die Möglichkeit zu Aufstieg und Wohlstand.

Politik des Ausgleichs

Klerus und Adel waren durch die Revolution um ihre Besitztümer und ihren Einfluss gebracht worden. Ihnen gegenüber betrieb Napoleon eine Politik der Versöhnung. Mit der katholischen Kirche wurde ein Abkommen (Konkordat) geschlossen, aber die grundsätzliche Trennung von Kirche und Staat und die Religionsfreiheit blieben bestehen. Zehntausende von ausgewanderten Adligen durften zurückkehren.

Rechte für alle?

Alle wahlberechtigen (männlichen) Bürger hatten die Möglichkeit, Kandidaten für öffentliche Ämter und die gesetzgebenden Räte in Paris vorzuschlagen. Ernannt wurden diese allerdings durch die Verwaltung oder die Regierung selbst.
Bedeutender für den Alltag der Franzosen war das neue Gesetzbuch, genannt „Code Civil" oder „Code Napoléon". Es schrieb erstmals einheitliche, verständliche Regeln fest und verwirklichte wichtige Grundsätze der Revolution wie die Gleichheit und Freiheit aller männlichen Bürger und die Unantastbarkeit des persönlichen Besitzes.

Schattenseiten

Wer trotz dieser Verdienste und Wohltaten kein begeisterter Anhänger des Kaisers war, wurde von einer allgegenwärtigen Polizei überwacht. Die Presse war durch strenge Kontrolle an der freien Meinungsäußerung gehindert. Vermutete oder tatsächliche Verschwörungen schlug Napoleon mit aller Härte nieder.

---

[1] zentralistische Staatsverwaltung: Verwaltung, die viele Befugnisse an einer einzigen, obersten Stelle bündelt

Revolution

Europa nach der Französischen Revolution

M 2 Die Salbung Kaiser Napoleons I. und die Krönung der Kaiserin Joséphine
Ölgemälde von Jacques-Louis David, 1805/07 (Ausschnitt)

Napoleon hatte den Papst gebeten, an der Krönungsfeier teilzunehmen. Er sollte ihn und seine Frau Joséphine salben und segnen. Der Papst (rechts, mit weißer Kopfbedeckung) kam dem Wunsch nach. Unter seinen Augen krönte Napoleon zuerst sich selbst und dann seine Frau.

M 3 Über die Republik und die Franzosen
Gegenüber dem französischen Diplomaten und späteren Graf Mélito äußert sich Napoleon in einem geheimen Gespräch 1797 so:

Glauben Sie vielleicht, dass ich eine Republik begründen will: Welcher Gedanke! [...] Das ist eine Wahnvorstellung, in die die Franzosen vernarrt sind, die aber auch wie so manche andere vergehen wird. Was sie brauchen, das ist Ruhm, die Befriedigung ihrer Eitelkeit, aber von Freiheit verstehen sie nichts. [...] Die Nation braucht einen Führer, aber keine Theorien über Regierung, keine großen Worte. [...] Man gebe ihnen ihre Steckenpferde, das genügt ihnen, sie werden sich damit amüsieren und sich führen lassen, wenn man ihnen nur geschickt das Ziel verheimlicht, auf das man sie zumarschieren lässt.

André-François Miot de Mélito, Mémoires I, Stuttgart 1866, S. 163 f. (übersetzt von Wilhelm A. Fleischmann)

M 4 Der Eid des Kaisers
Der Senat beschließt am 18. Mai 1804 den Eid des Kaisers:

Ich schwöre, die Unversehrtheit des Staatsgebietes der Republik zu erhalten, die [...] Freiheit des Gottesdienstes zu achten und achten zu lassen, die Gleichheit der Rechte, die politische und bürgerliche Freiheit, die Unwiderruflichkeit des Verkaufs der Nationalgüter zu achten und achten zu lassen, keine Abgaben zu erheben und keine Auflage zu errichten als in Gemäßheit des Gesetzes, und nur zum Vorteil, zum Glück und zum Ruhm des französischen Volkes zu regieren.

Gottfried Guggenbühl, Quellen zur Geschichte der Neuesten Zeit, erw. und neu bearb. von Hans C. Huber, Zürich ⁵1978, S. 46

Internettipp:
Mehr Informationen zu Napoleon erhältst du unter Code 31043-01.

1. Gestalte ein Schaubild, das Napoleons Werdegang zum Ausdruck bringt. Verwende hierzu die Informationen aus dem Darstellungstext.
2. Erkläre, warum Napoleon sich selbst krönte, aber vom Papst gesalbt werden wollte (M2).
3. Beschreibe den Aufbau des Gemäldes (M2) und die Position der Personen im Bild. Begründe, welche Wirkung der Maler erzielen wollte.
4. a) Charakterisiere anhand von M4 Napoleons Haltung gegenüber der Republik und dem französischen Volk.
b) Stelle dar, mit welchem „Trick" er über die Franzosen herrschen will.
c) Gestalte eine kritische Antwortrede des Grafen Mélito an Napoleon.
5. Erörtere, ob Napoleon die Revolution und Frankreich gerettet hat: Erstelle eine Tabelle mit Pro- und Kontra-Argumenten (Darstellungstext). Formuliere abschließend ein Fazit.

- 1769: Geburt Napoleon Bonapartes auf Korsika
- 1789: Beginn der Französischen Revolution
- 1792: Napoleon General der Revolutionsarmee
- 1799: Staatsstreich; Napoleon wird „Erster Konsul"
- 1804: Napoleon krönt sich selbst zum Kaiser der Franzosen

1 Die Landkarte wird neu gestaltet

M 1 Die deutschen Territorien um 1789
Das „Heilige Römische Reich Deutscher Nation" besteht aus etwa 1700 einzelnen Territorien. Über 300 Fürsten hatten Sitz und Stimme im Reichstag.

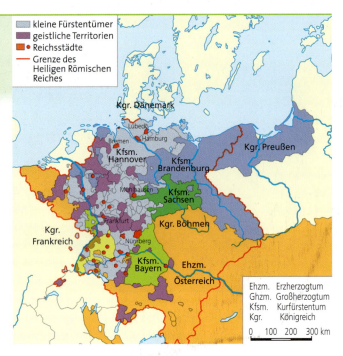

Deutschland und Europa unter Napoleon
Frankreich führte seit 1792 ununterbrochen Kriege gegen seine Nachbarn. Sie kosteten etwa 1,3 Millionen Menschen das Leben. Zunächst ging es darum, die Revolution gegen äußere Feinde zu verteidigen, bald wollte Napoleon jedoch Europa unter seine Herrschaft bringen. Dazu musste er die alten Großmächte besiegen. Dies gelang ihm 1801. Österreich musste die französischen Eroberungen anerkennen. Damit verloren alle deutschen Fürsten ihre linksrheinischen Gebiete an Frankreich. Sie wurden dafür aber mit Kirchengebieten entschädigt. Diese **Säkularisation** (lat. saecularis: weltlich) regelte der „Reichsdeputationshauptschluss" von 1803: In vier Erzbistümern, 18 Bistümern und etwa 300 Klöstern übernahmen weltliche Fürsten die Herrschaft und durften über deren Besitz verfügen. Darüber hinaus verloren durch die **Mediatisierung** (lat. mediatus: in der Mitte) kleine weltliche Herrscher wie Reichsritter und die meisten Reichsstädte ihre Reichsunmittelbarkeit[1]. Sie wurden größeren Herrschaften zugeschlagen.
Für tausende Priester, Mönche und Nonnen änderte sich das Leben grundlegend; viele verloren Wohnung und Auskommen. Ehemalige Kirchengüter wurden in Krankenhäuser oder Gefängnisse umgewandelt oder versteigert. Weite Bevölkerungskreise konnten nun erstmals Grundbesitz erwerben. Die Aufgaben, die früher die Orden in Schulen, Kranken- und Armenhäusern geleistet hatten, musste nun der Staat übernehmen.

Das Ende des Alten Reiches
Durch Säkularisation und Mediatisierung büßte die Kirche ihre Herrschaftsrechte ein. Der Kaiser verlor mit den geistlichen Fürsten und Reichsstädten seine Hauptstützen. Die Zahl der Territorien reduzierte sich von über Tausend auf 39.
Die süddeutschen Mittelstaaten (z. B. Baden, Württemberg, Bayern) erhielten das Vielfache ihrer linksrheinischen Gebietsverluste. Napoleon wollte sie so stark machen, dass sie mächtig genug gegenüber dem Kaiser in Österreich, aber gegen Frankreich zu schwach waren.
1806 sagten sich die mit Napoleon verbündeten Staaten mit weiteren Fürstentümern vom Reich los und gründeten unter französischer Schutzherrschaft den „Rheinbund". Kaiser Franz II. dankte daraufhin ab und war fortan nur noch Kaiser von Österreich. Dies war das Ende des Heiligen Römischen Reiches Deutscher Nation.

„Modernisierung von oben"
Napoleon ließ auch neue Staaten entstehen, etwa das „Königreich Westfalen". Hier setzte er seinen jüngsten Bruder Jérôme als König ein, damit er die Errungenschaften der Revolution umsetzt.
Die Umgestaltung der deutschen Staaten gilt als Modernisierungsschub: In den Rheinbundstaaten führten die Monarchen freiheitlichere Rechtsordnungen nach französischem Vorbild ein. Sie wollten damit Patriotismus wecken und ihre Herrschaft sichern. Die Flächenstaaten richteten außerdem moderne Verwaltungen ein, in denen auch Bürger Karriere als Beamte machen konnten.

Filmtipp:
„Napoleon und die Deutschen" aus der ZDF-Reihe „Die Deutschen" von 2008, Folge 7

[1] Reichsunmittelbare („immediate") Territorien unterstanden direkt dem Kaiser.

Säkularisation Mediatisierung

Europa nach der Französischen Revolution

M 2 Wohltaten?
Napoleon schreibt am 15. November 1807 seinem Bruder Jérôme, dem König von Westfalen:

Was die deutschen Völker am sehnlichsten wünschen, ist, dass auch diejenigen, die nicht von Adel sind, aber über Talent verfügen, das gleiche Recht haben, von Ihnen berücksichtigt und beschäftigt zu werden; dass jede Form von Leibeigenschaft und mittelbarer Obrigkeit zwischen dem Souverän und der untersten Klasse des Volkes vollständig beseitigt wird. Die Errungenschaften des Code Napoléon, die Öffentlichkeit des Gerichtsverfahrens, die Einrichtung von Geschworenengerichten, werden auch Ihr Königtum auszeichnen.

Und wenn ich ganz offen sein soll, muss ich sagen, dass ich mir von diesen Errungenschaften eine größere Wirkung für die Ausweitung und Festigung Ihrer Monarchie erwarte, als von den größten Siegen. [...] Welches Volk wollte denn unter die preußische Willkürherrschaft zurückkehren, wenn es einmal die Wohltaten einer weisen und liberalen Regierung gekostet hat?

Maike Bartsch (Hrsg.), König Lustik!? Jérôme Bonaparte und der Modellstaat Königreich Westfalen, München 2008, S. 532 (übersetzt von Michael Müller und Melanie Richter)

M 3 „Also eine Revolution im guten Sinn ..."
Im Auftrag des preußischen Königs verfasst Karl August von Hardenberg im September 1807 in Riga eine Denkschrift; darin heißt es:

Die Französische Revolution, wovon die gegenwärtigen Kriege die Fortsetzung sind, gab den Franzosen unter Blutvergießen und Stürmen einen ganz neuen Schwung. Alle schlafenden Kräfte wurden geweckt, das Elende und Schwache, veraltete Vorurteile und Gebrechen wurden – freilich zugleich mit manchem Guten – zerstört [...]. Der Wahn, dass man der Revolution am sichersten durch Festhalten am Alten und durch strenge Verfolgung der durch sie geltend gemachten Grundsätze entgegenstreben könne, hat besonders dazu beigetragen, die Revolution zu befördern [...].

Also eine Revolution im guten Sinn, gerade hinführend zu dem großen Zwecke der Veredelung der Menschheit, durch Weisheit der Regierung und nicht durch gewaltsame Anregung von innen oder außen, – das ist unser Ziel, unser leitendes Prinzip. Demokratische Grundsätze in einer monarchischen Regierung, dieses scheint mir die angemessene Form für den gegenwärtigen Zeitgeist. Die reine Demokratie müssen wir noch dem Jahre 2440 überlassen, wenn sie überhaupt für den Menschen gemacht ist.

Georg Winter (Hrsg.), Die Reorganisation des Preußischen Staates unter Stein und Hardenberg, Bd. 1.1, Leipzig 1931, S. 305 f. (vereinfacht)

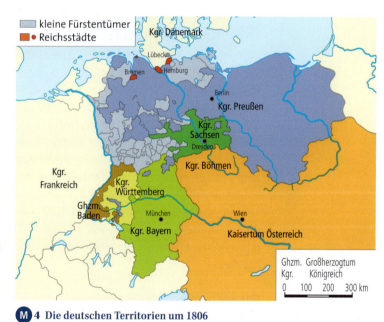

M 4 Die deutschen Territorien um 1806

---

1. Arbeite heraus, welche Ratschläge Napoleon seinem Bruder für dessen Herrschaft gibt (M2).
2. Arbeite Hardenbergs Einstellung zur Revolution heraus (M3). Welches Ziel formuliert er? Wie will er es erreichen?
3. Die Reformen in den deutschen Staaten wurden von Historikern auch als „Revolution von oben" bezeichnet. Nimm Stellung zu diesem Begriff.
4. Vergleiche die Karten (M1 und M4). Arbeite die wesentlichen Veränderungen heraus.

- 1792: Frankreich erklärt den europäischen Monarchen den Krieg; Beginn der Revolutionskriege
- 1799: Staatsstreich Napoleons, „Ende der Revolution"
- Säkularisation/Mediatisierung
- 1804: Napoleon wird Kaiser der Franzosen
- 1806: Bildung des Rheinbundes / Ende des Hl. Römischen Reiches Reformen in den Rheinbundstaaten und in Preußen

Neue Länder im Südwesten

M 1 Württembergische Hoheitstafel
Wappentafel, Ölfarbe auf Blech, 1806
In den ersten Monaten des Jahres 1806 versucht Kurfürst (später König) Friedrich von Württemberg sein Gebiet auszudehnen und lässt auch in Hohenzollern solche Wappentafeln anschlagen. Sie sollen seinen Besitzanspruch anzeigen.

Hin und her
Eine merkwürdige Szene spielt sich im Winter 1805/06 in dem kleinen Ort Mühlheim an der Donau ab: Am 4. Dezember erscheint württembergisches Militär und nimmt den Ort in Besitz. Nur zwei Wochen später tauchen badische Soldaten auf, entfernen die Wappenbleche und befestigen ihre eigenen. Mühlheim ist nun badisch. Wiederum nur wenige Wochen später geht Mühlheim zurück in württembergische Herrschaft. Aber was soll das alles?

Das Reich – ein bunter Flickenteppich
Die winzige Reichsritterschaft Enzberg-Mühlheim, in der diese Ereignisse stattfanden, war einer von Hunderten einzelner unabhängiger Staaten, so genannter Reichsstände, die das Heilige Römische Reich bildeten. Manche waren so groß wie ein heutiges Bundesland, andere umfassten nur wenige Dörfer. Eine solche unabhängige Herrschaft konnte ein adlig beherrschtes Territorium sein: ein großes wie Württemberg oder auch ein sehr kleines wie das erwähnte Enzberg-Mühlheim. Es gab auch kirchliche Herrschaften, in denen ein Bischof (z. B. Konstanz) oder ein Abt (z. B. Weingarten, St. Blasien) regierte, und unabhängige Reichsstädte (z. B. Rottweil, Ravensburg, Überlingen). Über diesem losen Verbund an Teilstaaten stand, mehr als symbolische Herrscherfigur, der Kaiser.

Eine neue Landkarte
Unter dem Einfluss Napoleons bekam die politische Landschaft des deutschen Südwestens durch Säkularisation und Mediatisierung ein neues Gesicht. Aus mehreren Hundert verschieden großen weltlichen, geistlichen und reichsstädtischen Herrschaftsgebieten entstanden zwei große Einheiten: das Großherzogtum Baden und das Königreich Württemberg. Beide Staaten band Napoleon durch Heiraten an sich: Der badische Kronprinz Karl wurde 1806 mit Napoleons Adoptivtochter verheiratet. Katharina, die einzige Tochter König Friedrichs I. von Württemberg, heiratete 1807 Napoleons Bruder Jérôme, den König von Westfalen. Von den kleineren Herrschaftsgebieten überlebten die Fürstentümer Hohenzollern-Hechingen und Hohenzollern-Sigmaringen nur wegen verwandtschaftlicher Beziehungen zur Familie Napoleons.
Durch die Säkularisation, die großflächige Auflösung und Enteignung geistlicher Staaten, wurde bislang unabhängigen Reichsabteien und bischöflichen Herrschaftsgebieten (Hochstiften) das Herrschaftsrecht entzogen. Ihr Eigentum ging in die Hände von Baden und Württemberg über.
Zahlreiche Gebäude und Kunstwerke aus geistlichem Besitz wurden – teilweise weit unter ihrem Wert – verkauft. Die wertvollsten Stücke wanderten in die Sammlungen der Landesherren.
Der anfangs geschilderte Streit der beiden neuen „mittelgroßen" Staaten im Südwesten um die kleine Reichsritterschaft Enzberg-Mühlheim nahm schließlich ein versöhnliches Ende: 1810 wurde das Ländchen zwischen Baden und Württemberg aufgeteilt.

Europa nach der Französischen Revolution

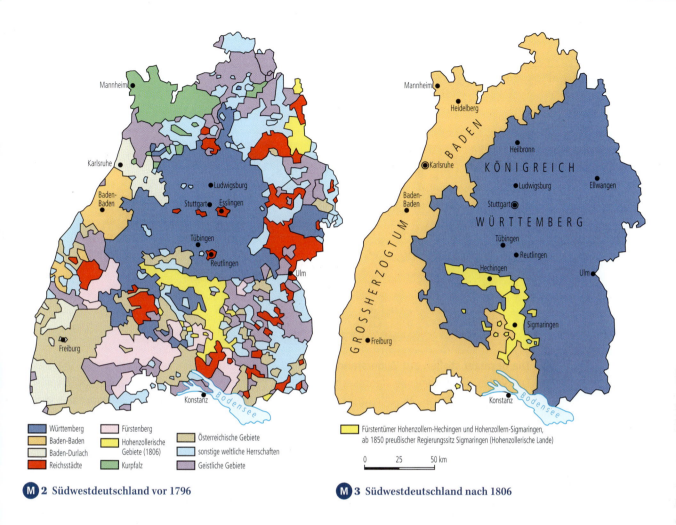

M 2 Südwestdeutschland vor 1796

M 3 Südwestdeutschland nach 1806

M 4 Überlegungen

Der Beamte Johann Christian von Hoff fragt 1801:
Bei jeder Veränderung der Oberherrschaft drängen sich fast immer zuerst die Fragen auf: Werden die Einwohner unter ihrem neuen Oberherrn glücklicher oder unglücklicher sein als unter ihrem vorherigen? Wird ihre Freiheit mehr oder weniger eingeschränkt werden? Wird man ihnen höhere Abgaben auferlegen? Wird ihnen die Justiz gut administriert werden? Werden sie Religionsfreiheit genießen? Wird für die Volkserziehung gesorgt werden? Wird das Gewerbe erleichtert oder behindert werden?

Helga Schnabel-Schüle, Ansteckungsgefahr und Prophylaxe. Die Französische Revolution und die napoleonische Territorialrevolution, in: Hans-Georg Wehling und Angelika Hauser-Hauswirth (Hrsg.), Die großen Revolutionen im deutschen Südwesten, Stuttgart 1998, S. 28 f.

---

1. Nenne mithilfe der Karten (M2, M3) Beispiele für die Säkularisation und Mediatisierung.
2. Entwickle Lösungsvorschläge, wie Herrscher auf die in M4 genannten Probleme reagieren konnten. Begründe deine Vorschläge.
3. Erörtere, ob die Auflösung der Kleinstaaten auch positive Folgen hatte (Darstellungstext, M1 - M4).
4. Recherchiere, zu welchem Teilstaat des Heiligen Römischen Reiches dein Heimat- oder Schulort vor 1803 gehört hat. Informiere dich über diesen Staat (Darstellungstext, M2, M3).

- 1797: Frieden von Campo Formio: linksrheinische Gebiete gehen an Frankreich
- 1803: Beginn von Mediatisierung und Säkularisation
- 12. Juli 1806: Gründung Rheinbund
- 6. August 1806: Ende des Heiligen Römischen Reiches Deutscher Nation

1795 — 1800 — 1805 — 1810

Das Ende der napoleonischen Herrschaft

M 1 Stufenleiter
Ein Karikaturist stellt 1814 dar, wie er den Werdegang Napoleons sieht.
Auf den Schildern steht:
Corsischer Knabe – Militär-Schüler – Glücksritter zu Paris – General – Erster Consul – Kaiser der Franzosen – Abzug aus Spanien – Rückreise von Moskau – Abschied von Deutschland – Ende.

Die Besatzer stoßen auf Widerstand

Die Völker empfanden die französische Vorherrschaft immer stärker als Unterdrückung. Hohe Steuern und die vielen Soldaten, die Napoleon für seine Kriege forderte, schürten den Hass. Unter dem Druck der Besatzer besannen sich die Völker auf ihre Nation – ihre Geschichte, Sprache und Kultur. Überall wuchs der Wunsch, die fremde Herrschaft abzuschütteln.
Der nationale Freiheitsdrang flammte zunächst in Spanien auf. 1808 erhob sich dort das Volk. Ein jahrelanger „Kleinkrieg" (Guerillakrieg) folgte. 1809 scheiterte der österreichische Versuch, die Fremdherrschaft abzuschütteln. Auch der Tiroler Volksaufstand unter dem Freiheitskämpfer Andreas Hofer im selben Jahr misslang.

Gegen Russland

Napoleon wollte auch den russischen Zaren unter seine Herrschaft zwingen. Im Juli 1812 marschierte der Kaiser der Franzosen mit rund 500 000 Soldaten, darunter viele Tausend aus den eroberten Staaten, in Russland ein und hoffte auf einen schnellen Sieg. Noch im selben Jahr erreichte er Moskau. Die Einwohner flohen und setzten die Stadt in Brand. Ständige Angriffe, Fahnenflucht und Krankheiten verursachten hohe Verluste. Die russische Kälte von bis zu minus 50 °C brachte den erschöpften, halb verhungerten und frierenden Soldaten zu Hunderttausenden den Tod. Napoleon hatte seinen Ruf verloren, unbesiegbar zu sein.

Die Befreiungskriege

Der russische Zar wollte nun die Befreiung Europas von der napoleonischen Herrschaft erreichen. Preußen schloss sich der Befreiungsbewegung an. Getrieben von nationaler Begeisterung meldeten sich viele Freiwillige zum Militärdienst. Sie waren erfüllt von einem neuen Gemeinschaftsgefühl: Deutsche aller Einzelstaaten wollten vereint die französischen Besatzer besiegen und das Vaterland befreien. Auch Österreich, Großbritannien und Schweden traten dem Bündnis bei. Nach und nach wechselten auch die Rheinbundstaaten die Seite.
Im Oktober 1813 kämpften in der bis dahin größten Schlacht der Weltgeschichte, der Völkerschlacht bei Leipzig, 500 000 Soldaten. Napoleons Truppen mussten sich zurückziehen.
Am 31. März 1814 besetzten die verbündeten Armeen Paris. Napoleon musste abdanken und wurde auf die Insel Elba verbannt. Ein Jahr später riss Napoleon nochmals die Herrschaft an sich. Endgültig besiegt wurde er daraufhin in der Schlacht von Waterloo in Belgien. Die Briten verbannten Napoleon auf die Atlantikinsel St. Helena, wo er 1821 starb.

Internettipps:
Mehr über die Völkerschlacht bei Leipzig erfährst du unter Code 31043-02.

Europa nach der Französischen Revolution

M 2 Aus einem Kriegstagebuch
Der aus Söhlde bei Hildesheim (Niedersachsen) stammende Johann Heinrich Wesemann dient seit 1808 als Soldat in der westfälischen Armee. Über seine Erlebnisse im Russlandfeldzug berichtet er in seinem Kriegstagebuch:

Viele von uns [...] kannten das Leben im Kriege aus eigener Erfahrung und so zogen wir mit ziemlich heiterem Sinn, vertrauend auf Napoleons bisheriges Glück. [...]
5 Wir näherten uns Dombrowna. Dort hofften wir Brot zu finden. Ich und noch ein anderer namens Casper versuchten, uns mit unseren Pferden durch das Gewühl der Flüchtlinge zu arbeiten. [...] Von Uniformen war nicht mehr viel zu erken-
10 nen. [...] Viele hatten einfach nur Säcke, Decken, selbst Kuh- und Pferdehäute umgehängt.

Einige Zeit später tritt Wesemann in ein russisches Regiment ein:

Als wir am folgenden Tag aus Berlin marschierten, wollten einige meiner Gefährten ihren Patriotismus zeigen und sangen Spottlieder auf Napo-
15 leon und seine große Armee. Mir war dies zuwider – war es ja doch Spott auf uns selbst, und ich sagte, dass es besser wäre, wenn sie schweigen. [...]
Aus meinem Geburtsort waren 19 Mann mit der
20 Armee fortgegangen, von denen nur ich und noch einer zurückgekehrt sind.

Kanonier des Kaisers. Kriegstagebuch des Heinrich Wesemann 1808 - 1814, Köln 1971; zit. nach: Geschichte lernen (März 2012), S. 25

M 3 „An mein Volk!"
Am 17. März 1813 schreibt der preußische König Friedrich Wilhelm III.:

Brandenburger, Preußen, Schlesier, Pommern, Litauer! Ihr wisst, was ihr seit sieben Jahren erduldet habt, ihr wisst, was euer trauriges Los ist, wenn wir den beginnenden Kampf nicht ehren-
5 voll enden [...]. Bleibt eingedenk der Güter, die unsere Vorfahren blutig erkämpften: Gewissensfreiheit, Ehre, Unabhängigkeit, Handel, Kunstfleiß und Wissenschaft. Gedenkt des großen Beispiels unserer mächtigen Verbündeten, der Russen, ge-
10 denkt der Spanier und Portugiesen, selbst kleine Völker sind für gleiche Güter gegen mächtigere Feinde in den Kampf gezogen und haben den Sieg errungen [...]. Große Opfer werden von allen Ständen gefordert werden. Ihr werdet sie lieber
15 bringen für das Vaterland, für euren angeborenen König, als für einen fremden Herrscher [...]. Aber welche Opfer auch von Einzelnen gefordert werden mögen, sie wiegen die heiligen Güter nicht auf, für die wir streiten und siegen müssen, wenn
20 wir nicht aufhören wollen, Preußen und Deutsche zu sein. Es ist der letzte entscheidende Kampf, den wir bestehen, für unsere Existenz, unsere Unabhängigkeit, unsern Wohlstand. Keinen andern Ausweg gibt es, als einen ehrenvollen
25 Frieden, oder einen ruhmvollen Untergang.

Hans-Bernd Spies (Hrsg.), Die Erhebung gegen Napoleon, Darmstadt 1981, S. 255

M 4 Die Erschießung der spanischen Aufständischen
Ölgemälde von Francisco de Goya, 1814
Auf Befehl eines französischen Generals wurden 800 spanische Freiheitskämpfer zur Vergeltung hingerichtet.

---

1. Erstelle eine Zeitleiste zur Karriere Napoleons.
2. Vergleiche deine Zeitleiste mit M1. Ist das Bild einer Stufenleiter passend?
3. Beurteile die Einstellung von Wesemann (M2).
4. Stelle Vermutungen an, wie der Maler zur napoleonischen Herrschaft eingestellt ist (M4), und erkläre, mit welchen künstlerischen Mitteln er seine Einstellung ausdrückt.
5. Im März 1813 streiten zwei Berliner über den Kriegsaufruf des preußischen Königs (M3). Einer befürwortet ihn, der andere sieht ihn eher kritisch. Gestalte dieses Streitgespräch mit Argumenten aus dem Text.

- Reformen in den Rheinbundstaaten und in Preußen
- 1812/13: Russlandfeldzug Napoleons
- 1813: Völkerschlacht bei Leipzig; Abdankung Napoleons
- 1815: Rückkehr Napoleons; Verbannung nach St. Helena

1805 — 1810 — 1815 — 1820

Europa wird neu geordnet

M 1 „Der Treueschwur" Malerei von Heinrich Olivier, 1815
Der Kaiser von Österreich, der König von Preußen und der russische Zar verpflichteten sich gegenseitig, überall da einzugreifen, wo die monarchische Staatsordnung in Gefahr ist. Fast alle europäischen Fürstenhäuser traten dieser „Heiligen Allianz" bei.

Zurück zu alten Zuständen?
Nachdem Napoleon besiegt worden war, versammelten sich die europäischen Fürsten 1814/15 auf dem **Wiener Kongress**. Sie wollten den Kontinent neu ordnen und für lange Zeit Frieden schaffen. Dafür war es wichtig, dass zwischen den fünf Großmächten möglichst ein Gleichgewicht bestand und kein Staat übermächtig wurde.
Gleichzeitig wollten die Fürsten aber möglichst viel beim Alten belassen. Eine rechtmäßige Staatsgewalt sollte in Europa nicht wie in den USA vom Volk ausgehen, sondern allein von den alten Herrscherhäusern (Dynastien).

Ergebnisse des Wiener Kongresses
Die mächtigsten Kongressteilnehmer waren die Herrscher Österreichs, Russlands, Englands, Preußens und Frankreichs. Unter der Führung des in Koblenz geborenen Fürsten Klemens von Metternich legten sie drei wichtige Grundsätze fest:

- Die alten Fürstenhäuser fühlten sich im Recht, allein und ohne Beteiligung des Volkes zu regieren. Daher wurden die alten Fürstenhäuser aus der Zeit vor Napoleon wieder eingesetzt und erhielten damit die Ermächtigung (**Legitimität**), die sie für ihre Herrschaft brauchten.
- Die Fürsten machten viele Veränderungen, die es nach der Französischen Revolution ab 1789 gab, rückgängig. Diese rückwärtsgewandte Politik wird **Restauration** genannt.
Die Ergebnisse der Säkularisation und der Mediatisierung blieben allerdings bestehen. Die 1803 untergegangenen geistlichen Fürstentümer und Reichsstädte erhielten ihre alten Rechte nicht zurück.
- Zusätzlich versprachen sich die Fürsten gegenseitige Unterstützung, um revolutionäre Ausschreitungen zu vermeiden oder zu unterdrücken (**Solidarität**).

Ohne das Volk
Die Völker in Europa waren vom Ausgang des Wiener Kongresses sehr enttäuscht und auch wütend. Zum großen Teil hatten sie nämlich maßgeblich dazu beigetragen, Napoleon zu besiegen. Die Menschen hatten vergeblich gehofft, dass sie nun auch mitbestimmen und mitregieren durften.

Deutschlands neue Ordnung
Anstelle des 1806 aufgelösten Heiligen Römischen Reiches schufen die Fürsten auf dem Kongress den **Deutschen Bund**. Dies enttäuschte diejenigen, die auf die Schaffung eines einheitlichen deutschen Nationalstaats gehofft hatten.
Anders als die USA war der Deutsche Bund nämlich ein lockerer Staatenbund mit weiterhin souveränen Fürsten und Städten. Einzige gesamtdeutsche Einrichtung war der Bundestag: ein ständiger Gesandtenkongress der Mitglieder in Frankfurt am Main. Die beiden größten Staaten im Deutschen Bund waren Österreich und Preußen. Sie stritten in der Folgezeit darüber, wer innerhalb des Deutschen Bundes die Führung übernehmen sollte.

Europa nach der Französischen Revolution

M 2 Der tanzende Kongress
Französische Karikatur, um 1815
Der Wiener Kongress dauerte fast ein Jahr. Auf ihm verhandelten bis zu 15 Kaiser und Könige, 200 weitere Fürsten und über 120 Diplomaten. Viele Beobachter hatten den Eindruck, es gehe den Staatsmännern in erster Linie um ihr Vergnügen. Die abgebildeten Figuren stehen für die Staatsmänner Frankreichs, Großbritanniens, Österreichs, Preußens, Russlands, Sachsens und Genuas (von links nach rechts). Sie sind überschrieben mit „er beobachtet, er wackelt herum, sie balancieren, er tanzt, sie springt für den König in die Höhe".

M 3 Kritik an der „Bundesverfassung"
Am 7. Mai 1815 steht in dem von Joseph Görres in Koblenz herausgegebenen „Rheinischen Merkur":
Es ist endlich bekannt geworden, welche Verfassung man dem Bunde geben will [...]. Man hat die Völker bei seiner Errichtung nicht um Rath gefragt; man scheint auf sie und ihre Stimme nicht
5 hören zu wollen. [...] Dennoch ist es unsere Pflicht, uns zu erheben gegen das Verderbliche, damit wir ohne Schuld seyen an des Vaterlandes Unglück. [...]
Man wird zur Vermuthung gezwungen, daß man
10 Teutschland nicht als organisches Ganzes, als einen Staat betrachte, sondern nur als einen Staatenbund [...]. Aber man höre doch nur den Ruf aller deutschen Volksstämme. Einmüthig erklären sie: „Wir wollen nicht länger blos Preußen, Han-
15 noveraner, Hessen bleiben, wir wollen Deutsche werden!" Der künstliche Bund aber, der nicht gestützt ist auf die Liebe und den Gemeingeist des deutschen Volkes, wird bald durch seine eigene Schwäche zusammenfallen! [...]
Rheinischer Merkur, Nr. 234 vom 7. Mai 1815, [S. 1f.]

M 4 Rezepte für die europäische Staatenwelt
Ein Historiker beurteilt die Leistungen des Wiener Kongresses:
In einer unglaublichen Kraftanstrengung stiftete der Kongress nach mehr als zwanzig Kriegsjahren [...] eine dauerhafte Friedensordnung. Die zertrümmerte alteuropäische Staatenwelt verlangte
5 nach Rezepten, welchen das übliche Etikett „Restauration" nicht gerecht wird. Metternich [...] war geprägt durch die traumatische Erfahrung der Französischen Revolution, die er als Urkatastrophe wahrnahm, als Angriff auf die gesellschaftli-
10 che Ordnung und deren elementare Rechtsprinzipien überhaupt. Europa brauchte aus seiner Sicht ein Verteidigungssystem zur Bewahrung des traditionellen monarchisch-ständischen Völkerrechts. Dieses Bollwerk musste zwei Bedingungen
15 erfüllen: die Sicherung der monarchischen Herrschaft und der Dynastien sowie eine ausbalancierende Ordnung, die nicht nur kurzzeitig, sondern dauerhaft Frieden und eine Universalmonarchie zu verhindern vermochte.
Wolfram Siemann, Metternich. Staatsmann zwischen Restauration und Moderne, München 2010, S. 52 f.

---

1. Fasse die Ziele und Ergebnisse des Wiener Kongresses mit eigenen Worten zusammen.
2. Begründe, warum die deutschen Fürsten und Städte die Gründung eines Nationalstaates ablehnten und einen Staatenbund bevorzugten.
3. Bewerte, inwieweit die „Heilige Allianz" (M1) ein fort- oder rückschrittlicher Vertrag ist.
4. Arbeite die nationalen Vorstellungen des Verfassers (M3) heraus. Wie begründet er sie? Wie sollen sie durchgesetzt werden?
5. Untersuche, wie der Historiker den Wiener Kongress bewertet (M4).
6. Erkläre, was notwendig ist, damit die Politik der Restauration in den Folgejahren Erfolg haben konnte.

Bürger fordern Einheit und Freiheit

M 1 „Der Denker-Club. Auch eine deutsche Gesellschaft" Lithografie (Ausschnitt) um 1820
An der Wand stehen folgende Gesetze des Klubs: „Schweigen ist das erste Gesetz dieser gelehrten Gesellschaft." „Auf dass kein Mitglied in Versuchung geraten möge, seiner Zunge freien Lauf zu lassen, so werden beim Eintritt Maulkörbe ausgeteilt."

Internettipp:
Die Texte der Karlsbader Beschlüsse findest du unter Code 31043-03.

Exkursionstipp:
Erinnerungsstätte für die Freiheitsbewegungen in der deutschen Geschichte in Rastatt; siehe Code 31043-04.

Nationale Vorstellungen

Junge Männer aus den verschiedenen Staaten des ehemaligen Heiligen Römischen Reiches hatten gemeinsam gegen die französische Fremdherrschaft gekämpft. Dadurch wuchsen bei ihnen das Gefühl der Zusammengehörigkeit und der Wunsch nach einem „einigen deutschen Vaterland". Sie waren überzeugt davon, dass alle Deutschen aufgrund ihrer gemeinsamen Herkunft (lat. natio), Sprache, Kunst und Literatur eine Nation bildeten und forderten für diese einen gemeinsamen **Nationalstaat** mit einer freiheitlichen Verfassung und einer Volksvertretung.

Studenten rebellieren

Es entstand eine „vaterländisch-freiheitliche" Bewegung. National gesinnte Studenten schlossen sich in Burschenschaften zusammen. Im Jahr 1817 wurde das Wartburgfest bei Eisenach der erste Höhepunkt dieser neuen Bewegung. Hier trafen sich Studenten und Professoren um den 300. Jahrestag der Reformation und die Völkerschlacht bei Leipzig 1813 zu feiern. Unter schwarz-rot-goldenen Fahnen forderten sie ein einheitliches, freies Deutschland. Aus Protest verbrannten sie Symbole der alten Adelsherrschaft.

Staatsbürger statt Untertanen

Neben den **Nationalismus** trat der **Liberalismus** (lat. liber: frei). Seine Wurzeln lagen in der Aufklärung und in der Französischen Revolution. Die Liberalen forderten von den Fürsten Verfassungen. Diese sollten

- die Macht der Herrscher begrenzen,
- Grundrechte wie Presse- und Versammlungsfreiheit und Rechtsgleichheit garantieren,
- eine Mitwirkung an der Gesetzgebung sowie
- die Kontrolle der Regierung ermöglichen.

Fürsten reagieren mit Zensur

Am 23. März 1819 erstach der Student Carl Ludwig Sand den Schriftsteller August von Kotzebue, weil dieser sich über die Burschenschaftler lustig gemacht hatte. Die deutschen Fürsten reagierten mit harten Maßnahmen (Karlsbader Beschlüsse): Burschenschaften wurden verboten, festgenommene Studenten hart bestraft und die Universitäten überwacht. Bücher und Flugblätter durften von nun an nicht mehr ohne vorherige staatliche Überprüfung (**Zensur**) gedruckt werden.

Zur Not auch mit Gewalt

Überall blieben die politischen Rechte der Bürger begrenzt. Darauf wies die zunächst kleine Gruppe der Republikaner hin, die auch Demokraten genannt wurden. Sie forderten ein Ende der Fürstenmacht und dass die Regierungsgewalt nur durch Wahl und auf bestimmte Zeit übertragen werden sollte. Liberale und Republikaner setzten auf Reformen. Doch wegen der unerfüllten politischen Forderungen sowie neuer sozialer Probleme durch das Bevölkerungswachstum, aufgrund von Missernten und Arbeitslosigkeit in vielen Regionen waren einige Republikaner bereit, die politischen Verhältnisse auch gewaltsam zu verändern.

Nationalstaat Nationalismus Liberalismus Zensur

Europa nach der Französischen Revolution

M 2 „Ein Deutschland soll sein …"
Nach dem Wartburgfest legen einige Burschenschaften ihre politische Position fest. Zu den „Grundsätzen und Beschlüssen" gehören:

Ein Deutschland ist, und ein Deutschland soll sein und bleiben. Je mehr die Deutschen durch verschiedene Staaten getrennt sind, desto heiliger ist die
5 Pflicht für jeden frommen und edlen deutschen Mann und Jüngling, dahin zu streben, dass die Einheit nicht verloren gehe und das Vaterland nicht verschwinde […].
10 Die Lehre von der Spaltung Deutschlands in das katholische und in das protestantische Deutschland ist irrig, falsch, unglückselig […]. Alle Deutschen sind Brüder und sollen Freunde sein […].
15 Wenn ein deutscher Staat von einer fremden Macht angegriffen wird, so wird Deutschland angegriffen, denn jeder Staat ist ein Teil Deutschlands. […] Von dem Lande oder Ländchen, in welchem wir geboren sind, wollen wir niemals
20 das Wort Vaterland gebrauchen. Deutschland ist unser Vaterland; das Land, wo wir geboren sind, ist unsere Heimat. Auch wollen wir […] alles Fremde in Sprache, Kleidung, Sitten und Bräuchen vermeiden.

Hermann Haupt (Hrsg.), Quellen und Darstellungen zur Geschichte der Burschenschaft und der deutschen Einheitsbewegung, Bd. IV, Heidelberg 1913, S. 117 ff.

M 3 Den Flammen übergeben
Einige Teilnehmer des Wartburgfestes verbrannten am 18. Oktober 1817 auf dem Wartenberg (nicht auf der Wartburg) etwa 30 auf Pappdeckel geschriebene Titel.

M 4 Ein nationaler Märtyrer?
Aus Tagebüchern und Briefen rekonstruiert ein Historiker die Beweggründe für Sands Attentat auf den Schriftsteller Kotzebue:

Er hatte über Monate seine Tat geplant, den als Vaterlandsverräter ausgerufenen Komödiendichter und Satiriker August von Kotzebue, der sich über das nationale Gehabe der studentischen Be-
5 wegung belustigte, zum Objekt eines Attentats gemacht. [Karl Ludwig] Sand war sich darüber im Klaren, damit keine Revolution und nicht einmal einen politischen Umsturz bewirken zu können: Er wollte als nationaler Märtyrer, mehr
10 noch: als „Gotteskrieger" ein Zeichen setzen. Wir wissen das sehr genau aus seinen Tagebuchaufzeichnungen und Briefen.

Wolfram Siemann, Metternich. Staatsmann zwischen Restauration und Moderne, München 2010, S. 64 f.

---

1. Erkläre, was die nationale Bewegung mit Martin Luther und der Reformation zu tun hatte.
2. Erläutere, worauf sich die Karikatur (M1) bezieht.
3. Stellt die Szene auf der Karikatur (M1) nach: Acht Schüler setzen sich schweigend um einen Tisch. Hinter ihnen stehen acht andere, die das laut sagen, was nur gedacht werden darf.
4. Gestalte aus den „Grundsätzen und Beschlüssen" der Burschenschaften (M2) Anweisungen (z. B.: „Jeder Deutsche muss …", „Niemand darf …").
5. Überprüfe, welche Forderungen (M2) für die Fürsten der deutschen Staaten unannehmbar waren.
6. Die Studenten verbrannten auf dem Wartburgfest auch Bücher, weil ihnen deren Inhalt nicht passte (M3). Erörtert in der Klasse: Was haltet ihr davon, Bücher mit unliebsamen Meinungen zu verbrennen?

1815: Wiener Kongress: Gründung des Deutschen Bundes • 1817: Wartburgfest • 1832: Hambacher Fest

Restauration

1810 1820 1830 1840 1850

Die Bürger Europas stehen auf: Vormärz und Völkerfrühling

M 1 „universelle, demokratische und soziale Republik"
Farblithografie von Fédéric Sorrieu, 1848
Die Bildunterschrift lautet übersetzt: „Völker, bildet eine Heilige Allianz und reicht Euch die Hände!"

Die Julirevolution
Auch Frankreich erlebte nach 1815 eine Zeit des politischen Rückschritts, der Reaktion. Als 1830 der französische König die Pressefreiheit aufhob und das Wahlrecht zur Nationalversammlung einschränkte, kam es im Juli zu einer neuen Revolution. Die Demokraten wollten eine Republik und die Liberalen eine konstitutionelle Monarchie, bei der die Macht des Monarchen durch eine Konstitution (= Verfassung) gesetzlich begrenzt ist. Die Liberalen setzten sich kurzfristig durch: Der König dankte zugunsten seines Enkels ab und ging nach England.

Noch mehr Revolutionen?
Im selben Jahr erhoben sich die Polen gegen die russische Herrschaft, die Engländer reformierten ihr **Parlament** und die Belgier gründeten einen Staat mit einer liberalen Verfassung. Auch in den deutschen Staaten erhoben sich die Bürger. In Braunschweig, Hannover, Kurhessen und Sachsen wurden verbesserte Verfassungen erlassen. Nur Preußen und Österreich unterdrückten die inneren Unruhen militärisch.

Das Hambacher Fest
Ein weiterer Höhepunkt der deutschen Oppositionsbewegung war das Hambacher Fest im Mai 1832 in der zu Bayern gehörenden Pfalz. Eine größere politische Veranstaltung hatte es in Deutschland zuvor nie gegeben. Mit schwarz-rot-goldenen Fahnen zogen Kaufleute, Handwerker, Ärzte, Juristen, Studenten, Bauern und – das war neu – auch Frauen vor die Hambacher Schlossruine. Mit Gästen aus Frankreich und Polen demonstrierten sie für Pressefreiheit, Volkssouveränität, einen deutschen Nationalstaat und gegen soziale Missstände. Die Festredner beschworen unter dem Eindruck der internationalen Revolutionen die Idee eines **europäischen Völkerfrühlings**: die Zeit der politischen Freiheit und einigen Nationen sei gekommen.

Auflehnung oder Anpassung?
Der Deutsche Bund reagierte: Die Fürsten schränkten die Meinungs- und Pressefreiheit weiter ein, auch in Baden, wo der Landtag gerade erst eine Aufhebung der Zensur erreicht hatte. Politische Versammlungen und Vereine wurden verboten.
Doch der Liberalismus wurde immer mehr zu einer breiten bürgerlichen Bewegung, die sich nicht mehr unterrücken ließ: Für das **Bürgertum** boten Schützen-, Gesangs- und Turnvereine eine Nische, in der sich Gleichgesinnte austauschten, ohne gleich Zensur oder Verbot fürchten zu müssen. Die Vereine organisierten große Sänger- und Turnfeste, die Teilnehmern aus ganz Deutschland Raum und Öffentlichkeit für politische Bekenntnisse verschafften.
Rückblickend heißt die Epoche von 1830-1848 in Deutschland „Vormärz". Denn die Revolution für Einheit und Freiheit, die viele Deutsche ersehnten, brach im März 1848 tatsächlich aus.

Europa nach der Französischen Revolution

M 2 Das Hambacher Fest am 27. Mai 1832
Gemälde von Hans Mocznay nach einem zeitgenössischen Holzstich, vermutlich 1977
Unter Glockengeläut und patriotischen Gesängen setzte sich am Morgen des 27. Mai 1848 ein langer Festzug vom Marktplatz in Neustadt zur Ruine auf dem Schlossberg in Bewegung. In den Staaten des Deutschen Bundes fanden 1832 rund 30 ähnliche, aber viel kleinere Veranstaltungen statt.

M 3 „Vaterland – Freiheit – ja!"
Der Jurist und Journalist Philipp Jacob Siebenpfeiffer, ein entlassener bayerischer Beamter, eröffnet am 27. Mai 1832 das Hambacher Fest und sagt:

Vaterland – Freiheit – ja! Ein freies deutsches Vaterland – dies der Sinn des heutigen Festes, dies die Worte, deren Donnerschall durch alle deutschen Gemarken drang, den Verrätern der deutschen Nationalsache die Knochen erschütternd, die Patrioten aber anfeuernd und stählend zur Ausdauer im heiligen Kampfe, „im Kampf zur Abschüttelung innerer und äußerer Gewalt." [...]
Und es wird kommen der Tag, [...] wo der Deutsche vom Alpengebirg und der Nordsee, vom Rhein, der Donau und der Elbe den Bruder im Bruder umarmt, wo die Zollstöcke und die Schlagbäume, wo alle Hoheitszeichen der Trennung und Hemmung und Bedrückung verschwinden [...]. [...] Es wird kommen der Tag [...], wo das deutsche Weib, nicht mehr die dienstpflichtige Magd des herrschenden Mannes, sondern die freie Genossin des freien Bürgers [ist]. [...] Wir selbst wollen, wir selbst müssen vollenden das Werk, und, ich ahne, bald, bald muss es geschehen, soll die deutsche, soll die europäische Freiheit nicht erdrosselt werden von den Mörderhänden der Aristokraten [...].
Es lebe das freie, das einige Deutschland! Hoch leben die Polen, der Deutschen Verbündete! Hoch leben die Franken[1], der Deutschen Brüder, die unsere Nationalität und Selbstständigkeit achten! Hoch lebe jedes Volk, das seine Ketten bricht und mit uns den Bund der Freiheit schwört! Vaterland – Volkshoheit – Völkerbund hoch!

Johann Georg August Wirth, Das Nationalfest der Deutschen zu Hambach, Neustadt an der Haard 1832, Nachdruck der Original-Ausgabe, Neustadt a. d. W. 1981, S. 33, 37 f. und 40 f.

Internettipps:
Mehr zum Hambacher Fest erfährst du unter Code 31043-05.

[1] Franken: Gemeint sind hier die Franzosen.

---

1. Arbeite aus M1 die Motive Freiheit, Brüderlichkeit und Ende der alten Ordnung heraus. Welche Vision hat Sorrieu?
2. Beschreibe das Bild (M2). War das „Hambacher Fest" ein deutsches Fest?
3. Fasse Siebenpfeiffers politische Forderungen zusammen (M3).
4. Zum Fest entstand das „Hambacher Lied", das die Ziele der liberal-demokratischen Bewegung zum Thema hat. Suche den Text im Internet und erläutere ihn.
5. Gestaltet einen Aufruf zur Beteiligung am Hambacher Fest als Plakat.

1848: Die Revolution im Deutschen Bund

M 1 Kampf zwischen Bürgern und Soldaten in Berlin am 18. und 19. März 1848
Lithografie, 1848
Bei den Kämpfen im März starben in Berlin über 300 Menschen, meist aus den Unterschichten.

Die neue „alte" Ordnung
Nach dem Wiener Kongress hatten die Monarchen ihre Macht über ihre Völker noch einmal sichern und festigen können. Deutsche lebten weiter durch zahlreiche Grenzen voneinander getrennt in den Staaten des Deutschen Bundes, Polen standen unter russischer, preußischer und österreichischer Hoheit und Tschechen, Slowaken, Ungarn, Norditaliener und mehrere Nationen auf dem Balkan waren unfreiwillig Teil des österreichischen Kaiserreiches.

Neue Voraussetzungen
Durch die Industrialisierung[1] hatte jedoch das gehobene Bürgertum an Einfluss gewonnen. Außerdem war eine neue soziale Schicht entstanden, die oftmals kaum das Nötigste zum Überleben hatte: ungelernte Fabrikarbeiter, mittellose Bauern, Landarbeiter, Tagelöhner, aber auch Gesellen angesehener Berufe. Sie zogen in die Städte, wo sie oft unter elenden Bedingungen lebten. Es gab viele Arbeitslose und immer wieder Hungersnöte. Im Frühsommer 1847 kam es zu sogenannten Hunger-Revolten. Ein einziger Funken konnte dieses Pulverfass zur Explosion bringen.

Eine Welle von Revolutionen
Als im Februar 1848 in Frankreich eine Revolution den König stürzte, war dies auch in anderen Ländern das Signal, Forderungen zu stellen. In den deutschen Staaten kam es zu Demonstrationen und Unruhen. Flugblätter und Zeitungsartikel heizten die Stimmung an. Eisenbahn und Telegrafie verbreiteten die Forderungen schnell über den Kontinent. Männer und Frauen verfassten Bittschriften, um die Herrschenden unter Druck zu setzen. Sie forderten bessere Lebensbedingungen, nationale Einheit und politische Freiheit.

Stimmungsumschwung
Am 18. März 1848 eilten tausende von Berlinern zum Schlossplatz. Eigentlich wollten sie nur ihrem König für sein Entgegenkommen danken, denn er hatte die Zensur aufgehoben und eine Volksvertretung einberufen. Doch aus den Gewehren der bereitstehenden Soldaten lösten sich Schüsse, was zu Panik und Straßenkämpfen führte. Über 300 Aufständische starben hierbei, viele wurden verwundet oder gefangen genommen. König Friedrich Wilhelm IV. zog seine Truppen ab und versprach den Bürgern mehr politische Mitbestimmung und die Einheit Deutschlands.

Die Fürsten lenken ein
Von der Heftigkeit und dem Ausmaß der Unruhen überrascht, machten die Herrscher rasch Zugeständnisse. Sie gewährten Freiheitsrechte, beriefen neue Minister und versprachen Wahlen.
Mit ihrem Entgegenkommen nahmen die Fürsten den demonstrierenden Männern und Frauen den Wind aus den Segeln. Liberale Bürger fürchteten weitere Gewalt und zu weitgehende Forderungen der Unterschichten. Deshalb waren sie zur Zusammenarbeit mit den alten Mächten bereit. Sie machten „vor den Thronen" Halt und beließen den Regenten die Macht über das Heer, die Verwaltung und die Polizei.

[1] Zur Industrialisierung vgl. S. 52 ff.

Europa nach der Französischen Revolution

M 2 Vier Forderungen aus Baden

Die Mannheimer Volksversammlung richtet Ende Februar 1848 diese Adresse an die badische Kammer.

Eine ungeheure Revolution hat Frankreich umgestaltet. Ein Gedanke durchzuckt Europa. Das alte System wankt und zerfällt in Trümmer. Allerorten haben die Völker mit kräftiger Hand die Rechte sich selbst genommen, welche ihre Machthaber ihnen vorenthielten. Deutschland darf nicht länger geduldig zusehen, wie es mit Füßen getreten wird. Das deutsche Volk hat das Recht zu verlangen: Wohlstand, Bildung und Freiheit für alle Klassen der Gesellschaft ohne Unterschied der Geburt und des Standes. [...] Was das Volk will, hat es durch seine gesetzlichen Vertreter, durch die Presse und Petitionen deutlich genug ausgesprochen. [...] Volksbewaffnung mit freien Wahlen der Offiziere, Unbedingte Preßfreiheit, Schwurgerichte nach dem Vorbild Englands, Sofortige Herstellung eines deutschen Parlaments. Diese vier Forderungen sind so dringend, dass deren Erfüllung nicht länger gezögert werden kann und darf. Vertreter des Volkes! Wir verlangen von euch, dass ihr diese Forderungen zu ungesäumter Erfüllung bringt. Wie stehen für dieselben mit Gut und Blut ein, und mit uns, davon sind wir durchdrungen, das ganze deutsche Volk.

Hans Fenske (Hrsg.), Vormärz und Revolution 1840-1849, Darmstadt 1976, S. 264 f. (vereinfacht)

M 3 Preußen geht fortan in Deutschland auf

König Friedrich Wilhelm IV. von Preußen erklärt am 21. März 1848:

Ich habe heute die alten deutschen Farben angenommen und Mich und Mein Volk unter das ehrwürdige Banner des deutschen Reiches gestellt. Preußen geht fortan in Deutschland auf. Gleichzeitig mit den Maßregeln zur Abwendung der augenblicklichen Gefahr wird die deutsche Stände-Versammlung [der König dachte an den preußischen Landtag, erweitert um die Fürsten und Stände der anderen deutschen Staaten] über die Wiedergeburt und Gründung eines neuen Deutschlands beraten, eines einigen, nicht einförmigen Deutschlands einer Einheit in der Verschiedenheit, einer Einheit mit Freiheit. Allgemeine Einführung wahrer konstitutioneller Verfassungen, mit Verantwortlichkeit aller Minister in allen Einzelstaaten [...], gleiche politische und bürgerliche Rechte für alle religiösen Glaubensbekenntnisse und eine wahrhaft volkstümliche, freisinnige Verwaltung werden allein solche sichere und innere Einheit zu bewirken und zu befestigen im Stande sein.

Hans Jessen (Hrsg.), Die deutsche Revolution 1848/49 in Augenzeugenberichten, München 1973, S. 23f., 46 f.

M 4 „Märzforderungen"

Mannheimer Flugblatt von Ende Februar/Anfang März 1848 (bearbeitet)

Forderungen des deutschen Volkes.

Allgemeine Volksbewaffnung mit freier Wahl der Offiziere.
Ein deutsches Parlament, frei gewählt durch das Volk. [...]
Unbedingte Preßfreiheit.
Vollständige Religions-, Gewissens- und Lehrfreiheit.
Volksthümliche Rechtspflege mit Schwurgerichten.
Allgemeines deutsches Staatsbürger-Recht.
Gerechte Besteuerung nach dem Einkommen.
Wohlstand, Bildung und Unterricht für Alle.
Schutz und Gewährleistung der Arbeit.
Ausgleichung des Mißverhältnisses von Kapital und Arbeit.
Volksthümliche und billige Staats-Verwaltung.
Verantwortlichkeit aller Minister und Staatsbeamten.
Abschaffung aller Vorrechte.

---

1. Gestalte eine Tabelle mit den liberalen, nationalen und sozialen „Märzforderungen" (M2, M4).
2. Begründe, welche Staatsform in den „Märzforderungen" (M4) angestrebt wird.
3. Fasse mit eigenen Worten die Reaktion von König Friedrich Wilhelm IV. (M3) auf die Aufstände in Berlin zusammen.
4. Ein Kreis von aufständischen Bürgern diskutiert im März 1848 die Verlautbarung des Königs (M3): „Sollen wir dem König trauen?" – „Vertritt Friedrich Wilhelm wirklich unsere Ziele?" Schließt euch dieser Diskussion an und bringt eigene Argumente ein.
5. Vergleiche die Situation in den deutschen Staaten mit der in Frankreich 1789.

- 27.02.1848: Mannheimer Volksversammlung
- 06.03.1848: Märzministerium in Württemberg
- 18.03.1848: Kämpfe in Berlin
- 19.03.1848: Proklamation „An meine lieben Berliner"
- 29.03.1848: Märzministerium in Preußen

Das erste deutsche Parlament

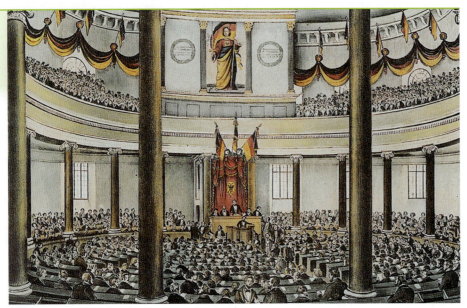

M 1 Die Nationalversammlung in der Frankfurter Paulskirche
Farblithografie von C. A. Lill, 1848
Die Kirche wurde aus Platzgründen gewählt. Über dem Sitz des Präsidenten befindet sich ein großes Transparent mit der Germania (Sinnbild Deutschlands). Übrigens: Schon im März 1848 hatte die Bundesversammlung Schwarz-Rot-Gold zu den Farben des Deutschen Bundes erklärt.

Im Parlament saßen überwiegend Männer aus dem gehobenen Bürgertum: Beamte, Rechtsanwälte, Richter und Staatsanwälte sowie Professoren und Lehrer, auch Kaufleute und Unternehmer, aber kaum Bauern und keine Arbeiter.

Das Volk soll mehr zu sagen haben
Die meisten Anführer der Unruhen wollten die Monarchie nicht abschaffen. Allerdings sollte sie durch eine Verfassung in ihrer Macht beschränkt werden. Bei den Wahlen zur Nationalversammlung am 1. Mai 1848 gab es noch keine politischen Parteien. 585 Abgeordnete wurden in ihren Wahlkreisen gewählt. Die Nationalversammlung trat im Mai 1848 in der Paulskirche in Frankfurt am Main zusammen. Sie war das erste vom Volk gewählte gesamtdeutsche Parlament und sollte eine neue Verfassung und andere grundlegende Gesetze erarbeiten.
Die Kämpfe in Wien und Berlin hatten gezeigt, dass die deutsche Nationalbewegung auf Dauer nicht mehr unterdrückt werden konnte.

Das Volk bestimmt mit
Von den Wahlen zur Nationalversammlung waren Frauen ausgeschlossen. Bei den Männern über 25 Jahren waren etwa 80 Prozent wahlberechtigt. In den meisten deutschen Staaten durften ärmere Bevölkerungsgruppen nicht mitwählen. So blieben viele von denen ausgeschlossen, die zuvor bei den Demonstrationen und Aufständen aktiv gewesen waren. Andere, z. B. radikale Demokraten, wollten nicht mitwählen.

Beschlüsse der Nationalversammlung
Die Debatten und Verhandlungen in der Nationalversammlung dauerten fast ein Jahr. Einig waren sich alle Abgeordneten, dass ein deutscher Nationalstaat entstehen sollte. Folgendes wurde beschlossen:
- eine **Verfassung**, bei der sich der neue Kaiser der Deutschen, das Parlament und die Einzelstaaten die Macht teilen sollten (konstitutionelle Monarchie und Föderalismus). Eine Liste von Grundrechten, ähnlich der 1789 in Frankreich erklärten **Menschen- und Bürgerrechte**, sollte für alle Bürger gelten.
- Der Vielvölkerstaat Österreich sollte als Ganzes von dem neuen Reich ausgeschlossen sein (kleindeutsche Lösung).
- Die preußischen Könige sollten auch Kaiser der Deutschen sein.

Die Fürsten wieder fest im Sattel
Inzwischen hatten die Fürsten die Zeit für eine **Gegenrevolution** genutzt: sie hatten ihre Macht wieder gestärkt und revolutionäre Umtriebe erfolgreich bekämpft. Als 1849 die Vertreter der Nationalversammlung dem preußischen König Friedrich Wilhelm IV. die Krone anboten, lehnte dieser ab. Denn für ihn war es undenkbar, dass ihm Bürger „von unten" dieses Amt übertrugen. Enttäuscht legten die Abgeordneten ihr Amt nieder, die Arbeit der Paulskirche war gescheitert.
Die Anhänger der Revolution wurden verhaftet, hingerichtet oder flohen aus Deutschland. Der Deutsche Bund bestand weiter.

Europa nach der Französischen Revolution

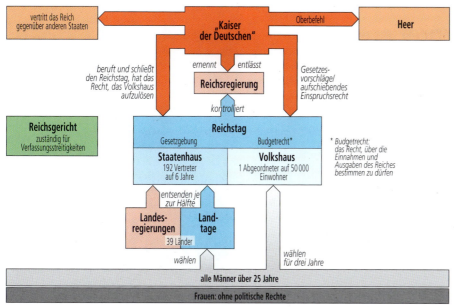

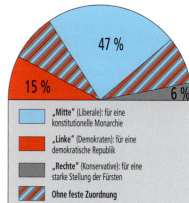

M 2 Die Verfassung des Deutschen Reiches vom 28. März 1849
Diese Verfassung wurde von der Nationalversammlung vorgeschlagen. Wegen der Ablehnung durch die Fürsten trat sie nicht in Kraft.

M 4 Politische Richtungen in der Nationalversammlung
Aus den politischen Gruppierungen haben sich später Parteien entwickelt.

M 3 Aus den Grundrechten von 1848

Am 27. Dezember 1848 setzt die Frankfurter Nationalversammlung die Grundrechte in Kraft. Sie werden Teil der am 28. März 1849 verabschiedeten Reichsverfassung.

§ 137 Vor dem Gesetze gilt kein Unterschied der Stände. [...] Die Deutschen sind vor dem Gesetze gleich. [...] Die öffentlichen Ämter sind für alle Befähigten gleich zugänglich. [...]
§ 138 Die Freiheit der Person ist unverletzlich. [...]
§ 139 Die Todesstrafe [...] sowie die Strafen des Prangers, der Brandmarkung und der körperlichen Züchtigung sind abgeschafft.
§ 140 Die Wohnung ist unverletzlich. [...]
§ 142 Das Briefgeheimnis ist gewährleistet. [...]
§ 143 Jeder Deutsche hat das Recht, durch Wort, Schrift, Druck und bildliche Darstellung seine Meinung frei zu äußern. Die Pressefreiheit darf unter keinen Umständen und in keiner Weise durch vorbeugende Maßregeln, namentlich Zensur [...] aufgehoben werden.
§ 144 Jeder Deutsche hat volle Glaubens- und Gewissensfreiheit. [...]
§ 161 Die Deutschen haben das Recht, sich friedlich und ohne Waffen zu versammeln; einer Erlaubnis dazu bedarf es nicht. [...]
§ 164 Das Eigentum ist unverletzlich.

Udo Sautter, Deutsche Geschichte seit 1815: Daten, Fakten, Dokumente, Bd. II: Verfassungen, Tübingen / Basel 2004, S. 68 - 72

---

1. Beschreibe die Aufgaben von Kaiser, Reichstag und Volk (M2).
2. Beurteile: Wer hat in dem Verfassungsentwurf (M2) die größere Bedeutung, die Fürsten oder das Volk?
3. Erkläre, warum die Entscheidung der Nationalversammlung für das künftige Staatsgebiet „kleindeutsche Lösung" genannt wird.
4. Überlege, welche Argumente gegen die Beteiligung Österreichs sprachen.
5. Vergleiche die in M3 aufgeführten Artikel mit den Artikeln unseres Grundgesetzes von 1949. Was fällt auf?
6. Begründe, warum es in der Politik sinnvoll und notwendig ist, sich zu Gruppierungen (Parteien) zusammenzuschließen.
7. Beurteile, inwieweit die Revolution trotz ihres äußeren Scheiterns ein Erfolg gewesen ist.

Internettipp:
Zu Paulskirche und Verfassung siehe Code 31043-06.

Karikaturen interpretieren

Karikaturen kommentieren und bewerten Ereignisse in Politik und Gesellschaft oder auch Alltägliches. Sie zeigen Schwächen von Personen, bemängeln Zustände und Entwicklungen mit Witz und Spott. Ein Karikaturist stellt meist eine einfache Szene dar, damit seine Meinung deutlich wird. Manchmal setzt er eine erläuternde Zeile unter die Karikatur oder legt einer Figur eine Äußerung in den Mund. Die Personen werden verzerrt dargestellt. Einzelne Personen stehen oft für eine ganze Gruppe oder ein Volk. Worüber die Zeitgenossen lachten oder sich ärgerten, was ihnen gefiel oder was sie ablehnten, erkennen wir heute selten auf Anhieb. Da die Zeichner gerne Symbole verwenden, gilt es, sie zu entschlüsseln und zu deuten.

Um eine Karikatur zu entschlüsseln, gehe in folgenden Schritten vor:

1. Beschreiben
- Wie lautet der Titel der Karikatur?
- Wann ist sie entstanden?
- Welche wichtigen Bildelemente kann man erkennen (z. B. Gegenstände, Figuren, Tiere, Personifikationen, Symbole, Farben etc.)?
- Wie stehen die Bildelemente in Beziehung zueinander (z. B. Interaktion zwischen Figuren, Zusammenhänge zwischen Gegenständen/Figuren, Perspektive, Größenverhältnisse etc.)?
- Gibt es einen Text zur Karikatur (z. B. Bildunterschrift, Text auf Bildelementen, sprechende Personen etc.)?

2. Vor dem historischen Hintergrund erklären
- Welche historischen Personen sind dargestellt?
- Stehen die Personen für eine Gruppe oder ein Volk?
- Gibt es Personifikationen (d. h. wird ein abstrakter Begriff bildlich dargestellt, wie z. B. Germania, deutscher Michel etc.?)?
- Was bedeuten die Symbole?
- Auf welches historische Ereignis oder welche Situation spielt die Karikatur an? (Meist liefert dir die Bildunterschrift Informationen zu dieser Frage.)
- Worauf wird im übertragenen Sinn angespielt?
- Welche Meinung/Kritik drückt der Zeichner aus?

3. Beurteilen
- Wie kann man die Aussage der Karikatur aus damaliger Perspektive beurteilen (z. B. ist die Aussage/Kritik angemessen, nachvollziehbar, überzogen etc.)?

Die folgenden Satzbausteine können dir helfen:
Im Zentrum/links/rechts in der Karikatur ist ... zu sehen. – Besonders wichtig ist ..., weil ... – Schon beim ersten Anschauen fällt der Blick auf ..., weil ... – An ... ist zu erkennen, dass es sich um ... handelt. Die Person links/rechts/in der Mitte sieht aus wie ... – ... ist ein Symbol für ... Damit könnte ... gemeint sein. – Der Karikaturist kritisiert/lobt mit seiner Zeichnung ...

M 1 „Wat heulst'n kleener Hampelmann?"
Karikatur von Ferdinand Schröder, April 1849
In der Bildunterschrift zu der Karikatur stand auch die Antwort des „Jungen" links: „Ick habe Ihr'n Kleenen 'ne Krone jeschnitzt, nu will er se nich!"

So könntest du M1 vor dem historischen Hintergrund erklären

Zum Verständnis dieser Karikatur muss man die Ereignisse von 1848/49 auf deutscher Ebene kennen. Im Arbeitsschritt „Vor dem historischen Hintergrund erklären" werden zunächst die Symbole entschlüsselt und historische Personen identifiziert. Dies könnte folgendermaßen aussehen:

Die große weibliche Figur im Bildvordergrund ist Borussia (lat. für Preußen). Sie hält mit der rechten Hand einen Schild mit dem preußischen Wappentier. Auf dem Kopf trägt sie eine Pickelhaube – auch sie ist ein Symbol für Preußen. Links steht ein kleiner Mann mit übergroßem Kopf, der einen Schlafanzug trägt. Aufgrund der Gesichtszüge kann man ihn als Heinrich von Gagern identifizieren, den Präsidenten der deutschen Nationalversammlung in der Frankfurter Paulskirche. Zwischen den beiden Personen, im Hintergrund, ist eine Statue zu

Karikaturen interpretieren

sehen, bei der es sich um Germania (lat. für Deutschland) handelt. Der Statue fehlt der Kopf. Ihr zu Füßen liegt eine einfache Krone, die aussieht, als sei sie aus Holz gefertigt. Sie soll die Kaiserkrone darstellen, die der preußische König abgelehnt hat. Hinter Heinrich von Gagern steht ein wackeliges Kartenhaus, das die Nationalversammlung symbolisiert. Hinter der Borussia wird der preußische König Friedrich Wilhelm IV. als kleiner Junge dargestellt. Tatsächlich war er damals 53 Jahre alt. Er spielt mit einem Bären, der symbolisch für Russland oder für Berlin stehen kann.

M 2 „Michel und seine Kappe im Jahre 48"
Karikatur aus dem Eulenspiegel vom 24. März 1949
Hinweis: Die „Kappe" im „Frühjahr" ist eine Jakobinermütze aus der Zeit der Französischen Revolution. Sie gilt als Symbol demokratischer bzw. republikanischer Gesinnung.

Jetzt bist du dran:
1. Erläutere mithilfe deines bisherigen Wissens die Aussage des Zeichners von M1.
2. Analysiere die Karikatur (M2) mithilfe der Arbeitsschritte auf der linken Seite.
3. Beide Karikaturen (M1 und M2) bringen Gründe für das Scheitern der Revolution 1848 zum Ausdruck. Arbeite die hier dargestellten Gründe heraus und ergänze weitere (vgl. dazu S. 30/31).

1 Jetzt forschen wir selbst!

Freiheitsbewegung Südwest

Die Geschichte der Revolution 1848 in Deutschland kann nicht erzählt werden ohne die Revolution im Großherzogtum Baden. Denn dort verliefen die revolutionären Ereignisse besonders aufsehenerregend und in gewisser Weise „radikal". Einen entscheidenden Anteil daran hatten Revolutionäre wie Friedrich Hecker (1811-1881), Gustav Struve (1805-1870) (siehe M1) und Georg Herwegh (1817-1875). Sie wurden von manchen Zeitgenossen als „Helden" und „Stars" verehrt, anderen wiederum waren sie geradezu verhasst. Als „radikale" Demokraten wollten sie sich mit allmählichen Veränderungen nicht zufrieden geben und kämpften für eine konsequente Revolution in Baden und darüber hinaus.

Vorschlag für Forschungsthemen:
Thema: Badische Revolutionäre
Auf dieser Doppelseite findest du zunächst vielleicht recht merkwürdig wirkende Quellen (M2-M4), die alle in einem bestimmten Zusammenhang mit den badischen Revolutionären Friedrich Hecker, Gustav Struve und Georg Herwegh stehen. Wie „Schlüssel" eröffnen diese Quellen einen Zugang zu Leben und Werk der jeweiligen Person. Mit ihrer Hilfe könnt ihr selbst Forschungsfragen entwickeln.

Beschreiben: Wählt diejenige Quelle aus (M2, M3 oder M4), die euch am meisten interessiert und beschreibt sie.

Untersuchen: Stellt ausgehend von eurer Beschreibung eigene Forschungsfragen zu „eurer" Schlüsselquelle. Recherchiert anschließend im Internet zu „eurem" Revolutionär.

Einordnen: Ordnet „eure" Quelle nun in das Leben des Revolutionärs ein und bringt sie „zum Sprechen", indem ihr erklärt, inwiefern sie Auskunft über das Leben „eures" Revolutionärs und die Revolution in Baden gibt.

Präsentieren: Erstellt eine Präsentation oder ein Plakat, in der bzw. auf dem ihr das Leben des jeweiligen Revolutionärs darstellt. Tipp: „Eure" Schlüsselquelle sollte darin aufgegriffen werden.

M 1 „Nur die Eintracht führt uns zu dem Ziele ..."
Lithografie, 1848
Die Führer des Aufstands in Baden, Friedrich Hecker (1811-1881) und Gustav Struve (1805-1870) in typisch revolutionärer Kleidung.

M 2 „Wer ist frei?"
Gedicht von Georg Herwegh aus dem Jahr 1841:

Der ist allein ein freier Mann,
Und seiner sei gedacht,
Der sich selbst verdienen kann,
Die Freiheit in der Schlacht,
5 Der mit der eignen Klinge
Sie holt herbei,
Der Mann ist's, den ich singe,
Der Mann ist frei!

Erste Strophe des Gedichtes „Wer ist frei?", in: Georg Herwegh, Gedichte eines Lebendigen, Bd. 1, Zürich 1841, S. 20

Freiheitsbewegung Südwest

M 3 „Heckerhut"
Foto des Filzhutes, der 1849 zum Wolfacher Fastnachtsspiel getragen wurde

Dieser mit Federn und Kokarde geschmückte, auffällig geformte Filzhut war dem Publikum wohl vertraut: Er glich dem Hut des badischen Revolutionsführers Friedrich Hecker. So wurde das Fastnachtsspiel, in dem der „Heckerhut" getragen wurde, auch direkt von der badischen Obrigkeit verboten.

M 4 Schuldschein für die Republik
Später kolorierter Schuldschein für 700 Gulden bzw. 400 Thaler, 1849

Dieser Schuldschein wurde von Gustav Struve geschaffen. Das gegen die Ausgabe eines solchen Schuldscheines eingenommene Geld sollte die Revolution finanzieren.

Exkursionstipps:
- Badisches Landesmuseum in Karlsruhe
- Haus der Geschichte Baden-Württemberg in Stuttgart
- Erinnerungsstätte für die Freiheitsbewegung in der deutschen Geschichte, Rastatt

Nach Amerika!

M 1 Auswanderung über See
Holzstich von 1870
Das Bild zeigt das Zwischendeck eines Auswandererschiffes im 19. Jh. Die Auswanderer waren auf engstem Raum schlechten hygienischen Verhältnissen ausgesetzt. Die Schiffe waren ursprünglich für den Transport von Waren ausgerichtet.

Auswanderung einst und jetzt

Heute stellt Deutschland für Tausende von Flüchtlingen einen Zufluchtsort dar. Im 19. Jh. war das ganz anders: Zwischen 1815 und 1871 wanderten über 400 000 Menschen allein aus dem Königreich Württemberg aus – etwa ein Fünftel der gesamten Bevölkerung! Aus dem Großherzogtum Baden emigrierte von 1845 bis 1854 etwa jeder zehnte Einwohner. Für die südwestdeutschen Auswanderer des 19. Jh. waren die USA das Land ihrer Sehnsucht. Sie kamen in der Hoffnung, auf Regierungsland im Westen des nordamerikanischen Kontinents siedeln zu können (Frontier-Bewegung). Und sie sahen in den USA das „Land der Freiheit" (Pull-Faktoren[1]).

Motive für die Auswanderung

Die Aus- und Einwanderung, auch **Migration** (von lat. migratio: Wanderung), spielt in der Geschichte Südwestdeutschlands eine große Rolle. Die Motive der wandernden Menschen wechselten im Lauf der Jahrhunderte. Historiker unterscheiden religiöse, soziale, politische und wirtschaftliche Beweggründe, wobei eine Vermengung typisch ist. Im 19. Jh. waren es vor allem wirtschaftliche und soziale Gründe, die die Menschen dazu bewegten, ihr Heimatland zu verlassen.

Insbesondere Angehörige der mittleren und unteren Gesellschaftsschichten litten unter existenzieller Not, die durch Missernten in den Jahren 1816/17 und 1832/33 noch verschärft wurde. Hinzu kamen die Auswirkungen der Industrialisierung, wie schlechte Arbeits- und Lebensverhältnisse, Massenarmut und Arbeitsteilung (Push-Faktoren[2]). Seit Ende der 1840er-Jahre unterstützten einige Gemeinden in Baden und Württemberg ausreisewillige arme und straffällig gewordene Bürger mit finanziellen Beihilfen. Die Gemeindevorsteher sahen darin eine Möglichkeit, bei der Armenfürsorge zu sparen.
Nach der Niederschlagung der Revolution von 1848/49 flüchteten bis zu 4000 Revolutionäre aus Enttäuschung oder aus Angst vor Verfolgung.

Die große Überfahrt

Die Mehrheit der Auswanderer wählte für ihre Überfahrt nach Amerika einen der großen westeuropäischen Seehäfen oder die Häfen in Hamburg oder Bremen. Es wurden Auswanderervereine und Agenturen gegründet, die den Ausreisewilligen bei der Organisation ihrer Überfahrt halfen. Für die Bezahlung mussten die meisten ihr gesamtes Hab und Gut veräußern. Die Reise war riskant, denn die schlechten hygienischen Bedingungen und die mangelhafte Versorgung an Bord der Schiffe forderten zahlreiche Todesopfer.

Ankunft in Amerika

Zu Beginn der Auswanderungswelle waren die einzelnen Emigranten weitgehend auf sich allein gestellt. Erst mit Anstieg der Auswandererzahlen wurden in Städten an der Ostküste der USA Ländervertretungen als Anlaufstellen eingerichtet.
Deutsche Einwanderer integrierten sich mehrheitlich gut, da sie das System der Vereinigten Staaten akzeptierten. Es bot ihnen ein höheres Maß an politischer Mitbestimmung und bessere ökonomische Chancen als ihre alte Heimat.

---

[1] Pull-Faktoren: von engl. to pull (ziehen); Bedingungen im Zielland, die attraktiv sind und einen Anreiz zur Einwanderung setzen.

[2] Push-Faktoren: von engl. to push (drücken); Bedingungen im Heimatland, die das dortige Leben einschränken oder gefährden.

Fenster zur Welt: Nach Amerika!

M 2 Werbung für die Emigration
Anzeige in der „Vaihinger Landpost" von 1881

M 3 Gefährliche Koffer!
Der Bäckergeselle Johann Stengelin schildert 1851 in einem Brief seine Überfahrt nach New York:
Den 23. wurden wir eingeschifft auf dem Paketschiff Patrick Hendrick. Wir wurden von dem Dampfschiff gezogen, bis wir auf hoher See waren. Den 5. Juni bekamen wir Sturm, doch nicht so stark, nur einige Tage. Wir mußten unsere Koffer festbinden, sonst würden sie uns Hals und Bein abgeschlagen haben. Wir mußten uns festhalten, daß wir nicht rum und num purzelten. Am Pfingstmontag war es am heftigsten, da haben wir etwas mitgemacht; was man aß, mußte man wieder von sich geben. Hatte man Appetit, so konnte man wegen dem starken Schaukeln nicht kochen. Nur einige blieben von der Seekrankheit verschont. Fünf kleine Kinder und ein Mann starben von London weg. Trinkwasser hatten wir genug, aber stinkendes. Wir waren im Zwischendeck, im mittleren Schiffsraum. Da gab es nur zwei Öffnungen für frische Luft. Ich kochte mir immer selber. Am 27. sahen wir endlich Land, fünf Wochen waren wir auf dem Meer.
Jochen Krebber, Württemberger in Nordamerika. Migration von der Schwäbischen Alb im 19. Jahrhundert, Stuttgart 2014, S. 84 (gekürzt)

M 4 Deutsche in der Fremde
Die Historikerin Alexandra Fies beurteilt in ihrer Doktorarbeit 2009 die Situation der Auswanderer:
Auszuwandern bedeutete für die Menschen, all ihre Freunde und Bekannte hinter sich zu lassen. Um die Angst in der Fremde zu überwinden, versuchten sie, eine Umgebung zu schaffen, die möglichst der Heimat ähnelte. Das behinderte aber auch die Akkulturation[1] in der neuen Heimat. Besonders der Glaube gab den Auswanderern in der Fremde Halt. Schnellstmöglich wurden eigene Kirchengemeinden gegründet. Neben der Religion spielte auch der Erhalt der Muttersprache eine große Rolle. Dies zeigen der Aufbau deutscher Schulen, deutscher Buchhandlungen, Bibliotheken und der deutschen Presse. Ebenso bedeutsam war die Gründung von Vereinen. Zu den wichtigsten zählte der „Badische Volksverein", der jeden Sommer in New York nach dem Vorbild des Cannstatter Volksfestes ein großes Fest abhielt. Bereits im 19. Jh. wurde den ausgewanderten Deutschen zum Vorwurf gemacht, dass sie trotz ihres Einflusses als zweitstärkste Einwanderernation nicht in der Lage waren, sich ihr Deutschtum zu bewahren. Kein Einwanderer würde sich so schnell und gründlich der neuen Heimat anpassen wie sie. Schon die zweite Generation weise große Mängel in Sprache und Schrift auf. In der nächsten Generation erinnere meist nur noch der Name, teilweise anglisiert, an die Abstammung. Staat und Schule trieben eine schnelle Amerikanisierung voran.
Alexandra Fies, Die badische Auswanderung im 19. Jahrhundert nach Nordamerika. Karlsruhe 2010, S. 244 f. und 248 f. (gekürzt und vereinfacht)

[1] Akkulturation: Anpassung an eine fremde Kultur

---

1. Vergleiche M1 mit dem Bild eines heutigen Flüchtlingsbootes, das zum Beispiel an den Küsten Italiens ankommt. Formuliere eine Leitfrage.
2. a) Arbeitet aus M3 heraus, welche Risiken Auswanderer nach Nordamerika eingingen.
   b) Analysiere M2. Erkläre, warum viele Menschen in die USA emigrierten.
3. a) Recherchiert in Partnerarbeit auf www.leo-bw.de Revolutionäre von 1848/49, die später in die USA ausgewandert sind.
   b) Arbeitet Gemeinsamkeiten der Biografien der Personen heraus. Versucht, Erklärungen für die Übereinstimmungen zu finden.
4. a) Arbeitet heraus, was die Amerikanisierung deutscher Einwanderer hinderte/förderte (M4).
   b) Versetzt euch in einen deutschen Auswanderer. Gestaltet einen Brief in die alte Heimat über eure Ängste und Sorgen in der Fremde.
   c) Erörtert, wie euch die Amerikaner dabei helfen könnten, in den USA Fuß zu fassen.

1 Reichseinigungskriege

M 1 Vom Deutschen Bund zum Deutschen Kaiserreich

Bismarck wird preußischer Ministerpräsident

Die Gründung eines geeinten Deutschland „von unten", durch das Volk, war gescheitert. Die Hoffnung auf einen Nationalstaat blieb jedoch bestehen.

1862 ernannte der preußische König Wilhelm I. einen Mann zum preußischen Ministerpräsidenten, dem er vertraute und der in den nächsten Jahren die Geschichte Deutschlands entscheidend bestimmte: **Otto von Bismarck**.

Bismarck wollte die Macht des preußischen Königs und Preußens insgesamt vergrößern, auch mit Kriegen. Historiker wie Dieter Langewiesche (geb. 1943) sprechen daher davon, dass der Krieg auch als „Vater" der entstehenden Nationalstaaten im 19. Jh. bezeichnet werden könne.

Preußen wird Vormacht in Deutschland

1864 fand der erste Krieg statt. Anlass waren Streitigkeiten des Deutschen Bundes mit Dänemark. Zusammen mit Österreich besiegten die Preußen Dänemark, zur Freude der Nationalisten. Doch bald kam es unter den Siegern zu Unstimmigkeiten bei der gemeinsamen Verwaltung der Gebiete Schleswig und Holstein. Bismarck fand einen Anlass für eine militärische Auseinandersetzung mit Österreich. Preußen entschied den Krieg 1866 durch seine starke und moderne Armee zu seinen Gunsten und gewann Gebiete wie das Königreich Hannover, das Kurfürstentum Hessen und das Herzogtum Nassau.

Auflösung des Deutschen Bundes

Österreich zog sich aus Deutschland zurück. Der Deutsche Bund wurde aufgelöst. Stattdessen gründete Preußen den **Norddeutschen Bund**, in dem Preußen die Leitung innehatte. Mit den süddeutschen Staaten schloss es Bündnisse. Preußen war nun die mit Abstand stärkste Macht in Deutschland.

Krieg gegen Frankreich

Um Deutschland endgültig zu einer Einheit zu formen, musste Bismarck die noch selbstständigen süddeutschen Staaten mit dem Norddeutschen Bund vereinen.

Frankreich beobachtete die Vorgänge im Nachbarland misstrauisch. Denn es befürchtete, dass Preußen eine zu starke Militärmacht werden würde. Als ein Verwandter des preußischen Königs den spanischen Thron angeboten bekam, erhob Frankreich dagegen Einspruch. Preußen lehnte die spanische Krone zwar ab. Doch Bismarck gelang es, Frankreich so zu provozieren, dass es Preußen 1870 den Krieg erklärte. Die süddeutschen Staaten kämpften gemeinsam mit Preußen, denn sie waren durch Bündnisse mit dem Norddeutschen Bund dazu verpflichtet. Die Kriegserklärung Frankreichs schürte aber auch das Nationalgefühl der Deutschen. 1871 konnten die deutschen Truppen Frankreich besiegen.

Internettipp:
Mehr über Otto von Bismarck erfährst du unter Code 31043-07.

Otto von Bismarck   Norddeutscher Bund

Europa nach der Französischen Revolution

M 2 Vorstellungen zur Machtpolitik

Bismarck gibt in seinen „Gedanken und Erinnerungen" (nach 1890 verfasst) wieder, welche Grundgedanken seine Rede vor dem preußischen Parlament am 30. September 1862 gehabt hat. Kurz zuvor ist Bismarck zum preußischen Ministerpräsidenten ernannt worden:

Nicht auf Preußens Liberalismus sieht Deutschland, sondern auf seine Macht; Bayern, Württemberg, Baden mögen gegenüber dem Liberalismus Nachsicht üben, darum wird ihnen doch keiner Preußens Rolle anweisen; Preußen muss seine Kraft zusammenfassen und zusammenhalten auf den günstigen Augenblick, der schon einige Male verpasst ist; Preußens Grenzen nach den Wiener Verträgen sind zu einem gesunden Staatsleben nicht günstig; nicht durch Reden und Mehrheitsbeschlüsse werden die großen Fragen der Zeit entschieden – das ist der große Fehler von 1848 und 1849 gewesen – sondern durch Eisen und Blut.

Otto von Bismarck, Die gesammelten Werke, Bd. 10, Berlin 1928, S. 138 f.

M 3 „Le Chevalier de la Mort"
Karikatur von Faustin Betbeder, Paris 1870
Die französische Sicht: König Wilhelm von Preußen als „Ritter des Todes".

---

1. Arbeite Bismarcks Position zur Paulskirche heraus (M2).
2. Erkläre, was mit der „deutschen Frage" gemeint ist und wie Bismarck sie lösen will (M2).
3. Beschreibe mithilfe der Karten (M1) die Entwicklung vom Deutschen Bund zum Deutschen Kaiserreich.
4. Analysiere die Karikatur (M3).
5. Begründe, warum die Reichsgründung von den europäischen Ländern kritisch verfolgt wurde.
6. Historiker fassen die drei Kriege in der zweiten Hälfte des 19. Jh. als „Einigungskriege" zusammen. Erkläre den Begriff.

Die Reichsgründung „von oben"

M 1 Die Verfassung des Deutschen Reiches 1871

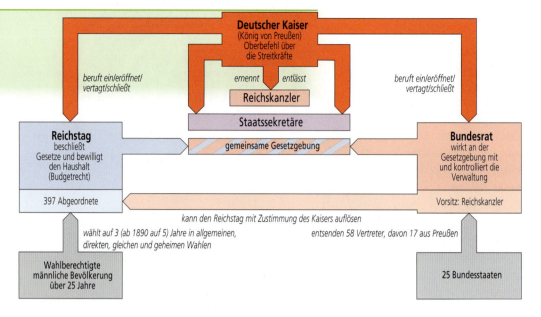

Die Gründung des Deutschen Reiches

Ende 1870 – noch während des Krieges gegen Frankreich – stimmten die süddeutschen Staaten der Gründung eines deutschen Nationalstaates zu, nachdem sie große Zugeständnisse und Geldzahlungen erhalten hatten. Die Einheit Deutschlands war besiegelt.

Die Verfassung des **Deutschen Kaiserreiches** trat am 1. Januar 1871 in Kraft. Damit war die „deutsche Frage" beantwortet. Viel mehr Aufmerksamkeit erhielt die Kaiserproklamation: Am 18. Januar 1871 wurde der preußische König Wilhelm I. zum Deutschen Kaiser ausgerufen, im Schloss von Versailles bei Paris. Frankreich fühlte sich dadurch ebenso gedemütigt wie durch den Verlust von Elsass-Lothringen an Deutschland.

Ein Nationalstaat?

Im neu gegründeten Deutschen Kaiserreich gab es neben „Preußen", „Bayern" oder „Pfälzern" nun erstmals „Deutsche" im staatsrechtlichen Sinne. Doch das Kaiserreich war streng genommen kein Nationalstaat: Im Osten lebten Bürger polnischer Herkunft, im Westen gab es französischsprachige Elsässer und Lothringer und im Norden Einwohner dänischer Abstammung. Gleichzeitig lebten deutschsprachige Menschen außerhalb des Kaiserreiches.

Die Reichsverfassung

Den Vorsitz des Reiches, das Präsidium, hatte der König von Preußen. Er trug den erblichen Titel „Deutscher Kaiser". Der Bundesrat war das stärkste Reichsorgan. Er bestand aus Vertretern der 25 Einzelstaaten. In ihm konnten die Fürsten über ihre Landesvertreter die Gesetzgebung mit beeinflussen. Preußen konnte zwar rein theoretisch überstimmt werden, hatte aber immer genügend Einfluss auf die anderen Staaten. Den Vorsitz im Bundesrat hatte der Reichskanzler, der wiederum nur dem Kaiser verantwortlich war. Dieses Amt übte bis 1890 Otto von Bismarck aus. Der Reichstag wurde vom Volk direkt gewählt. Er beschloss gemeinsam mit dem Bundesrat die Gesetze. Geschwächt war er dadurch, dass er vom Reichskanzler aufgelöst werden konnte, sofern der Kaiser zustimmte.

Das allgemeine, direkte, gleiche und geheime Wahlrecht war ein Zugeständnis an die Liberalen im Reich. Da der Reichstag nur eine schwache Rolle in der Verfassung einnahm, war dies kein demokratischer Erfolg. Im größten Land Preußen blieb für den Landtag auch das Dreiklassenwahlrecht[1] bis 1918 erhalten. Und auch im Reich durften nicht alle wählen: Frauen blieben weiterhin von den Wahlen ausgeschlossen, ebenso Soldaten und Männer, die von Armenunterstützung lebten.

---

[1] Dreiklassenwahlrecht: Wenige Großsteuerzahler der ersten Steuerklasse konnten ebenso viele Wahlmänner wählen wie die vielen Wähler der dritten Steuerklasse. Die Wahlmänner wiederum bestimmten den Abgeordneten in ihrem Stimmbezirk.

Europa nach der Französischen Revolution

M 3 Kaiserproklamation in Versailles
Ölgemälde von Anton von Werner, 1885
Am 18. Januar 1871 wurde im Spiegelsaal des Schlosses von Versailles bei Paris der preußische König Wilhelm I. zum Kaiser des Deutschen Reiches ausgerufen. Das Bild entstand im Auftrag des Kaisers zum 70. Geburtstag Bismarcks. Dieser ist vor den Stufen mit weißer Uniform (eigentlich trug er eine blaue) zu sehen.

M 2 Wem nützt die Reichsgründung?
Der Sozialdemokrat August Bebel kommentiert die Reichsgründung 1874 so:

Das durch „Blut und Eisen" mühsam zusammengeschweißte „Reich" ist kein Boden für die bürgerliche Freiheit, geschweige für die soziale Gleichheit. Staaten werden mit den Mitteln erhalten, durch die sie gegründet wurden. Der Säbel stand als Geburtshelfer dem „Reich" zur Seite, der Säbel wird es ins Grab begleiten. Toren sind, die von Schöpfungen der monarchischen Gewalt die „Freiheit" erwarten, noch größere Toren sind die, welche von der auf der Klassenherrschaft und dem Säbelregiment beruhenden Staatsgewalt die Pflege wirklicher Volkswohlfahrt erwarten. Es gibt in Deutschland nur eine Klasse, der die neue Reichsschöpfung zusagte und die sie auch mit berechtigtem Jubel begrüßte – die deutsche Bourgeoisie.

Siegfried Ziegler, Das Deutsche Kaiserreich, München 1989, S. 35

---

1. *Analysiere das Verfassungsschema (M1) mithilfe des Darstellungstextes. Prüfe die Aussage im Darstellungstext: „Der Bundesrat war das stärkste Reichsorgan."*
2. *Stell dir vor, du bist ein preußischer Anhänger der 1848 gescheiterten Revolution. Wärest du mit der Reichsverfassung von 1871 zufrieden?*
3. *Beurteile Bebels Einstellung zur Reichsgründung (M2).*
4. *Schreibe aus der Sicht eines von der Einigung begeisterten Bürgers eine Antwort auf Bebels Anmerkungen (M2).*
5. *Analysiere, wie das Gemälde die Reichsgründung „von oben" bildlich umsetzt (M3).*
6. *„Die Revolution von 1848 fand 1871 ihren krönenden Abschluss." Erörtere diese Behauptung und begründe deine Meinung.*

- 1862: Bismarck wird preußischer Ministerpräsident
- 1866: Ende des Deutschen Bundes, Gründung des Norddeutschen Bundes
- 1871: Gründung des Deutschen Reiches

Einigungskriege

Die Polen kämpfen für einen eigenen Staat

M 1 Die Teilungen Polens im 18. Jh.
Nach der dritten Teilung gehörten zu Preußen 20 % und 2,7 Mio. Einwohner; zu Österreich 16 % und 3,7 Mio. Einwohner; zu Russland 64 % und 6,7 Mio. Einwohner.

[1] Siehe S. 30/31.

Nation ohne Staat

Während in ganz Europa im 19. Jh. Nationalstaaten entstanden, mussten die Polen trotz zahlreicher Aufstände weiter unter Fremdherrschaft leben.
Innere Konflikte hatten im 18. Jh. das Königreich Polen so sehr geschwächt, dass die Nachbarstaaten Russland, Preußen und Österreich ihre Macht und ihren Besitz durch drei Teilungen Polens ausbauten und schließlich den polnischen Staat ganz von der Landkarte tilgten. Weder der erbitterte Widerstand der Bevölkerung noch die erste moderne Staatsverfassung Europas von 1791 konnten die Aufteilung Polens verhindern. Im Gegenteil: Die europäischen Großmächte sahen ihren Einfluss bedroht und verschärften die Repressionen nur noch. Polen wurde zu einer „Nation ohne Staat".

Vergebliche Hoffnung

Als Napoleon 1806 aus eroberten Gebieten ein „Herzogtum Warschau" schuf, erhofften sich viele Polen die Wiederherstellung ihres Staates. Doch schon auf dem Wiener Kongress wurde diese Hoffnung zerschlagen: Die Siegermächte Preußen, Österreich und Russland erhielten ihre Gebiete von 1795 zurück. Es entstand zwar ein Königreich Polen, das aber der Herrschaft Russlands unterstellt wurde.
Mit diesem „Kongress-Polen" waren die Polen sehr unzufrieden, da die Fremdherrschaft bestehen blieb und polnische Interessen nicht vertreten waren.

Europäischer Völkerfrühling

Als 1830 in Frankreich die Julirevolution ausbrach, flammte auch der polnische Freiheitskampf wieder auf. Der russischen Übermacht konnten die Polen jedoch nichts entgegensetzen, sodass viele Polen ins Exil flüchteten. Überall in Europa wurden die Polen mit ihrem Kampf für Freiheit und einen eigenen Staat als Vorreiter des europäischen Völkerfrühlings gefeiert. Die Solidarität (Verbundenheit) der süd- und westdeutschen Liberalen mit den polnischen Flüchtlingen war groß. So wehten auf dem Hambacher Fest polnische Flaggen und es wurde die polnische Nationalhymne gesungen.

Grenzen der Solidarität

Diese deutsch-polnische Verbundenheit zerbrach jedoch bereits wenige Jahre später, als 1848/49 in der Paulskirche[1] über die Grenzen des neu zu gründenden deutschen Staates entschieden wurde. Es stellte sich die Frage, zu welchem Staat die Provinz Posen gehören sollte, die seit dem Wiener Kongress ein Teil Preußens war. Letztlich stimmte die Mehrheit der Abgeordneten gegen eine Wiederherstellung Polens auf Kosten der preußischen Gebiete.
Alle weiteren Versuche der Polen, ihre Unabhängigkeit zu erkämpfen, scheiterten an der Unterdrückungspolitik der preußischen, österreichischen und russischen Besatzer. 1874 schließlich übernahm ein russischer Generalgouverneur im Auftrag des russischen Zaren die Herrschaft. Das Königreich Polen wurde aufgelöst und verschwand erneut von der europäischen Landkarte.

Nation und Staat

Auch wenn es keinen polnischen Staat gab, blieb das Nationalbewusstsein erhalten. Adel, Intellektuelle und die durch die Industrialisierung entstanden Arbeiterparteien kämpften weiter für einen eigenständigen Staat. Auch die katholische Kirche spielte dabei eine wichtige Rolle, da sie den Zusammenhalt aller Polen untereinander aufrecht erhielt. Doch bis zur Gründung eines eigenen Staates dauerte es noch bis 1918: Erst die Niederlage Preußens, Österreichs und Russlands im Ersten Weltkrieg machte einen polnischen Nationalstaat möglich.

Europa nach der Französischen Revolution

M 2 Geschichte Polens im 18. und 19. Jh.

1772	1. Teilung Polens zwischen Russland, Preußen und Österreich
1791	Verabschiedung der ersten schriftlichen Verfassung in Europa
1793	2. Teilung Polens
1794	Ein Aufstand gegen die Teilung Polens wird niedergeschlagen
1795	3. Teilung Polens, Polen hört als Staat auf zu existieren
1807	Napoleon Bonaparte ruft das „Herzogtum Warschau" aus
1814/15	Wiener Kongress: Teilung Polens bleibt bestehen - nur die Grenzen werden verändert. Das Großherzogtum Posen und Westpreußen kommen zu Preußen, Galizien zu Österreich, das Herzogtum Warschau wird zum „Königreich Polen" (Kongress-Polen).
1830/31	Novemberaufstand im „Königreich Polen"; Niederschlagung durch Russland; Beginn der großen Emigration
1848	Unruhen im preußischen und österreichischen Teilungsgebiet
1863/64	Januaraufstand im russischen Teilgebiet; Niederschlagung durch Russland; „Königreich Polen" wird russische Provinz

M 3 „Finis Poloniae 1831"
Ölgemälde des aus Düsseldorf stammenden Historienmalers Dietrich Monten, 1832
Auf der preußischen Grenzsäule steht „Finis Poloniae" („Das Ende Polens"). Das Bildmotiv war 1832 sehr beliebt und wurde auch auf Gebrauchsgegenständen wie Tabakdosen oder Pfeifenköpfen abgebildet.

1. Beschreibe mithilfe der Karte (M1) die Gebietsveränderungen durch jede der drei Teilungen.
2. Das Gemälde (M3) gilt als Beleg für die deutsche Bewunderung der polnischen Aufständischen. Begründe diese Meinung.
3. Vergleiche mithilfe der Tabelle (M2) die polnische mit der deutschen Nationalbewegung im 19. Jh. Nenne die Hauptunterschiede.

Das Jahrhundert der Nationalstaaten?

M1 „Germania auf der Wacht am Rhein" Gemälde von Lorenz Clasen, 1860
Das Gemälde zeigt die Figur der Germania als Sinnbild der deutschen Nation. Das Reichsschwert in der rechten Hand steht für Wehrhaftigkeit, der Eichenlaubkranz ist ein Symbol für Treue. Auf dem Schild ist der Doppeladler des Deutschen Bundes zu sehen. Der Blick der Germania richtet sich gen Westen, also Richtung Frankreich.

Nation und Nationalismus

Das Brandenburger Tor, die Nationalhymne, die Nationalflagge – all diese Dinge sind nationale Symbole. Doch was bedeutet überhaupt Nation? Der Begriff stammt aus dem Lateinischen und bedeutet ursprünglich Herkunft oder Geburtsort. Die moderne Vorstellung von Nation bezeichnet eine größere Gruppe von Menschen, die sich durch gleiche Sprache, Geschichte, Kultur und gleiches Recht verbunden fühlt. Lebt diese Nation in einem Staat mit gemeinsamer Regierung und Verfassung, spricht man von einem Nationalstaat.

Vor 1800 gab es kein ausgeprägtes deutsches Nationalbewusstsein. Die Menschen fühlten sich mehr als Preußen, Hannoveraner, Sachsen oder Bayern denn als Deutsche. Dies änderte sich erst mit dem Befreiungskampf gegen Napoleon. Das erwachende Selbstbewusstsein einer Nation mit dem Bestreben, einen eigenen Staat zu bilden, wird Nationalismus genannt. Im sogenannten europäischen Völkerfrühling fühlten sich viele Bürger Europas in diesem Streben verbunden.

Zwei Seiten einer Medaille

Es gibt schon immer ein menschliches Bedürfnis sich in Gruppen zusammenzuschließen. Das kennt ihr auch aus der Schule, wenn beispielsweise Klassengemeinschaften miteinander wetteifern.

Mit der Entstehung einer Gruppe ist aber immer auch eine Abgrenzung gegen die Menschen verbunden, die nicht der Gruppe angehören. Deshalb haben auch nationale Gefühle oft zwei Seiten: Einerseits können sie dazu beitragen, das Zusammengehörigkeitsgefühl und die Solidarität innerhalb einer Gesellschaft zu stärken. Andererseits kann ein extremer Nationalismus zu Feindseligkeiten und Kriegen führen, da Menschen anderer Herkunft negativ gesehen und oft auch abgewertet werden.

Junge und alte Nationalstaaten

Im 19. Jh. wurde überall in Europa der Ruf nach politischer Mitbestimmung und nationaler Einheit laut. Diese Forderungen sorgten immer wieder für blutige Konflikte und Umwälzungen. Im Verlauf dieser Auseinandersetzungen entstanden im 19. Jh. in Mittel- und Südeuropa eine Reihe neuer Nationalstaaten (**junge Nationalstaaten**).

Im Gegensatz dazu gab es in Nord- und Westeuropa Nationalstaaten, die schon vor 1800 entstanden waren (**alte Nationalstaaten**), wie zum Beispiel Frankreich oder England.

Frankreich und Polen

Das französische Staatsgebiet hatte schon im 18. Jh. seine endgültige Größe erreicht und war seither zentral regiert worden. Das Bewusstsein einer unteilbaren Nation mit gemeinsamen Werten war durch die Französische Revolution 1789 noch gestärkt worden. Die Revolutionen von 1830 und 1848/49 brachten der französischen Bevölkerung dann nach und nach mehr Möglichkeiten der politischen Mitbestimmung. Nach der Niederlage gegen Deutschland 1870 wurde schließlich die Republik ausgerufen, wodurch Frankreich zu einer parlamentarischen Demokratie wurde. Dagegen gelang es den Polen bis zum Beginn des 20. Jh. nicht, einen eigenen Nationalstaat zu gründen. Sie standen bis zum Ende des Ersten Weltkrieges unter Fremdherrschaft.

Europa nach der Französischen Revolution

M 2 Phasen der Nationalstaatsbildung

Der deutsche Historiker Theodor Schieder unterscheidet 1965 in einem Modell verschiedene Typen und Phasen der Nationalstaatsbildung.

In der ersten Etappe bildet sich der moderne Nationalstaat in England und Frankreich durch eine innerstaatliche Revolution, in der die Gemeinschaft der Bürger einen bereits bestehenden Staat
5 auf bestimmte politische Werte und am Ende auf den Volkswillen [...], die Nation als Willensgemeinschaft neu gründet. [...]
Die zweite Phase steht im Zeichen der Entstehung von Nationalstaaten aus staatlich getrenn-
10 ten Teilen von Nationen, die ihre politische Zerrissenheit überwinden wollen. Der nationalrevolutionäre Akt gestaltet nicht einen vorhandenen Staat um, sondern will einen neuen schaffen. Dies ist die Stunde der nationalen „Einheitsbewe-
15 gungen" [...] Bei ihnen erscheint die Nation als eine [...] entweder historisch oder kulturell oder als sozialer Verband begründete Größe.
In der dritten Phase geht es wiederum um ein anderes Problem. [...] Osteuropa [ist] das Feld der
20 großen imperialen Reichsbildungen gewesen. [...] Die dortigen [nationalen] Bewegungen [...] entfalten sich im Bereich dieser Großstaaten [...]. Das politische Bewusstsein dieser Bewegungen und der sie tragenden Völker wird nicht im und am
25 Staat entwickelt, sondern durch die Gegnerschaft gegen den bestehenden Staat geprägt.

Theodor Schieder, Typologie und Erscheinungsformen des Nationalstaats in Europa, in: Otto Dann und Hans-Ulrich Wehler (Hrsg.), Nationalismus und Nationalstaat. Studien zum nationalen Problem im modernen Europa. Göttingen 1991, S. 69 – 71.

M 3 „Der Schmied der deutschen Einheit"
Holzstich nach einem Gemälde von Guido Schmitt, um 1880
Die Figur der Germania (rechts) symbolisiert das Deutsche Reich, links im Bild ist Otto von Bismarck zu sehen.

---

1. Erkläre, welche Bedeutung nationale Symbole für dich heutzutage haben.
2. Begründe, ob du dich am stärksten mit a) deinem Heimatort, b) der Region, in der du lebst, c) Deutschland, d) einem anderen Land oder e) Europa identifizierst.
3. Erläutere, welche Rolle Otto von Bismarck in den Augen des Künstlers (M3) bei der Reichsgründung hatte.
4. Charakterisiere ausgehend von M2 die deutsche, polnische und französische Nationalstaatsgründung.
5. Ordne die Begriffe alter und junger Nationalstaat den Phasen in Schieders Modell zu (M2).
6. Das Modell Schieders ist nicht unumstritten. Ordne seinen Ausführungen Beispiele zu und erläutere mögliche Probleme des Modells.

1 Das weiß ich – das kann ich!

Am Anfang dieses Kapitels steht die Leitfrage:
Das Ringen der Menschen um Einheit und Freiheit im 19. Jh. – ein Erfolg?
Mit den Arbeitsfragen zu den fünf Kategorien auf Seite 12 f. kannst du sie nun beantworten:

Herrschaft

In der Säkularisation wurden geistliche Herrschaften aufgelöst und ihr Besitz weltlichen Fürsten übergeben. Durch die Mediatisierung verloren kleine weltliche Herrscher ihre Macht und mussten sich größeren Fürstentümern unterwerfen. Dadurch wurde Deutschland staatlich neu geordnet.

Obwohl Deutsche aus allen Staaten gemeinsam gegen Napoleon gekämpft hatten, behielten nach dem Wiener Kongress die Monarchen durch die Restauration ihre Macht. Ihre Herrschaft sicherten sie in den folgenden Jahrzehnten durch Zensur und Unterdrückung.

Auf zahlreichen Kundgebungen forderten die Deutschen einen Nationalstaat sowie Menschen- und Bürgerrechte. Die Nationalversammlung in der Paulskirche erarbeitete zum ersten Mal für Deutschland eine Verfassung. Das Wahlrecht galt jedoch weiter nur für Männer. Die Gegenrevolution der Fürsten verhinderte die Einführung der Verfassung. Erst die Reichsgründung „von oben", bei der das Deutsche Kaiserreich durch den Adel und das Militär gegründet wurde, brachte 1871 den Deutschen einen Nationalstaat. Im Unterschied zu Frankreich, einem alten Nationalstaat, kann man deshalb Deutschland als einen jungen Nationalstaat bezeichnen.

Gesellschaft

Mit den Revolutionen hatte das Bürgertum an politischem und wirtschaftlichem Einfluss gewonnen. Bürger grenzten sich kulturell bewusst von anderen gesellschaftlichen Gruppen ab und traten zunehmend selbstbewusst auf. Dies zeigte sich auch nach außen in der Gründung von Vereinen, z. B. Turn-, Gesangs- und Schützenvereinen. Hier kam man gesellig zusammen, konnte aber auch über die politischen Anliegen des Bürgertums diskutieren. Andererseits war das Bürgertum durch den Druck der bisherigen Herrschaftsträger häufig gezwungen, sich anzupassen.

Kultur

Die Bevölkerung forderte immer selbstbewusster die Umsetzung der Menschen- und Bürgerrechte, mehr politische Mitsprache und die Bildung eines Nationalstaates. Diese Forderungen des Liberalismus und Nationalismus wurden jedoch seit dem Wiener Kongress durch die Zensur massiv unterdrückt. In Freiheitsliedern machten Dichter und Musiker Einheit und Freiheit zu zentralen Begriffen. Auch der Text der deutschen Nationalhymne hat hier seinen Ursprung.

Wirtschaft

Die Reformen Napoleons führten auch zu Modernisierungsprozessen im Bereich der Wirtschaft. Gleichzeitig war das frühe 19. Jh. geprägt von Verarmung, Missernten und Hungersnöten.

Neben politischen Forderungen gehörten daher auch Forderungen nach besseren Lebensbedingungen und der Bekämpfung der sozialen Not zu den Ursachen der Revolution 1848/49.

Vernetzung

Im 19. Jh. wanderten viele Menschen aus den deutschen Territorien in die USA aus. Push-Faktoren dieser Migration waren Arbeitslosigkeit und Hungersnot, Pull-Faktoren höhere Löhne und demokratische Freiheiten. Obwohl sich die Sehnsucht der Menschen nach nationaler Einheit, Mitbestimmung sowie Bürger- und Menschenrechten nach 1815 nicht erfüllte, ließen sich diese Forderungen auf Dauer nicht unterdrücken: Während der Zeit des „europäischen Völkerfrühlings" wurden sie immer lauter und die Menschen fühlten sich über die Grenzen hinweg in ihrem Kampf verbunden.

Ein Mitschüler behauptet: „Mit der Reichsgründung 1871 waren die Forderungen der Revolutionäre von 1848 erfüllt." Nimm Stellung zu dieser Aussage.

Kompetenz-Test
Einen Fragebogen, mit dem du überprüfen kannst, was du schon erklären kannst und was du noch üben solltest, findest du unter Code 31043-08.

Europa nach der Französischen Revolution

M 1 „Schützen, Sänger, Turner, ein einig Volk von Brüdern!"
Schießscheibe vom Ersten Deutschen Bundesschießen, Frankfurt a. M. 1862
Auf der linken Seite ist die Frage zu lesen: „Was ist das deutsche Vaterland?", auf der rechten Seite findet sich die Antwort: „Das ganze Deutschland soll es sein!" Unten steht eine Widmung. Unter dem Banner werden die drei Hauptpersonen vorgestellt. Der Sänger hält ein Notenblatt nach oben mit der Aufschrift: „Eintracht hält Macht". Unten rechts findet sich das sogenannte „Turnerkreuz", welches auf den Wahlspruch der Turner hinweist (frisch, fromm, fröhlich, frei). Die rot-weiße Fahne im Hintergrund ist die der Stadt Frankfurt.

1. Beschreibe M1 und ordne es in die Zeit ein, die du in Kapitel 1 bisher kennengelernt hast. Tipp: Gehe hierzu besonders auf die Themen „Revolution 1848", „Bürgertum", „Verein" und „Nationalismus" ein.
2. Menschen, die in der Europäischen Union (EU) leben, können in andere EU-Länder reisen, dort studieren und arbeiten. Angesichts zunehmender Migration fordern aber immer mehr Politiker, dass sich die Nationalstaaten wieder stärker untereinander abgrenzen sollten. Nehmt zu dieser Forderung Stellung.
3. Diskutiert in der Klasse mögliche Folgen eines ausgeprägten Nationalismus.

2 Durchbruch der Moderne

Das 19. Jh. veränderte das Leben der Menschen in vielerlei Hinsicht von Grund auf. Politisch, wirtschaftlich, gesellschaftlich und kulturell war am Ende dieses Zeitraumes nichts mehr so wie zu Beginn. Vor allem in der zweiten Hälfte des 19. Jh. veränderten sich die Lebens- und Arbeitsbedingungen in den meisten europäischen Ländern und in den Vereinigten Staaten grundlegend durch die Industrialisierung. Spätere Generationen bewerteten den Veränderungsprozess als Modernisierung und bezeichneten die Zeit deshalb auch als „Durchbruch der Moderne".

M Moderne Zeiten
Standbild aus dem Spielfilm „Modern Times" von und mit Charlie Chaplin, gedreht 1933 bis 1936

In diesem Spielfilm setzt sich Chaplin kritisch mit den Auswirkungen der Industrialisierung auf das Leben der Menschen auseinander. Als der US-amerikanische Film in die Kinos kam, waren mehr als 100 Jahre vergangen, seit die Maschinen in Europa und den USA den Siegeszug der Industrialisierung einläuteten.
Beschreibe das Bild und den Eindruck, den es beim Betrachter hervorruft. Welche „Botschaft" vermittelt das Bild (bzw. der Film)? Erörtert, wie das Verhältnis „Mensch und Maschine" heute dargestellt werden könnte.

Fragen an … den Durchbruch der Moderne

Heute gehören Elektrizität, fließendes Wasser aus der Leitung und Zentralheizung zum Alltag wie auch der Computer, das Auto und die weltweite Vernetzung per Internet.

Noch bis zum Beginn des 19. Jh. hatten sich die Lebens- und Arbeitsverhältnisse großer Teile der Bevölkerung im Vergleich zum Mittelalter jedoch kaum verändert. Die meisten Menschen lebten noch immer auf dem Land, bestellten ihre Äcker mit dem Pflug und einem Zugtier. In den vielen kleinen Städten arbeiteten Handwerker in Zünften zusammen und stellten ihre Waren noch in Handarbeit her, auch in den von den Fürsten geförderten Manufakturen. Erste Maschinen wurden mit Wasser und Wind betrieben, manche noch mit Pferden und Ochsen.

Doch durch die Industrialisierung änderten sich in der zweiten Hälfte des 19. Jh. die Lebens- und Arbeitsbedingungen in den meisten europäischen Ländern und in den Vereinigten Staaten rasant. Die Handarbeit wurde durch neue Techniken und Maschinen abgelöst. Der technische, wirtschaftliche und soziale Wandel verlief so schnell, dass bereits Zeitgenossen von einer „Industriellen Revolution" sprachen. Welche Ursachen hatte diese Entwicklung und wie lief sie ab? Welche Folgen hatte der Prozess? Das Kapitel wird dir bei der Beantwortung dieser Fragen helfen.

Leitfragen

Welche Veränderungen brachte die Industrialisierung mit sich?
Die Industrialisierung: Fortschritt oder Fluch für die Menschen?

Während sich in Frankreich nach 1871 endgültig die Demokratie durchsetzte, blieb Deutschland ein Obrigkeitsstaat. Die Forderungen der Arbeiter nach besseren Lebens- und Arbeitsbedingungen setzten den Staat unter Druck, ihre Lage durch Sozialgesetzgebung zu verbessern.

Die Produktionsweise änderte sich im Laufe der Industrialisierung grundlegend. Große Fabriken verdrängten nach und nach die handwerkliche Herstellung von Produkten. Die Eisenbahn wirkte als Motor dieser Entwicklung.

Entwickelt Fragen an den Durchbruch der Moderne und ordnet sie den fünf „Frage-Bereichen" (Kategorien) zu. ▶

 Herrschaft
…
…

 Wirtschaft
…
…

Heiliges Römisches Reich Deutscher Nation					Rheinbund	
1760	1770	1780	1790	1800	1810	1820

Beginn der Industrialisierung in England

Fragen an ... den Durchbruch der Moderne

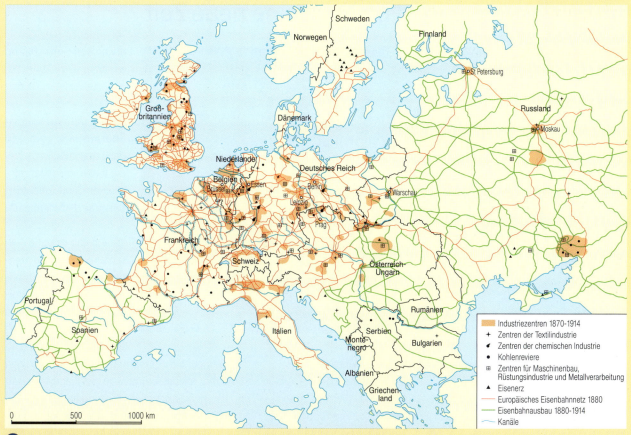

Industriezentren 1870-1914
+ Zentren der Textilindustrie
◆ Zentren der chemischen Industrie
● Kohlenreviere
⊞ Zentren für Maschinenbau, Rüstungsindustrie und Metallverarbeitung
▲ Eisenerz
— Europäisches Eisenbahnnetz 1880
— Eisenbahnausbau 1880-1914
— Kanäle

M Industrialisierung Europas im 19. Jh.

Durch die Industrialisierung wuchs die Einwohnerzahl der Städte an (Urbanisierung). Menschen wurden aus vertrauten Verhältnissen gerissen. Neue Geborgenheit bot die Zugehörigkeit zu einer Nation. Radikalnationalismus schuf jedoch den Boden für Militarismus und Antisemitismus.

Die Industrialisierung veränderte die Gesellschaft tiefgreifend: Mit den Arbeitern entstand eine neue soziale Schicht, die den besitzenden Unternehmern gegenüberstand. Die Arbeiterbewegung übte mit ihrem Kampf für bessere Lebens- und Arbeitsbedingungen auch politischen Druck aus.

Durch die Entwicklung von Eisenbahn, Dampfschiff und Telegraf wurden größere Entfernungen schneller überwunden. Da größere Distanzen nun kein Hindernis mehr waren, nahm auch die Migration innerhalb der Länder und zwischen Ländern zu.

 Kultur

...

...

 Gesellschaft

...

...

 Vernetzung

...

...

| Deutscher Bund | Norddeutscher Bund | Deutsches Kaiserreich |

1850 — 1860 — 1870 — 1880 — 1890 — 1900 — 1910

Durchbruch der Industrialisierung auf dem Kontinent | Deutschland steigt zur Industrienation auf

In England beginnt eine neue Zeit

M 1 Textilproduktion in Heimarbeit
Gemälde um 1900 von I. Ohnesorge
Das Gemälde zeigt die vorindustrielle Textilproduktion durch Spinnen und Weben. In einigen Gegenden wurden auch nach der Industrialisierung auf diese Art Textilien hergestellt.

Internettipp:
Mehr zur Industriegeschichte erfährst du unter Code 31043-09.

Erfindungen verändern die Wirtschaft

Bis ins 18. Jh. stand den Menschen bei der Arbeit nur die Kraft ihrer Muskeln oder die von Tieren sowie Wind- und Wasserkraft zur Verfügung. Dies änderte sich, als in Großbritannien einfallsreiche Männer eine Maschine entwickelten, die als neuer Antrieb diente: die Dampfmaschine. Die Erfindung weiterer Maschinen erleichterte viele Arbeitsvorgänge. Vor allem bei der Herstellung von Kleidung stieg deswegen bald die Produktivität, die Leistungsfähigkeit, rasant an.

Warum wird England Vorreiter der neuen Entwicklung?

Die meisten Erfindungen wurden in Großbritannien gemacht und dort entstanden auch die ersten **Fabriken**, große Hallen, in die viele Menschen kamen, um mithilfe von Maschinen Güter herzustellen. Englische Adlige und Bürger hatten durch die Gewinne aus dem Kolonialhandel viel Kapital angesammelt, das sie investieren wollten. Sie nahmen das Risiko auf sich, mit eigenem Geld und Maschinen im großen Stil zu produzieren. Diese **Unternehmer** hofften dadurch, möglichst hohe Gewinne zu erzielen.
Da es in Großbritannien nur wenige staatliche Vorschriften für die Wirtschaft gab, durften auch diejenigen investieren, die nicht einer Zunft angehörten oder adlig waren. Dies entsprach der Theorie des **Wirtschaftsliberalismus**, wonach der Staat möglichst wenig in die Wirtschaft eingreifen und lediglich günstige Rahmenbedingungen schaffen sollte. Zudem gab es keine Zollschranken für den Handel innerhalb Großbritanniens. Reiche Vorkommen von Eisenerz und Kohle lieferten die für die Herstellung und den Betrieb der Dampfmaschinen notwendigen Rohstoffe. Verbesserungen in der Landwirtschaft und der medizinischen Versorgung hatten ab 1750 zu einem stetigen Wachstum der Bevölkerung geführt, sodass auch genügend Arbeitskräfte zur Verfügung standen.

Die Textilbranche kurbelt die englische Industrialisierung an

Das Wachstum der Bevölkerung führte zu einer großen Nachfrage nach Kleidung, sodass gerade die Textilindustrie boomte. Da für die Erzeugung der Metalle und den Betrieb der Dampfmaschinen viel Kohle nötig war, musste auch der Bergbau ausgeweitet werden. Neue Maschinen ermöglichten dabei eine bessere Ausbeutung der Minen. Damit war die englische Textilindustrie zum Schrittmacher der **Industrialisierung** geworden.
Rohstoffe und Fertigwaren sollten zügig von einem Ort zum anderen transportiert werden. Deshalb wurde die Dampfmaschine als Zugmaschine, nämlich als Dampflokomotive, eingesetzt. Die Herstellung von Eisenbahnschienen, Waggons und Lokomotiven sorgte wiederum bei der Eisenverarbeitung sowie der Kohleförderung für mehr Aufträge.

Fabrik   Unternehmer   Wirtschaftsliberalismus   Industrialisierung

Durchbruch der Moderne

M 2 Englische Baumwollspinnerei
Stich nach einer Zeichnung von Thomas Allom, um 1834
Die Spindelwagen der zwei gegenübergestellten doppelten Spinnmaschinen liefen auf Schienen und bewegten sich im Laufe eines Arbeitstages rund 5000-mal hin und her. Ein Spinnmeister steuerte den Bewegungsablauf. Rechts im Vordergrund musste eine Frau die gerissenen Fäden zusammenknüpfen, vorne rechts unter den Fäden fegte vermutlich ein Kind während des Betriebs der Maschinen Baumwollreste vom Boden weg.

M 3 Bevölkerungsentwicklung in England und Europa

Jahr	England	Europa
1750	5,8 Mio.	140 Mio.
1800	8,7 Mio.	187 Mio.
1850	17,7 Mio.	266 Mio.

Toni Pierenkemper, Umstrittene Revolutionen. Die Industrialisierung im 19. Jahrhundert, Frankfurt a. M. 1996, S. 15 und Praxis Geschichte, Heft 1/1988, S. 8

M 4 Kohle und Eisen in Großbritannien

Kohleförderung (Angaben in Mio. t)		Eisenförderung (Angaben in Mio. t)	
1770	6,2	1806	0,25
1836	30,0	1835	1,0
1850	50,0	1847	2,0
1870	112,2	1870	5,9

Michael Epkenhans und Andreas von Seggern, Leben im Kaiserreich. Deutschland um 1900, Stuttgart 2007, S. 30

M 5 Einfuhr von Baumwolle und Ausfuhr von Textilprodukten

Jahr	Einfuhr von Baumwolle (Angaben in t)
1780	8000
1801	25000
1815	50000
1825-1830	100000
1849	346000

Zeitraum	Ausfuhr von Baumwolltextilien (Angaben in 1000 £)
1780-1789	756
1790-1799	2631
1800-1809	9995
1810-1819	18712
1820-1829	28000

Erster Teil (Einfuhr): Amtlicher Bericht über die Industrie-Ausstellung aller Völker in London im Jahre 1852, 2. Teil, Berlin 1857, S. 11, zitiert nach: Bernd Januschke und Karl-Friedrich Warner, Industrielle Revolution, Stuttgart/Heidelberg 1992/1993, S. 68

Zweiter Teil (Ausfuhr): Chris Cook und John Stevenson, Atlas of Modern British History, London 1978, S. 43, zitiert nach: Hermann de Buhr und Michael Regenbrecht, Industrielle Revolution und Industriegesellschaft, Frankfurt a. M. 1983, S. 22

1. Stelle anhand eines Schaubildes die Zusammenhänge zwischen folgenden Begriffen dar: Maschinen, Kohleförderung, Kohleverbrauch und Textilien.
2. Beschreibe das Bild (M1) und erkläre, woran man erkennen kann, dass es sich um Heimarbeit handelt.
3. Vergleiche M1 und M2. Wie haben sich die Arbeit und die Belastungen verändert?
4. Erkläre, was die Angaben in M3 bis M5 miteinander zu tun haben.
5. Bewerte, inwieweit die auf dieser Seite dargestellten Veränderungen positiv waren.

Nachzügler Deutschland

M 1 Die „Badenia"
Zeichnung von 1841
Die Lokomotive wurde 1841 in Karlsruhe gebaut und im Januar 1842 ausgeliefert.

Ein Nachzügler holt auf

Mit den Fabriken und Maschinen im industrialisierten England konnten deutsche Hersteller bald nicht mehr konkurrieren. Viele Herrscher in den Einzelstaaten des Deutschen Bundes befürchteten daher Bankrotte, wodurch die Armut wachsen und ihre Steuereinnahmen sinken könnten. Sie führten nun Maßnahmen durch, um die eigene wirtschaftliche Leistung zu steigern. Für die Ernährung der wachsenden Bevölkerung wurden in der Landwirtschaft zahlreiche Neuerungen eingeführt. Es wurden ertragreichere Pflanzen verwendet, die Tierzucht verbessert, mehr Flächen genutzt oder der neu erfundene Kunstdünger eingesetzt.

Neue aufgeklärte Minister schafften die Leibeigenschaft und die Grundherrschaft ab. Viele Bauern zogen auf der Suche nach Arbeit in die Städte und standen dort als Arbeitskräfte zur Verfügung. Viele wanderten aber auch nach Amerika aus.

Hindernisse für die Wirtschaft fallen

Wer in Deutschland Handel treiben wollte, musste an den Grenzen zwischen den vielen deutschen Staaten Zoll bezahlen. Dadurch wurden die Waren immer teurer.

Einige Staaten im Deutschen Bund hatten eigene Währungen und Maßeinheiten, sodass die Händler großen Aufwand mit Geldwechsel und Umrechnungen hatten. Um diese Hindernisse zu beseitigen, gründete sich 1834 unter Preußens Führung der Deutsche Zollverein. Seine Mitglieder vereinbarten, dass man beim Überschreiten der Grenzen keinen Zoll mehr zu zahlen brauchte. Dem Zollverein traten in den folgenden Jahrzehnten fast alle Staaten des Deutschen Bundes bei.

Mit dem Dampfross unterwegs

Mit der Eisenbahn gelang es, die deutschen Handelszentren gut miteinander zu verbinden. Das Eisenbahnnetz wuchs schnell und der Bedarf an Lokomotiven und Schienen damit auch. Dadurch wurde in Deutschland der Eisenbahnbau zum Schrittmacher der Industrialisierung. In Regionen mit Kohle und Eisenerzvorkommen (im Ruhrgebiet, im Saarland, in Oberschlesien, in der Oberpfalz) entstanden Zentren der Industrialisierung mit Zechen, Walzwerken und Gießereien.

Auch in Baden und Württemberg entwickelten sich schon bald Industrieregionen. 1845 eröffnete die Königlich Württembergische Eisenbahn zwischen Cannstatt und Esslingen ihre erste Strecke. Noch im selben Jahr schrieb die Regierung die Gründung einer Fabrik aus, die Lokomotiven, Waggons, Weichen und Drehscheiben für die Bahn produzieren sollte. Emil Kessler erhielt den Zuschlag. Das Land Württemberg unterstützte den Badener Unternehmer mit einem Darlehen und der Garantie, mindestens 15 Jahre lang alles für die Staatsbahn bei ihm zu kaufen. Als die Fabrik gegründet wurde, arbeiteten in ihr 500 Menschen, gut 10 Jahre später waren es bereits 1100. Esslingens Bevölkerung wuchs zwischen 1847 und 1871 um rund 5000 Einwohner auf fast 18000 Einwohner an.

Durchbruch der Moderne

M 2 Der erste Zug
Der österreichische Schriftsteller Peter Rosegger (1843-1918) erzählt, wie er als kleiner Junge das erste Mal einen Zug sieht:

[Da] war ein kohlfinsteres Loch in den Berg hinein. Das Loch war schier so groß, dass darin ein Haus hätte stehen können, und gar mit Fleiß und Schick ausgemauert; und da ging eine Straße
5 mit zwei eisernen Leisten daher und schnurgerade in den Berg hinein. Mein Pate stand lange schweigend da und schüttelte den Kopf. Endlich murmelte er: „Jetzt stehen wir da. Das wird die neumodische Landstraße sein. Aber gelogen ist's,
10 dass sie da hineinfahren!" Kalt wie Grabesluft wehte es aus dem Loch. „Pate Jochem", sagte ich leise, „hört Ihr nicht so ein Brummen in der Erde?" „Ja freilich, Bub", entgegnete er, „es donnert was! Es ist ein Erdbeben." Auf der eisernen Straße
15 heran kam ein kohlschwarzes Wesen. Es schien anfangs stillzustehen, wurde aber immer größer und nahte mit mächtigem Schnauben und Pfustern und stieß aus dem Rachen gewaltig Dampf aus. Und schrecklich schnell ging's und ein sol-
20 ches Brausen war, dass einem der Verstand stillstand. Das bringt kein Herrgott mehr zum Stehen! fiel's mir noch ein. Da hub der Pate die beiden Hände empor und rief mit verzweifelter Stimme: „Jessas, Jessas, jetzt fahren sie richtig ins
25 Loch!" Und schon war das Ungeheuer mit seinen hundert Rädern in der Tiefe. Dann war alles verschwunden, bloß der Boden dröhnte, und aus dem Loch stieg der Rauch.

Peter Rosegger, Waldheimat. Erzählungen. Als ich das erste Mal auf dem Dampfwagen saß, zitiert nach: Lesebuch 6 Diesterweg, Frankfurt a. M. ²1990, S. 84 ff.

M 3 Eisenbahnlinien bis 1866

km	Strecke	Reisedauer in Stunden	
		Schnellpost (1841)	Eisenbahn (1851)
290	Berlin-Hamburg	31 1/2	8
320	Berlin-Hannover	32	6
174	Berlin-Dresden	17	5 1/2
215	Berlin-Leipzig	17 1/4	7
85	Halle-Magdeburg	6	2 1/2
35	Halle-Leipzig	2 1/2	1
175	Frankfurt-Kassel	20 (1845)	7 (1845)
75	Augsburg-München	6 1/2 (1845)	2 1/2 (1845)
26	Düsseldorf-Elberfeld	3 1/2 (1845)	1 1/8 (1845)

M 4 Fahrtzeiten
Klaus Hermann, Die Personenbeförderung bei Post und Eisenbahn ..., in: Scripta Mercatura, 2/1977, S. 10 (ergänzt)

---

1. Nenne mehrere Gründe, warum zuerst die landwirtschaftliche und dann die industrielle Situation verbessert wurde (Darstellungstext).
2. Stelle mit eigenen Worten dar, wie Menschen das neue Transportmittel Eisenbahn erlebt haben (M2 und M3).
3. Vergleiche, worin sich die Eisenbahn von bisherigen Verkehrsmitteln unterschied.
4. Erörtere, warum Neuerungen zunächst auf Skepsis oder gar Ablehnung stoßen.
5. Erläutere, wie die Eisenbahn es kleineren Betrieben erschwerte, konkurrenzfähig zu bleiben.
6. Beurteile, inwieweit die Eisenbahn einen Fortschritt für Menschen und Industrie darstellte.

Internettipp:
Mehr Informationen zur Industrialisierung in Deutschland findest du unter Code 31043-10.

- 1764: Spinnmaschine
- 1762-1782: James Watt verbessert die Dampfmaschine.
- Industrialisierung in England
- 1845: Eisenbahn zwischen Cannstadt und Esslingen
- 1834: Deutscher Zollverein
- Industrialisierung in den deutschen Staaten

1750 — 1800 — 1850 — 1900

55

Besser, schneller, mehr: Hochindustrialisierung

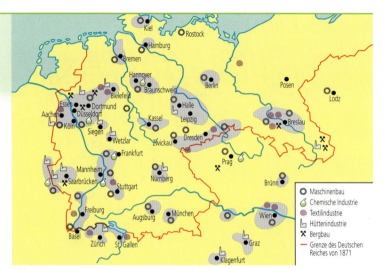

M 1 Industriegebiete um 1900

Großbetriebe setzen sich durch

Im Jahr 1870 belegte die deutsche Eisenindustrie nach Großbritannien den zweiten Platz in Europa. Der Aufstieg war verbunden mit Großunternehmern wie Alfred Krupp in Essen, Karl Anton Henschel in Kassel oder Georg Egestorff in Linden bei Hannover. Große Firmen vereinigten bald alle Stufen der Produktion: Erz- und Kohlezeche, Kokerei, Verhüttung, Stahl- und Walzwerk sowie Großmaschinenbau. Weil solche Unternehmen viel Kapital verlangten, schlossen sich mehrere Unternehmer zu Aktiengesellschaften zusammen. Alle Teileigentümer waren durch ihre Anteile, die Aktien, am Unternehmen beteiligt. Seit Mitte des 19. Jh. wurden viele Banken gegründet, die durch Kredite das Wachstum der Unternehmen förderten.

Neue Industrien durch Wissenschaft

Zu den bisherigen Industriezweigen kamen zwei neue hinzu, in denen das Deutsche Reich bald weltweit führend war: die Chemie und die Elektrotechnik. Der Aufstieg dieser Zweige gründete vor allem auf wissenschaftlicher Forschung. Um den Vorsprung Großbritanniens einzuholen, waren technische Hochschulen entstanden, z. B. 1831 in Hannover und 1877 in Braunschweig. Sie arbeiteten mit den Unternehmen zusammen. So konnten die Forschungsergebnisse schnell industriell genutzt werden.

Kraft ohne Dampf

Der „Vater der deutschen Elektroindustrie" war Werner von Siemens. Der 1806 in Lenthe bei Hannover geborene Erfinder entwickelte unter anderem Stromkabel und konstruierte 1866 die Dynamomaschine (auch Generator genannt). Mit ihr konnte mechanische in elektrische Energie, also Strom, umgewandelt werden. Dadurch wurde es technisch möglich, Elektrizität in großen Mengen zu nutzen.

Bald löste die Elektrizität das Gas bei der Straßenbeleuchtung ab, auch Straßen- und U-Bahnen fuhren mit Strom. Die Nutzung des Stroms im Haushalt setzte sich erst im 20. Jh. durch.

Die Elektrizität beeinflusste auch die Übermittlung von Nachrichten. Elektrische Telegrafen erlaubten eine schnelle Versendung über große Entfernungen. Noch bedeutender wurde das Telefon, da es Schallwellen elektrisch übertragen konnte. Der Hörer mit Mikrofon und Ohrmuschel wurde bereits 1860 erfunden.

Aufschwung der Chemie

Ab den 1890er-Jahren entwickelte sich die chemische Industrie rasant. Dünger für die Landwirtschaft, Arzneien und künstliche Farbstoffe brachten den Firmen riesige Gewinne.

Farben wurden in vielen Bereichen gebraucht, vor allem aber in der Textilindustrie. Die ersten künstlich hergestellten Teerstoff-Farben verblassten noch beim Waschen und durchs Sonnenlicht. Erst die intensive chemische Forschung konnte das Problem lösen. Aus einem Abfallprodukt der Steinkohle entwickelte sie die künstlichen Farbstoffe.

Wie in keinem anderen Land arbeiteten in der chemischen Industrie Ingenieure auch als Unternehmer. Einige der damals gegründeten Fabriken wie die BASF bestehen bis in die Gegenwart.

Um die Jahrhundertwende verdiente erstmals die Mehrheit der Erwerbstätigen ihren Lebensunterhalt nicht mehr in der Landwirtschaft. Deutschland war ein Industriestaat geworden. In vielen Branchen hatte es Großbritannien von der Weltspitze verdrängt.

Durchbruch der Moderne

M 2 Die „elektrische Revolution"

- **1849** Die erste elektrische Beleuchtung mit Bogenlampen: die Pariser Oper.
- **1854** Der nach New York ausgewanderte Uhrmacher Heinrich Göbel aus Springe bei Hannover baut die erste brauchbare Glühlampe; seine Erfindung gerät in Vergessenheit, da die Stromversorgung noch unzureichend entwickelt war.
- **1860** Der Belgier Zénobe Gramme entwickelt eine Maschine zur Stromgewinnung.
- **1867** Werner Siemens erfindet den Dynamo.
- **1878/79** Unabhängig voneinander bauen der Amerikaner Thomas A. Edison und der Brite Joseph W. Swan elektrische Glühbirnen; Edisons Erfindung setzt sich durch, da er für den Verkauf seiner Glühlampen sorgt. 1882 nimmt er das erste öffentliche Elektrizitätswerk in New York in Betrieb.
- **1879** Auf der Berliner Gewerbeausstellung fährt die erste Elektrolokomotive.
- **1881** Siemens & Halske erreichen in Berlin mit einer elektrischen Versuchsbahn eine Geschwindigkeit von 30 km/h.
- **1882** Die erste Glühlampenfabrik in Berlin.
- **1883** Das erste elektrische Haushaltsgerät: das Bügeleisen.
- **1883** Der Transformator ermöglicht es, Strom über weite Strecken zu transportieren.
- **1884** In Berlin wird das erste deutsche Kraftwerk gebaut; in zahlreichen deutschen Großstädten entstehen „Lichtzentralen".
- **1888** Galileo Ferraris entwickelt den Drehstrommotor.

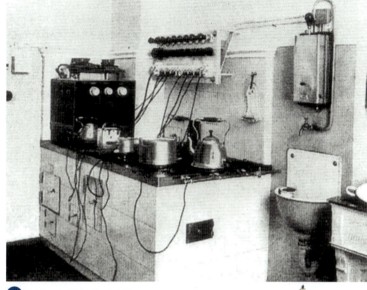

M 3 Die elektrische Küche
Um die Kochtöpfe, Pfannen und Wasserkessel zu beheizen, wurden sie einzeln an das Stromnetz angeschlossen (Aufnahme: 1905).

M 4 Elektrische Tischbeleuchtung, um 1895
Die ersten Glühlampen bestanden aus einem luftleer gepumpten Glaskolben, in dem ein Glühfaden aus verkohlten Bambusfasern durch Strom zum Glühen gebracht wurde. Anfang des 20. Jh. kamen Glühlampen mit Metallfäden auf den Markt. Bis heute haben Glühlampen einen Schraubsockel mit dem sogenannten Edison-Gewinde.

---

1. Mit der Elektrizität änderte sich die industrielle Produktion. Erkläre, welche Energiequellen und Kraftmaschinen an Bedeutung verloren.
2. Die Elektrifizierung beeinflusste auch die Arbeit im Privathaushalt (M2 - M4). Stelle dar, was geschehen würde, wenn heutzutage der Strom ausfallen würde.
3. Analysiere die Karte (M1). Was fällt bei den Standorten der Industriegebiete auf?
4. Begründe, warum sich die elektrische Küche in dieser Form (M3) nicht durchgesetzt hat.
5. Befrage deine Eltern danach, welche heute selbstverständlichen elektronischen Geräte im Alltagsleben es vor 20 Jahren noch nicht gab. Erörtert, welche Vor- und Nachteile mit ihnen verbunden sind.

Methode

Ein Diagramm erstellen

In deinem Geschichtsbuch findest du neben zahlreichen Schrift- und Bildquellen immer wieder auch Zahlenmaterial, das in Tabellen oder Diagrammen, also grafischen Darstellungen von Daten, veranschaulicht ist. Dieses brauchen wir, wenn es etwa um die Bevölkerungs- oder Wirtschaftsentwicklung oder die Ergebnisse von Wahlen geht. Werden Daten systematisch gesammelt, sprechen wir von einer Statistik.

Preußen begann bereits Ende des 17. Jh. damit, Daten im staatlichen Auftrag zu erheben, um verlässliche Angaben über den Zustand und die Entwicklung des eigenen Landes zu haben. Bis ins 20. Jh. wurden Daten aber noch nicht systematisch und flächendeckend gesammelt. Das lag auch daran, dass es von Land zu Land, oft sogar auch innerhalb eines Staates, unterschiedliche Gewichte, Maße oder Währungen gab oder sich die Räume (Grenzen) immer wieder – etwa durch Kriege – veränderten. Das erschwerte die Vergleichbarkeit.

Diagramme helfen dir dabei, komplexe Informationen und Zusammenhänge anschaulich zu machen. Damit kannst du schnell und strukturiert Entwicklungen und Veränderungen sowie Verhältnisse erfassen und vergleichen.

Bei der Erstellung eines Diagramms solltest du wie folgt vorgehen:

1. **Bestimme das Thema** der vorliegenden Datensammlung.
2. Überlege dir, was du darstellen willst und entscheide dich auf dieser Grundlage für eine **geeignete Diagrammform**.
3. **Wähle** einen geeigneten **Maßstab oder Durchmesser** für dein Diagramm.
4. **Übertrage die vorliegenden Werte** genau und stelle die unterschiedlichen Aspekte verschiedenfarbig dar.
5. **Beschrifte das Diagramm** verständlich. Mache deutlich, worum es geht und was wo dargestellt ist.

Tipp: Mithilfe eines Tabellenkalkulationprogramms kannst du **Diagramme am Computer erstellen**. Achte auch hier darauf, dass die Darstellungsform zum Inhalt passt. Um dein Diagramm noch übersichtlicher und besser lesbar zu machen, kannst du z. B. noch die Farben verändern oder Beschriftungen hinzufügen.

Kreis- oder Halbkreisdiagramme

zeigen prozentuale Verhältnisse, das heißt Anteile an etwas. Hierbei musst du absolute Zahlen, die du aus einer Tabelle oder einem Text entnimmst, zunächst addieren und in Prozente (%) umrechnen. Anschließend trägst du deine Ergebnisse in einem Kreis ab. 1% entspricht dabei 3,6 Grad (°).

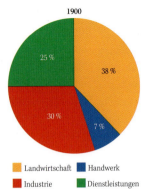

Kreisdiagramme eignen sich zum Beispiel dazu, Anteile bestimmter Gruppen in der Gesellschaft oder die Zusammensetzung von Parlamenten darzustellen.

Linien- und Kurvendiagramme

hingegen stellen längerfristige Entwicklungen dar, z. B. Bevölkerungswachstum oder den Ausbau des Schienennetzes. Die Abstände auf der x-Achse müssen gleichmäßig sein, auch wenn die vorliegenden Daten in unregelmäßigen Abständen erfasst wurden. Achte zudem auf den Maßstab der y-Achse. Er sollte nicht zu klein gewählt sein, sodass man Veränderungen erkennen kann. Er sollte aber auch nicht zu groß sein, damit Veränderungen nicht größer und dramatischer erscheinen, als sie tatsächlich sind.

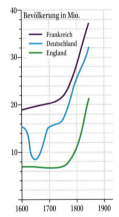

Säulen- und Balkendiagramme

schließlich bieten sich an, wenn du Verhältnisse zueinander zu einem bestimmten Zeitpunkt deutlich machen möchtest, das heißt, eine Reihenfolge aufzeigen willst. Auch hier solltest du darauf achten, dass du den Maßstab der x-Achse (Säulendiagramm) bzw. der y-Achse (Balkendiagramm) sinnvoll wählst. Diese Diagrammform kannst du z. B. für die Darstellung von Wahlergebnissen verwenden.

Beispiel für ein Balkendiagramm:

Ein Diagramm erstellen

M 1 Die Entwicklung der Zahl der Erwerbstätigen nach Wirtschaftsbereichen in den deutschen Ländern 1800 bis 1900 (Angaben in Prozent)

Jahr	Landwirtschaft (in %)	Industrie und Handwerk (in %)	Dienstleistungen (in %)	Erwerbstätige (in Mio.)
1800	62	21	17	10,5
1825	59	22	19	12,6
1850	55	24	21	15,8
1875	49	30	21	18,6
1900	38	37	25	25,5

Friedrich Wilhelm Henning, Deutsche Wirtschafts- und Sozialgeschichte im 19. Jahrhundert, Paderborn u. a. 1996, S. 885

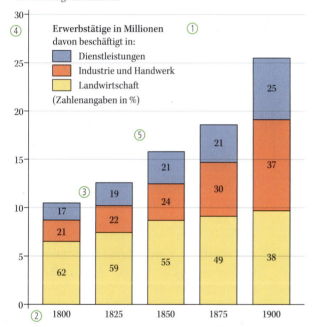

M 2 Bevölkerung im Deutschen Reich 1870 bis 1900

Jahr	in Mio.	Menschen pro km²
1780	21,0	38
1800	23,0	43
1820	26,1	47
1850	35,3	64
1900	56,0	102

Friedrich Wilhelm Henning, Handbuch der Wirtschafts- und Sozialgeschichte Deutschlands, Bd. 2, Paderborn 1996, S. 772

① **Thema:** Die Statistik will darüber Auskunft geben, wie sich der Anteil der deutschen Erwerbstätigen in den drei Wirtschaftsbereichen Landwirtschaft, Industrie und Handwerk sowie im Dienstleistungsgewerbe zwischen 1800 und 1900 verändert hat.

② **Zeitleiste:** Hier werden die Jahre zum Zeitpunkt der Erhebung der Daten angegeben. Die Jahresdaten haben einen regelmäßigen Abstand von 25 Jahren und sind für alle Wirtschaftsbereiche gleich, sodass ein direkter Vergleich möglich ist.

③ **Messgröße Prozent:** Die Messgröße zeigt, wie viel Prozent der Erwerbstätigen von den hundert Prozent der insgesamt Erwerbstätigen der deutschen Länder in einem Wirtschaftsbereich arbeiteten.

④ **Vergleich:** Die Veränderungen zwischen den Wirtschaftsbereichen in den verschiedenen Jahren sind lediglich durch den direkten Vergleich der Zahlenangaben möglich und daher wenig anschaulich.

⑤ **Messgröße absolute Zahlen in Millionen:** Die Tabellenspalte zeigt, wie viele Menschen in dem Jahr überhaupt gearbeitet haben. Absolute Zahlen werden im Millionenbereich meist abgekürzt, weil sie sonst zu unübersichtlich sind und viel Platz brauchen.

Die Umwandlung in ein Säulendiagramm könnte wie folgt aussehen:

① **Thema:** Die Legende nennt das Thema und erläutert die einzelnen Bereiche.

② **x-Achse:** Die Jahresangaben sind auf der horizontalen x-Achse fortlaufend nach rechts angeordnet.

③ **Balken:** Sie zeigen die prozentuale Verteilung der Wirtschaftsbereiche von allen Beschäftigten in einem Jahr. Besonders anschaulich wird es durch die farbige Kennzeichnung der einzelnen Wirtschaftsbereiche.

④ **y-Achse:** Die Achse mit der absoluten Angabe der Millionen in Fünferschritten zeigt die Anzahl der insgesamt Erwerbstätigen und gibt die Höhe der Säulen vor.

⑤ **angedeutete Kurve durch y-Achse:** Das Balkendiagramm macht durch die angedeutete Kurve zusätzlich den Anstieg der insgesamt Beschäftigten in der deutschen Wirtschaft deutlich.

Jetzt bist du dran:
1. *Erstelle aus M2 ein geeignetes Diagramm.*
2. *Erläutere den Zusammenhang zwischen der Bevölkerungsentwicklung (M2) und den Veränderungen der Erwerbstätigen in den einzelnen Wirtschaftsbereichen (M1).*

Leben und arbeiten in der industriellen Welt

M 1 Arbeitszeit-Registrier-Apparate Werbeanzeige der Uhrenfabrik Bürk in Schwenningen, um 1920 Das Unternehmen hatte sich seit der Mitte des 19. Jh. auf die Herstellung von Arbeitszeit-Kontrolluhren spezialisiert. Mit ihnen wurden Arbeitsbeginn und -ende genau dokumentiert.

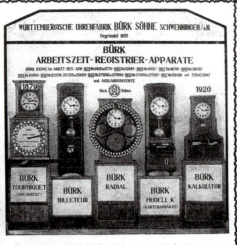

Arbeit in Fabriken und an Maschinen

Für die Männer und Frauen, die in die Industriegebiete zogen, veränderten sich Arbeit und Alltag grundlegend. Die meisten von ihnen fanden Arbeit in den Fabriken. Die Industriearbeiterschaft entstand. Am Beginn des 20. Jh. bildeten die **Arbeiter** die größte soziale Gruppe.

Vor der Industrialisierung hatte sich die Arbeit flexibel an den Jahres- und Tageszeiten, dem Wetter und den privaten Bedürfnissen im Haus oder auf dem Hof orientiert. In der Fabrik musste die Arbeit nun Uhr und Maschine untergeordnet werden.

Morgens ertönte zu einer genau festgesetzten Zeit eine Glocke oder ein Pfeifen, was weit zu hören war. Es signalisierte, dass nun die Dampfmaschine lief, die die Arbeitsmaschinen antrieb. Die Arbeiter und Arbeiterinnen mussten pünktlich an ihrem Arbeitsplatz sein.

Unternehmer und Maschine fordern Disziplin

Der unerbittliche Rhythmus der Maschine machte es unmöglich, eigene Pausen einzulegen. Er gab auch die Arbeitsgeschwindigkeit vor. In möglichst kurzer Zeit sollte möglichst viel produziert werden. Deshalb ordneten die Unternehmer Nachtschichten an. Die tägliche Arbeitszeit in der Fabrik betrug zehn bis zwölf Stunden. Die Menschen an den Maschinen mussten sich dieser Fabrikdisziplin unterordnen. Lärm, giftige Abgase, schlechte Belüftung, besonders im Bergbau, mussten sie ertragen.

Die Arbeitsbedingungen waren katastrophal. Bei alledem hatten sie zunächst keine wirkungsvolle Interessensvertretung und keinen Versicherungsschutz gegen Arbeitslosigkeit, bei Invalidität oder Krankheit.

Ausgebeutet, abhängig, arm

Gewinnstreben und Wettbewerb, aber auch das Überangebot an Arbeitskräften hielten den Lohn gering. Kinder und Frauen mussten mitarbeiten, weil das Einkommen des Familienvaters für Ernährung, Miete und Kleidung nicht reichte.

Das Wohnungselend in den schnell wachsenden Industriestädten belastete die Arbeiter zusätzlich. Viele hausten in unhygienischen, menschenunwürdigen Verhältnissen: Zusammengepfercht auf engstem Raum lebten Arbeiter in feuchten Kellerwohnungen, Behelfsbauten oder Mietskasernen mit dunklen Hinterhöfen. Oft teilten sich mehrere Familien eine Toilette und einen Wasserhahn auf dem Flur. Arbeiter, die sich keine eigene Wohnung leisten konnten, mieteten eine Schlafstelle im Wohnraum einer Familie. Diese sogenannten „Schlafgänger" schliefen dann im Bett einer Person, die gerade nicht anwesend war. Diese Zustände zerstörten häufig das Familienleben: Gewalt und Vernachlässigung der Kinder waren die Folge. Die elende Lage der Arbeiterinnen und Arbeiter – die **Soziale Frage** – stellte die Gesellschaft vor eine Herausforderung: Wie sollte den Arbeitern ein besseres Leben in Würde und ohne ständige Angst vor Entlassung, Krankheit und Unfällen ermöglicht werden?

Durchbruch der Moderne

M 2 Fabrikordnung
Die Arbeitsordnung der Firma Friedrich Krupp (Essen) von 1841:

In letzter Zeit immer mehr eingerissene Unordnungen, besonders häufiges Zuspätkommen, erfordern die strenge Handhabung des hier Folgenden:

1. Fünf Minuten nach 6 Uhr oder nach dem Glockenschlage, womit die Arbeit beginnt, wird aufgeschrieben, wer fehlt, wer später kommt, muss sich melden, weil sonst von ihm keine Notiz genommen wird.
2. Wer mehr als 5 Minuten zu spät kommt, steht sich nicht besser, als wer eine ganze Stunde zu spät kommt, und wird um ¼ Taglohn bestraft, kommt dies aber binnen 14 Tagen zweimal vor, so kostet es das zweite Mal ½ Taglohn.
3. Ein Zuspätkommen von mehr als einer Stunde, z. B. 1 ½ oder 2 Stunden wird angesehen, als ob es ¼ Tag wäre, und erhält ½ Taglohn Abzug, und wenn dies binnen 14 Tagen zweimal geschieht, ein ganzer Taglohn.
4. Für ½ Tag Ausbleiben wird ein ganzer Tag abgezogen und für 1 Tag: 2 Tage […]
7. Eine begründete Entschuldigung entbindet von jeder der vorn erwähnten Strafen, jedoch muss diese Entschuldigung am ersten halben Tag, nachdem mit der Arbeit wieder angefangen ist, in geziemender Weise vorgebracht werden.

Jürgen Kuczynski, Die Geschichte der Lage der Arbeiter unter dem Kapitalismus, Teil I, Bd. 2, Berlin 1962, S. 196 ff.

M 3 Frauen verdrängen Männer
Ein Geschichtswissenschaftler schreibt 2005:

Um die Jahrhundertwende wurden die Schreibarbeiten in den Kontoren der großen Unternehmen immer noch von jungen Handelsgehilfen von Hand ausgeführt. Wettbewerbe und Meisterschaften in Schreibmaschineschreiben belegen, dass Männer und Frauen gegeneinander angetreten sind. Nachdem in den 1880er-Jahren noch die Hersteller selbst Kurse im Schreibmaschineschreiben anboten, war das neue Fach seit den 1890er-Jahren bereits in den Handelsschulen vertreten. Da die Lehrgänge mit dem Erlernen von Stenografieren verbunden waren, belegten immer mehr Frauen die Kurse, um ihre Qualifikation zu verbessern. Auf diese Weise verdrängten sie die männlichen Kräfte aus den Schreibpositionen; Schreibmaschineschreiben galt seit den 1920er-Jahren als reiner Frauenberuf.

Flurin Condrau, Die Industrialisierung in Deutschland, Darmstadt 2005, S. 89 f.

M 4 Mädchen in einer Spinnerei
Foto von Lewis Hine aus Newberry, South Carolina, Dezember 1908

Internettipp:
Zum heutigen Arbeitszeitgesetz und zur regelmäßigen „werktäglichen Arbeitszeit der Arbeitnehmer" siehe Code 31043-11.

---

1. Erkläre, warum Unternehmer in ihren Fabriken ab 1900 immer häufiger Kontrolluhren (M1) einsetzten.
2. Nenne den Zweck der Fabrikordnung (M2).
3. Beurteile, welche Rolle weibliche Angestellte spielen konnten (M3).
4. Bewerte das Verhältnis zwischen Fabrikherren und Arbeitern bzw. Angestellten (M1-M4 und Darstellungstext).
5. Kinderarbeit heute: Sucht im Internet Beispiele und erörtert in Kleingruppen oder in der Klasse die Aufforderung, keine Produkte zu kaufen, die von Kindern hergestellt wurden.
6. Die Verfassung der Bundesrepublik schützt den Sonntag als Tag der Arbeitsruhe ausdrücklich (GG Art. 140). Immer wieder gibt es Forderungen nach verkaufsoffenen Sonntagen. Beurteile diese Forderungen.

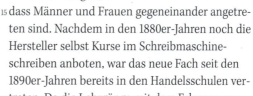

- 25 Mio. Einwohner in den Grenzen des späteren Deutschen Reiches
- 16 Mio. Menschen ziehen aus dem Osten in den industrialisierten Westen.
- Verstädterung (Urbanisierung)
- In Europa entstehen industrielle Ballungsräume (v. a. Ruhrgebiet).
- 65 Mio. Einwohner in den Grenzen des Deutschen Reiches

Karl Marx fordert die Revolution

M 1 Friedrich Engels und Karl Marx Denkmal von Lazar Dubinovsky in Kischinau (Moldawien), Foto von 1983
Das Denkmal wurde 1976 vor dem Parlamentsgebäude aufgestellt und 1991 zerstört.

Klassenkampf
Bevölkerungsexplosion und Massenarmut wurden mit Beginn der Industrialisierung zu großen Problemen. Gelehrte und Politiker hatten unterschiedliche Ideen, um die elende Lage der Arbeiterinnen und Arbeiter zu verbessern. Eine besonders radikale Antwort auf die Soziale Frage gab in der Mitte des 19. Jh. **Karl Marx**. Er nannte die Wirtschaftsordnung seiner Zeit Kapitalismus, weil die Besitzer von Kapital (Geld) nach seiner Ansicht die größte Macht hatten. Insbesondere besaßen die Kapitalisten, die Marx auch Bourgeoisie nannte, alle wichtigen Produktionsmittel.
Nach Marx beutet die Bourgeoisie das Proletariat, also die besitzlose Masse der Arbeiter, aus. Die von den Arbeitern produzierten Waren seien nämlich viel mehr wert als der Lohn, den die Arbeiter von den Fabrikbesitzern bekommen. Nach Marx waren die Reichen und Mächtigen aber noch nie bereit, Macht und Besitz zu teilen. Deshalb sei ein Kampf zwischen den Klassen[1] der Bourgeoisie und der Arbeiter unvermeidbar. Die Proletarier sollten sich zusammenschließen und der Bourgeoisie in einer Revolution alle Produktionsmittel mit Gewalt wegnehmen. Vom Staat konnten die Arbeiter angeblich keine Hilfe erwarten, da er nach Marx von den Kapitalisten kontrolliert werde.

Auf dem Weg zur klassenlosen Gesellschaft
Nach der Revolution sollte es kein Privateigentum von Produktionsmitteln mehr geben. Alle Fabriken waren nach den Vorstellungen von Marx nun gemeinsamer Besitz der Menschen. Diese Besitzverhältnisse nennt Marx **Sozialismus**. Zunächst sollte der Staat die Produktionsmittel verwalten. Wenn sich die Menschen an die neuen Eigentumsverhältnisse gewöhnt haben, brauchen sie nach Marx den Staat nicht mehr, weil alle friedlich und frei zusammenleben. Diesen Zustand, in dem die **Klassengesellschaft** überwunden ist, nennt Marx **Kommunismus** (lat. communis: gemeinsam).

Sozialismus in der Praxis
Friedrich Engels, ein Freund von Marx, teilte dessen Weltanschauung. Gemeinsam entwickelten sie den Marxismus weiter und veröffentlichten 1848 das „Manifest der Kommunistischen Partei". Sie hofften, mit der Revolution von 1848/49 ihre Ziele erreichen zu können. Nach deren Scheitern flohen Marx und Engels nach England. Später haben andere Philosophen und Politiker die Ideen von Marx und Engels vielfach umgeschrieben und weiterentwickelt. Es sind sogar sozialistische Staaten errichtet worden. China hat noch heute eine sozialistische Verfassung. Ob die Nachfolger allerdings immer die Zustimmung von Marx und Engels bekommen hätten, ist sehr umstritten.

---
[1] Klasse: Gruppe von Menschen, die eine ähnliche Stellung im Wirtschaftsleben haben, zum Beispiel Arbeiter

Durchbruch der Moderne

M 2 „Ein Gespenst geht um …"

Aus dem „Manifest der Kommunistischen Partei" von 1848. Es wird erst in den 1870er-Jahren einer größeren Leserschaft bekannt:

Ein Gespenst geht um in Europa – das Gespenst des Kommunismus. Alle Mächte des alten Europa haben sich zu einer heiligen Hetzjagd gegen dies Gespenst verbündet, der Papst und der Zar, […]
5 französische Radikale und deutsche Polizisten. […]
Die ganze Gesellschaft spaltet sich mehr und mehr in zwei große feindliche Lager, in zwei große, einander direkt gegenüberstehende Klassen:
10 Bourgeoisie und Proletariat. […]
Die Arbeiter beginnen damit, Koalitionen¹ gegen die Bourgeois zu bilden; sie treten zusammen zur Behauptung ihres Arbeitslohns. […]
Wir sahen schon oben, dass der erste Schritt in
15 der Arbeiterrevolution die Erhebung des Proletariats zur herrschenden Klasse, die Erkämpfung der Demokratie ist. Das Proletariat wird seine politische Herrschaft dazu benutzen, der Bourgeoisie nach und nach alles Kapital zu entreißen,
20 alle Produktionsinstrumente in den Händen des Staats, d.h. des als herrschende Klasse organisierten Proletariats, zu zentralisieren. […]
Die Kommunisten verschmähen es, ihre Ansichten und Absichten zu verheimlichen. Sie erklären
25 es offen, dass ihre Zwecke nur erreicht werden können durch den gewaltsamen Umsturz aller bisherigen Gesellschaftsordnung. Mögen die herrschenden Klassen vor einer kommunistischen Revolution zittern. Die Proletarier haben nichts
30 in ihr zu verlieren als ihre Ketten. Sie haben eine Welt zu gewinnen. Proletarier aller Länder, vereinigt euch!

Karl Marx, Die Frühschriften, hrsg. von Siegfried Landshut, Stuttgart ⁷2004, S. 594 ff.

M 3 Freiheit und Recht
Stickbild aus Berlin, 1910

M 4 Was wohin?

Begriffe	Theorie von Marx
Sozialismus	Soll besser leben.
Kommunismus	Marx nennt sie Bourgeoisie.
Produktionsmittel	Es gibt keinen Staat mehr.
Arbeiterklasse	Handtücher gehören nicht dazu.
Unternehmer	Fabriken in der Hand des Staates.
	Arbeiter, die in der Schule sind.
	Alle haben das gleiche Einkommen.

¹ Koalition: Vereinigung, Bündnis

---

1. Erläutere, warum nach Marx die Proletarier nur Ketten verlieren, aber eine Welt gewinnen können (M2).
2. Ordne jedem Begriff aus Spalte 1 einen Satz aus „Theorie von Marx" in Spalte 2 zu (M4). Beachte, dass zwei Sätze falsch sind und übrig bleiben.
3. Das Stickbild (M3) wurde erst nach dem Tod von Marx (1883) angefertigt. Beurteile, inwieweit es Karl Marx gefallen haben könnte.
4. Bewerte, inwieweit du Marx' Forderungen heute noch aktuell findest.

1848: Märzrevolution • 1848: Manifest der Kommunistischen Partei (Karl Marx, Friedrich Engels)
Verstädterung (Urbanisierung)
In Europa entstehen industrielle Ballungsräume (v. a. Ruhrgebiet).

Sozialdemokratie und Gewerkschaften

M 1 „Mann der Arbeit, aufgewacht!"
Bildpostkarte der Gewerkschaften, 1908
Der Text lautet: „Mann der Arbeit, aufgewacht! Und erkenne deine Macht! Alle Räder stehen still, Wenn dein starker Arm es will."

Beginn der Arbeiterbewegung

Um sich an ihrem Wohnort oder in der Fabrik gegenseitig zu unterstützen, schlossen sich Arbeiter in Vereinen zusammen. Mithilfe der Vereine strebten einige Arbeiter auch eine Verbesserung ihrer Bildung an. Revolutionäre Ziele, wie sie Karl Marx für sinnvoll hielt, hatten die ersten Arbeitervereine aber nicht. Mitte des 19. Jh. bildete sich die sozialistische **Arbeiterbewegung**. Nun wurden auch überregionale Zusammenschlüsse ins Leben gerufen, die sich an den Ideen von Marx orientierten. Der 1863 gegründete Allgemeine Deutsche Arbeiterverein war ein wichtiger Schritt zur Gründung von Arbeiterparteien. Die 1875 gegründete Sozialistische Arbeiterpartei Deutschlands entwickelte sich zur größten Arbeiterpartei und nennt sich seit 1890 Sozialdemokratische Partei Deutschlands (SPD). Bis Ende des 19. Jh. wurden die meisten Arbeiterinnen und Arbeiter im Deutschen Kaiserreich Anhänger der SPD.

Revolution oder Reform?

Innerhalb der **Sozialdemokratie** gab es zwei Strömungen. Die eine wollte im Sinne des Marxismus durch eine Revolution den Staat und die Gesellschaft grundlegend ändern. Für die andere war zunächst wichtiger, dass im bestehenden Staat die Arbeiter mehr Rechte und bessere Lebens- und Arbeitsbedingungen durchsetzten.

Für die Radikalen waren derartige Vorstellungen zu wenig kämpferisch. Weil aber der Staat und andere Parteien die sozialistische Arbeiterbewegung massiv bekämpften, gewannen die Radikalen viele Anhänger.

Die Gewerkschaften

Nach britischem Vorbild entstanden im Deutschen Reich einzelne Berufsverbände der Drucker, Zigarrenarbeiter oder Metall-, Holz- und Bergarbeiter. Sie verfolgten dieselben politischen Ziele wie die Arbeiterpartei und versuchten vor allem, bessere Arbeitsbedingungen zu erreichen. Dazu gehörten gerechte Löhne, kürzere Arbeitszeiten und ein Verbot von Sonntags- und Kinderarbeit. Aus den einzelnen Verbänden entstanden die **Gewerkschaften**. Die sozialistischen Gewerkschaften hatten die weitaus meisten Mitglieder und wurden zur zweiten Säule der Arbeiterbewegung.

Im Gegensatz zu den christlichen und liberalen Gewerkschaften, die harte Konflikte mit den Arbeitgebern vermeiden wollten, gingen die sozialistischen Gewerkschaften auch auf Konfrontationskurs zu Unternehmern und Staat. Dabei waren Streiks (Arbeitsniederlegungen) ein wichtiges Mittel.

Da Streikende keinen Lohn von den Unternehmern erhielten, wurden sie von den Gewerkschaften bezahlt. Dafür mussten die Gewerkschaftsmitglieder regelmäßige Beiträge zahlen. Das meiste Geld gaben die Gewerkschaften allerdings aus, um kranke, arbeitslose und andere hilfsbedürftige Arbeiter zu unterstützen.

Erfolge

Gegen Ende des 19. Jh. wuchs die Zahl der Streiks und immer mehr Arbeiter beteiligten sich an den Arbeitsniederlegungen. Die Arbeiter konnten ihre Forderungen zwar meist nicht unmittelbar durchsetzen. Insgesamt verbesserten sich jedoch die Lebensbedingungen der Arbeiter, da die Unternehmer Streiks möglichst vermeiden wollten.

Durchbruch der Moderne

M 2 Aus einem Wahlprogramm
Die Sozialistische Arbeiterpartei, die spätere SPD, fordert in ihrem Wahlprogramm von 1875 Folgendes:

1. Allgemeines, gleiches, direktes Wahlrecht, mit geheimer und obligatorischer Stimmabgabe aller Staatsangehörigen vom zwanzigsten Lebensjahr an. Der Wahltag muss ein Sonntag oder Feiertag sein.
2. Direkte Gesetzgebung durch das Volk. Entscheidung über Krieg und Frieden durch das Volk.
3. Volkswehr anstelle der stehenden Heere.
4. Abschaffung aller Ausnahmegesetze; überhaupt aller Gesetze, welche die freie Meinungsäußerung, das freie Forschen und Denken beschränken.
5. Rechtsprechung durch das Volk.
6. Allgemeine Schulpflicht. Unentgeltlicher Unterricht in allen Bildungsanstalten. Erklärung der Religion zur Privatsache.
7. Unbeschränktes Koalitionsrecht[1].
8. Einen den gesellschaftlichen Bedürfnissen entsprechenden Normalarbeitstag. Verbot der Sonntagsarbeit.
9. Verbot der Kinderarbeit.
10. Schutzgesetze für Leben und Gesundheit der Arbeiter.

Günter Schönbrunn (Bearb.), Das bürgerliche Zeitalter 1815-1914. Geschichte in Quellen, München 1980, S. 878f.

M 3 Revolution?
Auf einem Parteitag der Sozialdemokratischen Partei sagt August Bebel 1891:

Was aber im Zeitalter der Repetiergewehre und der Maximgeschütze in einer Revolution, die höchstens ein paar Hunderttausend Köpfe machten, geschehen würde, das habe ich schon neulich in Dresden ausgesprochen: Wir würden wie die Spatzen jämmerlich zusammengeschossen. Wir sind in der Errringung des letzten Ziels auf ganz neue Wege und neue Mittel angewiesen. Die bürgerliche Gesellschaft arbeitet so kräftig auf ihren eigenen Untergang los, dass wir nur den Moment abzuwarten brauchen, in dem wir die ihren Händen entfallende Gewalt aufzunehmen haben.

Ilse Fischer und Werner Krause, August Bebel 1840-1913. Ein Großer der deutschen Arbeiterbewegung (Ausstellungskatalog), Köln 1988, S. 213f.

M 4 „Der Streik"
Gemälde von Robert Koehler, 1886
Für viele war ein Streik (Arbeitsniederlegung) die letzte Möglichkeit, um Forderungen durchzusetzen.

[1] Koalitionsrecht: Recht zur Gründung von Gewerkschaften und Berufsvereinen

---

1. Der Text auf der Bildpostkarte (M1) stammt aus dem „Bundeslied" (1864) des Allgemeinen Deutschen Arbeitervereins. Erläutere die soziale und politische Bedeutung der Zeilen.
2. Gestalte einen Brief, in dem ein radikaler Anhänger August Bebel (M3) widerspricht. Nutze dafür auch S. 62f.
3. Gegen Ende des 19. Jh. hat sich die Lage der Arbeiter verbessert. Erörtert mögliche Gründe.
4. Nenne die Punkte des sozialistischen Wahlprogramms, die ein Konservativer aus der preußischen Elite abgelehnt hätte (M2). Begründe, warum.
5. Gestaltet mindestens vier Sprech- und Gedankenblasen zu verschiedenen Figuren des Bildes (M4).
6. Informiere dich, welche Punkte des Wahlprogramms (M2) heute verwirklicht sind bzw. welche nicht. Bewerte, inwieweit Arbeiterparteien dadurch überflüssig geworden sind.

1848: Märzrevolution • 1848: Manifest der Kommunistischen Partei • 1875: Gründung der Sozialistischen Arbeiterpartei Deutschlands (1890: SPD)
Aufkommen der Sozialen Frage — Verstädterung (Urbanisierung)

1800 — 1850 — 1900

Der Staat wird aktiv

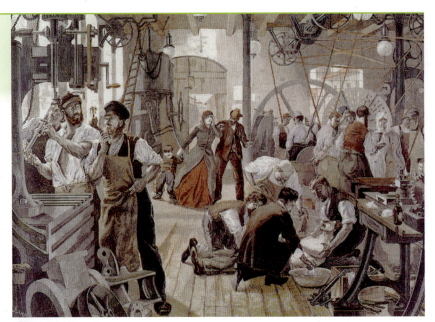

M 1 Unfall in einer Maschinenfabrik
Holzstich von Johann Bahr, 1889
Das Bild wurde auf einer Unfallverhütungsausstellung in Berlin gezeigt.

Internettipp:
Mehr zu den Sozialgesetzen erfährst du unter Code 31043-12.

Die Bundesrepublik – ein Sozialstaat

In der Bundesrepublik muss der Staat dafür sorgen, dass jeder Bürger das Notwendige zum Leben bekommt. Außerdem soll es einen gerechten Ausgleich zwischen Reichen und Armen geben.
Der Gedanke, dass der Staat diese Aufgaben übernehmen und sich zum Sozialstaat entwickeln sollte, entstand erst im 19. Jh. und besonders im Kaiserreich.

Wachsender Druck

Für den Staat war das Elend der Arbeiter vor allem deshalb eine Herausforderung, weil dadurch neue Formen des Protests entstanden waren. Immer wieder kam es zu gewaltsamen Aufständen. Aus Angst, diese Proteste könnten in eine Revolution umschlagen, wurden erste Gesetze gegen besonders schlimme Missstände erlassen: So verbot Preußen 1839, dass Kinder unter neun Jahren in Fabriken arbeiteten, und beschränkte die tägliche Arbeitszeit von Jugendlichen unter 16 Jahren auf maximal zehn Stunden. In Baden und Württemberg gab es vergleichbare Gesetze erst zwischen 1861 und 1870.
Darüber hinaus überließ es der Staat aber zunächst vor allem den Kirchen sowie den Städten und Gemeinden, sich um Arme zu kümmern. Außerdem wollte er auch nicht die Unternehmen einschränken. Die meisten Politiker und Beamten hatten dieselbe Einstellung wie die Unternehmer. So sollten beispielsweise Arbeiter kein Recht zu streiken haben. Schließlich profitierte der Staat ja von den Steuern der Betriebe.

Sozialistengesetz

Schließlich war aber auch der Staat zu Sozialmaßnahmen gezwungen, denn die Zahl der Arbeiter wuchs schnell an, ihr Elend war unübersehbar. Außerdem bekam die sozialistische Arbeiterbewegung immer stärkeren Zulauf und stellte mit ihren Forderungen für die Eliten im Kaiserreich eine ernste Bedrohung dar. Reichskanzler Bismarck ging gegen die Sozialisten, die für ihn „Reichsfeinde" waren, gesetzlich vor. Das Sozialistengesetz (1878-1890) verbot sozialistische Parteien, Vereine, Gewerkschaften und Zeitungen. Sozialdemokraten durften aber ihren Parlamentssitz behalten und konnten weiterhin in den Reichstag gewählt werden.

Sozialversicherung

Daneben wollte Bismarck die Arbeiterschaft durch eine **Sozialgesetzgebung** für den Staat gewinnen und dadurch den Sozialisten Anhänger entziehen. Nicht nur die Arbeiter, sondern auch die Unternehmer wurden verpflichtet, regelmäßig Beiträge in die Sozialkassen zu zahlen. Von 1883 bis 1889 wurden nacheinander eine Krankenversicherung, eine Unfallversicherung und schließlich eine Alters- und Invaliditätsversicherung eingeführt.
Die Auszahlungen an die Arbeiterinnen und Arbeiter waren gering und konnten die Not nur lindern. Deshalb lehnten SPD und Gewerkschaften die Sozialversicherungen als unzureichend ab.
Das Sozialsystem wurde nach und nach weiterentwickelt und besteht auch heute noch in der Bundesrepublik.

Sozialgesetzgebung

Durchbruch der Moderne

M 2 Wer sorgt für die Invaliden?
Über die Unfallgefahren und den fehlenden Versicherungsschutz berichtet folgender Artikel des „Boten vom Niederrhein" vom 12. Januar 1866:

Gestern wurde uns ein Schreiben eines Arbeiters überbracht, in welchem mehrere Fälle zusammengestellt sind, die beweisen, wie schlecht bis jetzt für die Invaliden der Arbeit gesorgt wird.
5 1. Ein Arbeiter, welcher in einer Fabrik eine Reihe von Jahren gearbeitet hat, ist jetzt über ein halbes Jahr krank. Dieser Mann erhält aus der städtischen Lade[1] kein Geld mehr, Doktor und Apotheker sind ihm von der Fabrik verweigert und seine
10 Kameraden legen wöchentlich einen Betrag zusammen, damit er nicht vor Hunger und Elend umkommt.
2. In einer Fabrik befinden sich Kessel mit einer Lauge von 80 Grad Hitze, über welche ein Gang-
15 brett geht. Ein Arbeiter, der über dieses Brett muss, gleitet aus und fällt mit einem Bein in die heiße Lauge. Er kommt ins Krankenhaus, und die Kosten, welche dadurch erwachsen, werden ihm später
20 mit monatlich 5 Silbergroschen von seinem verdienten Lohne abgehalten. Es ist in neuerer Zeit mehrfach ausgesprochen worden, dass die Fabrikanten durch ein Gesetz gezwungen werden
25 müssten, für ihre Invaliden ausreichend zu sorgen. Andere haben gemeint, der Staat müsste dies tun.

Hartmut Pietsch, Industrialisierung und soziale Frage in Duisburg. Quellen und Materialien zur Geschichte und Entwicklung der Stadt Duisburg, Bd. 1, Duisburg 1982, S. 63

M 3 Das Reich als wohltätige Institution
In der Reichstagsrede vom 18. Mai 1889 äußert sich Bismarck folgendermaßen:

Wenn wir 700 000 kleine Rentner, die vom Reich ihre Renten beziehen, haben, gerade in diesen Klassen, die sonst nicht viel zu verlieren haben und bei einer Veränderung irrtümlich glauben,
5 dass sie viel gewinnen können, so halte ich das für einen außerordentlichen Vorteil; wenn sie auch nur 115 - 200 Mark zu verlieren haben, so erhält sie doch das Metall in ihrer Schwimmkraft; es mag noch so gering sein, es hält sie aufrecht.
10 Sie werden das nicht leugnen, und ich glaube, dass, wenn Sie uns diese Wohltat von mehr als einer halben Million kleinen Rentnern im Reich schaffen können, Sie sowohl der Regierung aber auch dem gemeinen Mann zeigen würden, dass
15 das Reich eine wohltätige Institution ist.

Hans Rothfels (Hrsg.), Bismarck und der Staat. Ausgewählte Dokumente, Darmstadt 1958, S. 382 f.

[1] Lade: Unterstützungskasse

M 4 Die Sozialversicherung im Kaiserreich

Versicherungsart	Beiträge	Leistungen
Krankenversicherung für gewerbliche Arbeiter und (freiwillig ab 1892) Angehörige	2 - 3 % des Lohns, davon ⅔ vom Versicherten, ⅓ vom Arbeitgeber	ärztliche Behandlung und Medizin, Krankenhauskosten; nach zweitägiger Wartezeit Krankengeld (50 % des Durchschnittslohns, max. 2 Mark/Tag)
Unfallversicherung für gewerbliche Arbeiter	vom Arbeitgeber zu zahlen	Heilungskosten; bei Erwerbsunfähigkeit ⅔ des Einkommens, 20 % für Witwen
Invaliden- und Altersversicherung für gewerbliche Arbeiter und Landarbeiter (ab 1911 auch für Familienangehörige)	1 % (ab 1900 1,5 - 3 %) des Lohns; je zur Hälfte von Arbeitnehmer und Arbeitgeber	Invalidenrente bei Erwerbsunfähigkeit; Altersrente ab dem 70. Lebensjahr und nach 30 (ab 1900: 24) Beitragsjahren

Rainer Bölling und Johann Henseler (Hrsg.), Das deutsche Kaiserreich 1871 - 1918, Freiburg 1986, S. 47 f.

---

1. Beschreibe das Bild (M1). Stelle Vermutungen an, welche Folgen ein solcher Arbeitsunfall für einen Arbeiter ohne Versicherungsschutz haben konnte.
2. Arbeite heraus, warum der Staat Maßnahmen zur Unterstützung ergriff (M2 - M4).
3. Stelle aus dem Darstellungstext und den Materialien Maßnahmen des Staates zusammen und beurteile, inwieweit sie zu deinen Ergebnissen aus Aufgabe 2 passen.
4. Erkläre, was die Formulierung Bismarcks bedeutet: „das Metall [erhält die kleinen Rentner] in ihrer Schwimmkraft" (M3, Z. 8.).
5. Finde Einwände, die ein Politiker der Arbeiterpartei Bismarck hätte entgegnen können (M3).
6. Die Bismarck'schen Sozialgesetze wurden Ausgangspunkt für unsere Kranken-, Unfall- und Rentenversicherung. Informiere dich, welche gesetzlichen Versicherungen für Arbeitnehmer bis heute dazugekommen sind.

1875: Gründung der Sozialistischen Arbeiterpartei Deutschlands (1890: SPD)
1878 - 1890: Sozialistengesetz
1883 - 1889: Sozialgesetzgebung
Verstädterung (Urbanisierung)
Aufkommen der Sozialen Frage

1850   1900

Verstädterung im Deutschen Reich

Städte: immer mehr und immer größer

Das ungezügelte Wachstum veränderte das Aussehen der Städte grundlegend. Fabrikgebäude, Schornsteine, Wohnviertel für Arbeiter, neue Verkehrswege und Bahnanlagen standen bald im Kontrast zu den oft mittelalterlich geprägten Stadtbildern. Die alten Stadtgrenzen verloren ihre Bedeutung, denn die Industrieanlagen und neuen Wohnbereiche wuchsen weit über sie hinaus. So entstanden Ballungsräume, etwa um Berlin, Hamburg und Köln.

Auch viele Dörfer veränderten ihren Charakter durch die Ansiedlung von Industriebetrieben. Das württembergische Schwenningen verdreifachte seine Einwohnerzahl zwischen 1850 und 1914 auf knapp 18 000. Die boomende Uhrenindustrie zog viele Arbeitskräfte an. 1907 wurde die Gemeinde zur Stadt erhoben. Aus einem Bauerndorf war innerhalb eines halben Jahrhunderts eine Industriestadt geworden – mit allen Vor- und Nachteilen.

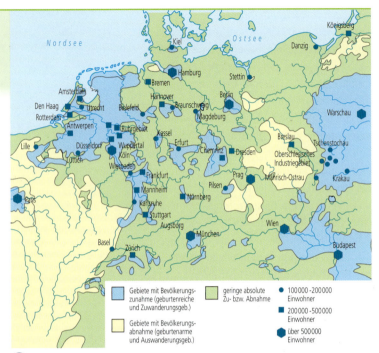

M 1 Binnenwanderung in Deutschland während des 19. Jh.

Vom Land in die Stadt

Um 1850 lebten in Europa rund 18,5 % der Menschen in Städten. Im Jahr 1910 waren es 35,8 %. Gleichzeitig stieg die Zahl der Städte mit über 100 000 Einwohnern von 43 auf 156. Welche Ursachen waren für diesen Prozess der Verstädterung (**Urbanisierung**) verantwortlich?

Zum einen wuchs durch bessere Ernährung und medizinische Versorgung die Bevölkerung, allein in Deutschland von 25 (1816) auf 65 Millionen (1910). Im Zuge der Industrialisierung setzte aber auch eine Land-Stadt-Wanderung ein. Viele Menschen sahen in ihrer ländlichen Heimat keine beruflichen Perspektiven mehr und verließen sie. Die Industrie bot Arbeitsplätze, Unternehmer warben Arbeiter aus den weniger industrialisierten Gebieten sogar an. Die Eisenbahn vereinfachte diese Binnenwanderung. In Deutschland zogen zwischen 1860 und 1914 etwa 16 Millionen Menschen aus den östlichen Gebieten in die industrialisierten Westen. Ab den 1890er-Jahren wanderten Arbeiter aus dem benachbarten Polen ein, um hier zu arbeiten.

Leben in der Stadt

Die Städte waren auf einen so raschen Zuzug von vielen Menschen nicht eingestellt. Es gab nicht genügend Wohnungen, die Wasserversorgung war überlastet und auch Lebensmittel waren knapp. Große, mehrstöckige Wohnhäuser, die sogenannten Mietskasernen, wurden gebaut. Die privaten Investoren interessierten sich aber vor allem für ihren Profit und vermieteten auch kleine und heruntergekommene Wohnungen teuer. Nur wenige kamen in den Genuss der „Gartenstädte". In diesen grünen Siedlungen am Stadtrand sollte auch die einfache Bevölkerung gesund wohnen können.

Aufgrund der Trennung von Wohnung und Arbeit und wegen des Mangels an Wohnraum trat an die Stelle der Großfamilie, die mehrere Generationen umfasst und gemeinsam wirtschaftet, in den Städten die Kleinfamilie. Damit veränderte sich auch das soziale Netz. Sowohl bei der Betreuung der Kinder als auch bei Krankheit oder anderen Notlagen hatte es die Kleinfamilie ungleich schwerer.

Durchbruch der Moderne

M 2 Inmitten einer „stinkenden Kloake"
Alexis de Tocqueville, ein französischer Politiker und Schriftsteller, beschreibt 1835 seine Eindrücke von der Textilindustrie in England:

Auf dem Gipfel der Hügel [in Manchester] erheben sich dreißig oder vierzig Fabriken. Mit ihren sechs Stockwerken ragen sie hoch in die Luft. Ihr unabsehbarer Bereich kündet weithin von der Zentralisation der Industrie. Die Straßen, welche die einzelnen, noch schlecht verbundenen Teile der großen Stadt miteinander verbinden, bieten wie alles andere das Bild eines hastigen und noch nicht vollendeten Werkes: die schnelle Aufbauleistung einer gewinnsüchtigen Bevölkerung [...]. Ein dichter schwarzer Qualm liegt über der Stadt. Durch ihn hindurch scheint die Sonne als Scheibe ohne Strahlen. In diesem verschleierten Lichte bewegen sich unablässig dreihunderttausend menschliche Wesen. Inmitten dieser stinkenden Kloake hat der große Strom der menschlichen Industrie seine Quelle, von hier aus wird er die Welt befruchten. Aus diesem Dreckloch fließt das pure Gold.

Matthias Beimel u. a., Industrialisierung, Frankfurt a. M. 1987, S. 9

M 4 Andernach um 1840
Druck nach einem Aquarell aus dem 19. Jh.

M 5 Andernach um 1900 (nachkoloriertes Foto)

M 3 Städte wachsen

Einwohnerzahl in Tausend	1800	1875	1910
Berlin	172	967	2071
Breslau	60	239	512
Dortmund	4	58	214
Dresden	60	197	548
Frankfurt a. M.	48	103	415
Hamburg	130	324	931

Einwohnerzahl in Tausend	1800	1875	1910
Hannover	18	107	302
Kiel	7	37	211
Leipzig	30	127	590
München	40	193	596
Nürnberg	30	91	333
Stuttgart	18	107	286

Wilhelm Treue und Karl-Heinz Manegold, Quellen zur Geschichte der industriellen Revolution, Göttingen ²1979, S. 142 f. und Hubert Kiesewetter, Industrielle Revolution in Deutschland 1815 - 1914, Frankfurt a. M. 1989, S. 135

1. Nenne Vor- und Nachteile, die das Leben in der Stadt im Vergleich zum Leben auf dem Land mit sich brachte.
2. Analysiere, wie Alexis de Tocqueville die Stadt Manchester beschreibt (M2) und welche Wirkung er beim Leser erzeugen will.
3. Stelle die Bevölkerungsentwicklung zweier Städte in Deutschland (M3) in einem Liniendiagramm dar (siehe S. 58 f.). Informiere dich dann über die jeweils aktuelle Einwohnerzahl der Städte.
4. Arbeite mithilfe der Karte (M1) heraus, welche Wanderungsbewegungen die Industrialisierung zur Folge hatte.
5. Vergleiche die beiden Ansichten von Andernach (M4, M5).

Die Umwelt leidet

M 1 Black Country
Zeichnung aus der Illustrated London News, 8. Dezember 1866
Das „Black Country" in der Nähe von Birmingham war im 19. Jh. eines der am stärksten industrialisierten Gebiete Großbritanniens. Es war für seine Luftverschmutzung berüchtigt.

Rote Flüsse, graue Luft

„Der Neckar ist heute ganz rot – bei Jäckle machen sie wohl wieder rote Gehäuse." Ähnliche Beobachtungen wie diese eines Schwenninger Bürgers konnten die Menschen in der zweiten Hälfte des 19. Jh. auch an anderen Orten machen. Denn so wie der Metallwarenfabrikant Jäckle handelte, taten es viele: Sie leiteten ihre giftigen Abwässer einfach in Flüsse – ohne Rücksicht auf die Umwelt.

Probleme für Mensch und Umwelt

Mit dem schnellen Wachstum der Städte lebten immer mehr Menschen dicht nebeneinander. Deshalb konnten sich Krankheiten schneller ausbreiten. Ihren Abfall entsorgten die Menschen in der Natur. Der Regen spülte den Kunstdünger von den Feldern in Bäche und Flüsse. Das Wasser wurde ungenießbar, die Fische starben.
Immer mehr mit Kohle befeuerte Dampfmaschinen bliesen ihren Qualm und Ruß in die Luft. Das führte zu Smog und saurem Regen. Vor allem machte es die Menschen krank, die die verschmutzte Luft einatmeten. Ein ökologisches Bewusstsein, wie wir es heute kennen, gab es noch nicht. Oftmals wurde die Umweltzerstörung im Rausch der technischen Möglichkeiten verdrängt.

Unklare Folgen

Die langfristigen Folgen der Umweltveränderungen konnten die Menschen noch nicht sicher einschätzen. Häufig war den Verantwortlichen gar nicht klar, ob größere Gefährdungen bestanden. Zudem wussten sie nicht, welche Maßnahmen sie dagegen ergreifen sollten. So reagierten die Behörden sehr unsicher auf die Belastungen und halfen den Betroffenen nur wenig.
Für die Fabrikbesitzer war hingegen die Verminderung der Umweltverschmutzung vor allem eine Kostenfrage. Abwässer in nahegelegene Flüsse zu leiten, war allemal billiger, als sie umweltverträglich zu entsorgen. Die Besitzer von Eisen- und Stahlwerken benutzten aus wirtschaftlichen Gründen möglichst billige Kohle. Mit teureren, rußärmeren Kohlen hätten sie die Luft weniger belastet.

Hilflose Reaktionen

Die Gewerbeordnungen hatten oft nur wenig Einfluss zugunsten der Natur. Auch der Versuch, durch höhere Schornsteine die Abgase zu mindern, blieb unbefriedigend: Die Schadstoffe wurden dadurch nur über ein größeres Gebiet verteilt. In den Industrieregionen war die Luftverschmutzung oft so stark, dass viele Menschen unter schweren Atem- und Herzbeschwerden litten. Die „Dunstglocken" über den Städten verringerten zudem die Sonneneinstrahlung.
Zur Verantwortung gezogen wurden die Verantwortlichen aber nicht, denn inwieweit die gesundheitlichen Beeinträchtigungen eine Folge der Umweltbelastungen waren, konnte nicht eindeutig nachgewiesen werden. Hierzu fehlte es an anerkannten Messmethoden und Untersuchungen.

Durchbruch der Moderne

M 2 Frühe Umweltschutzgesetzgebung

Aus der „Allgemeinen Gewerbeordnung für Preußen" von 1845:

§ 26. Eine besondere polizeiliche Genehmigung ist nur erforderlich [...] zur Errichtung gewerblicher Anlagen, welche durch die örtliche Lage oder die Beschaffenheit der Betriebsstätte für die Besitzer oder Bewohner der benachbarten Grundstücke oder für das Publikum überhaupt erhebliche Nachteile, Gefahren oder Belästigungen herbeiführen können [...].

§ 27. Zu den gewerblichen Anlagen, welche einer besonderen polizeilichen Genehmigung bedürfen, sollen für jetzt gerechnet werden: Schießpulverfabriken, Anlagen zur Feuerwerkerei und zur Bereitung von Zündstoffen aller Art, Gasbereitungsanstalten, Zuckersiedereien, Hammerwerke, chemische Fabriken aller Art, Schnellbleichen, Schlachthäuser und Gerbereien; es gehören dahin ferner: alle Betriebe mit Dampfmaschinen oder Dampfkesseln und Dampfentwickler, durch Wasser oder Wind bewegte Triebwerke (Mühlen usw.) jeder Art, sowie Branntweinbrennereien und Bierbrauereien.

Ilja Mieck „„Aerem corrumpere non licet". Luftverunreinigung und Immissionsschutz in Preußen bis zur Gewerbeordnung 1869, in: Technikgeschichte 34 (1967), S. 70 (gekürzt)

M 3 Fischsterben in der Nahe – eine Kosten-Nutzen-Analyse

1905 berichtet eine Zeitung über das Fischsterben in der Nahe. Die Abwässer der Leimfabrik Caesar & Ewald werden dafür verantwortlich gemacht. Unabhängig von der Schuldfrage heißt es in einem Leserbrief dazu:

Die Fischereipacht bringt der Stadt jährlich zirka 200 Mark ein. Die Firma Caesar & Ewald zahlt jährlich, abgesehen von sonstigen Ausgaben, allein an Arbeiterlöhnen durchschnittlich 35 000 Mark. Die Firma muss den Betrieb einstellen, wenn sie ihre Abwässer nicht mehr los wird. Wollen wir also nur eine Bevölkerung haben, die Landwirtschaft treibt und möglichst dafür sorgen, dass die Spaziergänger an dem klaren Spiegel der Nahe sich erfreuen können, so müssen wir die Industrie lahm legen. Wollen wir aber, was tatsächlich der Fall ist, der ärmeren Bevölkerung Unterhalt verschaffen, dieselbe vor dem Auswandern schützen, und damit den Verkehr und die Geschäfte heben, so ist es nicht zu umgehen, auf die Industrie Rücksicht und die Unannehmlichkeiten, welche sie mit sich bringt, mit in den Kauf zu nehmen.

Jens Flemming u. a. (Hrsg.), Quellen zur Alltagsgeschichte der Deutschen 1871 - 1914, Darmstadt 1997, S. 57 f.

M 4 „Pfui Deifel"
Skizze von Heinrich Kley, um 1905

---

1. Beschreibe, welche Belastungen für Mensch und Umwelt in der Zeichnung (M1) zum Ausdruck kommen.
2. Arbeite heraus, gegen welche Umweltschäden oder -belastungen die preußische Verwaltung vorgehen konnte (M2).
3. Analysiere die Aussage der Skizze (M4).
4. Gestalte eine Antwort auf den Leserbrief (M3).

- 25 Mio. Einwohner in den Grenzen des späteren Deutschen Reiches
- 16 Mio. Menschen ziehen aus dem Osten in den industrialisierten Westen.
- Verstädterung (Urbanisierung)
- In Europa entstehen industrielle Ballungsräume (v. a. Ruhrgebiet).
- 65 Mio. Einwohner in den Grenzen des Deutschen Reiches

Frauen fordern ihr Recht

M 1 Arbeiterinnen-Versammlung in Berlin
Holzstich nach C. Koch, 1890

Männergesellschaft
Männer durften nicht nur im öffentlichen Leben und in der Politik, sondern auch in der Familie alleine über alle Angelegenheiten entscheiden. Frauen waren bis zu ihrer Heirat rechtlich ihren Vätern und nach der Heirat ihren Ehemännern unterstellt.

Ideale Geschlechterrollen?
Von Männern aus dem Bürgertum wurde erwartet, dass sie finanziell alleine für ihre Familie sorgen sollten. Aus diesem Grund heirateten die meisten Männer erst, nachdem sie sich ein gutes Einkommen gesichert hatten. Um der ihm zugedachten Rolle gerecht werden zu können, sollte der Mann willensstark und entschlossen sein. Stark geprägt wurde das damals geltende Ideal durch das Vorbild des mutigen und wehrhaften Offiziers.
Frauen sollten ihre Bestimmung ausschließlich in der Sorge um die Familie haben. Dementsprechend besuchten Mädchen meist nur die Volksschule und erhielten keine höhere Schulbildung. Zum Studium wurden Frauen zunächst nicht zugelassen (erstmals in Preußen 1908). Dafür war auch die weit verbreitete Ansicht verantwortlich, dass ihnen dafür die geistigen und charakterlichen Voraussetzungen fehlen würden. Wenn überhaupt, sollten Frauen einen Beruf nur bis zur Heirat ausüben.
Im Haushalt sollten sich die Frauen um die Erziehung der Kinder kümmern und den Ehemännern einen angenehmen Rückzugsort nach der Arbeit schaffen. Wer sich keine Angestellten leisten konnte, musste auch die Hausarbeit selbst verrichten.

Standesbewusstsein
Eine wichtige Richtschnur für das Verhalten aller Familienmitglieder war die Standesgemäßheit. Eltern und Kinder sollten sich darum bemühen, das Ansehen der eigenen Familie zu sichern oder sogar einen sozialen Aufstieg zu schaffen. Der Nachwuchs sollte dies erreichen, indem er einen angesehenen Beruf ergriff, die Offizierslaufbahn einschlug oder eine gute Heirat machte.

Frauen müssen mitarbeiten
Für viele Familien genügte aber der Lohn des Mannes allein nicht. Deshalb mussten vor allem in Arbeiterfamilien die Frauen durch Heimarbeit, als Fabrikarbeiterin oder als Dienstmädchen (Hausangestellte, die sich in bessergestellten Familien um den Haushalt kümmert) zum Einkommen beitragen.

Mehr Rechte für Frauen!
Frauen aus dem Bürgertum wollten die Lage der Frauen allmählich verbessern. Sie gründeten Frauenvereine und forderten vor allem eine bessere Ausbildung von Mädchen und das Wahlrecht für Frauen.
Von dieser bürgerlichen Frauenbewegung grenzte sich die sozialistische Frauenbewegung ab. Sie war radikaler. Denn sie forderte nicht nur den Schutz der Arbeiterinnen und die Abschaffung der Kinderarbeit, sondern überhaupt einen anderen Staat und die **Frauenemanzipation**[1] – durch gleiche Rechte und gleiche Löhne.

---

[1] Emanzipation: rechtliche und gesellschaftliche Gleichstellung

Durchbruch der Moderne

M 2 Väterlicher Brief
Der Vater der Künstlerin Paula Modersohn-Becker schreibt 1901:

Deine Pflicht ist es, ganz in deinem zukünftigen Manne aufzugehen, ganz nach seiner Eigenart und seinen Wünschen dich ihm zu widmen, sein Wohl immer vor Augen zu haben und dich durch
5 selbstsüchtige Gedanken nicht leiten zu lassen. Die Aufgabe der Frau ist es aber, im Eheleben Nachsicht zu üben und ein waches Auge für alles Gute und Schöne in ihrem Mann zu haben und die kleinen Schwächen, die er hat, auch durch ein
10 Verkleinerungsglas zu sehen.

Margret Steenfatt, Ich, Paula. Die Lebensgeschichte der Paula Modersohn-Becker, Weinheim und Basel 2002, S. 104 f.

M 3 „An die Leserinnen"
1865 schreibt Louise Otto-Peters in einem Zeitungsartikel:

Die Staatsökonomie hat es nachgewiesen, dass dem Staate dadurch, dass der größere Teil der zu ihm gehörigen Frauen […] keine produktive Arbeit verrichtet, ein ungeheures Kapital von Ar-
5 beitskraft verloren geht, durch dessen Benutzung der Nationalwohlstand sich heben würde; aber ganz abgesehen von dem, […] lehrt es die Erfahrung des Alltagslebens, dass es dem weitaus größeren Teil der Männer […] nicht mehr möglich
10 ist, die weiblichen Mitglieder ihrer Familie allein zu ernähren; dass aus eben diesem Grund viele Männer gar nicht heiraten und dass unverheiratet bleibende Frauen und Witwen darauf angewiesen sind, ihr tägliches Brot sich selbst zu ver-
15 dienen und oft auch noch das für alte Eltern und Kinder. […] Das Unglück liegt allein darin, dass ihnen bisher so wenig Wege offen standen, dies zu tun, und dass man sie nicht auf einen bestimmten Beruf vorbereitet, ihnen überhaupt fast
20 alle diejenigen Gelegenheiten, sich aus- oder fortzubilden, entzieht, die man Knaben und Männern bietet.

In dem Vorwort zur ersten Ausgabe der Frauenzeitschrift „Neue Bahnen" schreibt Louise Otto-Peters 1866:

Wir wollen […] nicht am Gängelbande irgendeiner politischen Partei auf vorgeschriebenen Pfa-
25 den für unsere Rechte in die Schranken treten – wir wollen allein […] im Dienste […] echter Weiblichkeit die neuen Bahnen einschlagen, die den deutschen Frauen des neunzehnten Jahrhunderts zu wandeln ziemen.

Ruth-Ellen Boetcher Joeres, Die Anfänge der deutschen Frauenbewegung: Louise Otto-Peters, Frankfurt a. M. 1983, S. 183 und 195

M 4 Eine bessere Zukunft?
Karikatur von 1908/09

Die dazugehörige Bildunterschrift lautet: „Wie, gnädiges Fräulein wollen sich dem ärztlichen Beruf widmen? … Aber ich bitt' Sie, mit so einem lieben G'sichterl studiert man doch nicht!"

Internettipp:
Informationen zur Stellung der Frau im Kaiserreich siehe Code 31043-13.

---

1. Gestalte eine Antwort auf den Brief (M2).
2. Arbeitet ausgehend von den Aussagen von Frau Otto-Peters (M3) politische Forderungen heraus.
3. Im Kaiserreich wurden einige gesellschaftliche Gruppen als unmännlich gebrandmarkt, zum Beispiel Homosexuelle, Demokraten und Pazifisten. Erkläre, warum.
4. Beschreibe, welches Frauenbild die Karikatur (M4) angreift.
5. Die sozialistische Frauenbewegung warf der bürgerlichen vor, die Stellung und die Lage der Frauen nicht verändern zu wollen. Bewerte diese Haltung.

2　Jetzt forschen wir selbst!

Die Frauenbewegung beginnt

Der gesellschaftliche Wandel während der Industrialisierung warf neben der Sozialen Frage auch die „Frauenfrage" auf. Unverheiratete Frauen und Witwen mussten immer häufiger selbst für ihren Lebensunterhalt sorgen. Aber die Ausbildungsmöglichkeiten waren beschränkt. Bis zu Beginn des 20. Jh. durften Frauen nicht an Universitäten studieren. Es gab nur wenige qualifizierte Berufe, in denen Frauen arbeiten konnten. Zudem bekamen sie grundsätzlich niedrigere Löhne als Männer. Laut Gesetz waren Frauen den Männern untergeordnet. Politisch mitbestimmen durften Frauen nicht.

In den deutschen Staaten hatten sich Frauen bereits seit dem Vormärz, vor allem aber während der Revolution von 1848 zu Vereinen zusammengeschlossen und drängten auf mehr Rechte und Freiheiten. Dies war der Beginn der Frauenbewegung.

Vorschläge für Forschungsfragen:
Thema 1: Ungleiche Verhältnisse: die gesellschaftliche und rechtliche Stellung der Frau im 19. Jh.
Thema 2: Wir wollen mehr! Die Forderungen der Frauenbewegung um 1900.

Beschreiben
Thema 1: *Beschreibt* in Stichworten, inwiefern die Frau um 1900 vom Mann abhängig war.
Thema 2: *Nennt* die Rechte, die den Frauen für eine gleichberechtigte Stellung fehlten.

Untersuchen
Thema 1: *Arbeitet heraus*, welche Einstellungen von Männern zur Rolle der Frau und zur Frauenbewegung deutlich werden.
Thema 2: *Analysiert*, welche Auffassung in M4 von der Berufstätigkeit der Frau vertreten wird.

Einordnen
Thema 1: *Entwickelt* ausgehend von den Aussagen der bürgerlichen Frauenbewegung politische Forderungen.
Thema 2: *Begründet*, worin sich die bürgerliche und die sozialistische Frauenbewegung unterschieden.

Präsentieren
Thema 1: *Gestaltet ein Plakat*, inwiefern sich die Rolle der Frau bis heute geändert hat. Berücksichtigt die Bereiche Familie, Beruf, Alltag, Freizeit.
Thema 2: Ihr seid als Gastredner im preußischen Landtag: *Gestaltet eine Rede*, in der ihr vor den Abgeordneten die Forderungen der Frauenbewegung begründet.

M 1　Rechtsstellung der Frau um 1900
Im Bürgerlichen Gesetzbuch von 1900 heißt es:

§ 1354 Dem Manne steht die Entscheidung in allen das gemeinschaftliche Eheleben betreffenden Angelegenheiten zu; er bestimmt insbesondere Wohnort und Wohnung. Die Frau ist nicht verpflichtet, der Entscheidung des Mannes Folge zu leisten, wenn sich die Entscheidung als Missbrauch seines Rechts darstellt. [...]

§ 1356 Die Frau ist, unbeschadet der Vorschriften des § 1354, berechtigt und verpflichtet, das gemeinschaftliche Hauswesen zu leiten. [...]

§ 1357 Die Frau ist berechtigt, innerhalb ihres häuslichen Wirkungskreises die Geschäfte des Mannes für ihn zu besorgen und ihn zu vertreten. Rechtsgeschäfte, die sie innerhalb dieses Wirkungskreises vornimmt, gelten als im Namen des Mannes vorgenommen [...].

Der Mann kann das Recht der Frau beschränken oder ausschließen. Stellt sich die Beschränkung oder die Ausschließung als Missbrauch des Rechts des Mannes dar, so kann sie auf Antrag der Frau durch das Vormundschaftsgericht aufgehoben werden. [...]

[...] § 1363 Das Vermögen der Frau wird durch die Eheschließung der Verwaltung und Nutznießung des Mannes unterworfen (eingebrachtes Gut). [...]

Anne Conrad und Kerstin Michalik (Hrsg.), Quellen zur Geschichte der Frauen, Bd. 3: Neuzeit, Stuttgart 1999, S. 136-140

M 2　Gegen das Frauenstudium
1895 werden über 100 deutsche Professoren gefragt, was sie von einem Frauenstudium halten. Auszüge aus den Zuschriften:

Unsere Universitäten sind Männeruniversitäten und in ihrem ganzen inneren Leben dem männlichen Geiste angepasst.
　　　　　　　　　　　　　　　　　　Otto Gierke, Jurist

Der Frauen höchstes Ziel muss der häusliche Herd, das Familienheim bleiben, soll anders die Weltordnung nicht verdorben werden.
　　　　　　　　　　　　　　　　　Franz Reigel, Mediziner

Dass das weibliche Geschlecht in Bezug auf geistige Produktivität durchschnittlich weniger gut veranlagt ist als das männliche, darüber kann kaum ein Zweifel bestehen.
　　　　　　　　　　　　　　　　Emmanuel Mendel, Psychiater

Frauenstudium auf den Universitäten scheint mir ein entbehrlicher Luxus von fraglichem Wert zu sein.
　　　　　　　　　　　　　　　　　Georg Busolt, Historiker

Brigitte Löhr (Hrsg.), Frauen in der Geschichte. Grundlagen – Anregungen – Materialien für den Unterricht, Bd. 1, Tübingen 1993, S. 158 ff.

Die Frauenbewegung beginnt

M 3 Bildung und Beruf für Frauen
Helene Lange prägt die bürgerliche Frauenbewegung; sie schreibt 1887:

Solange die Frau nicht um ihrer selbst willen, als Mensch und zum Menschen schlechtweg gebildet wird, solange sie [...] in Deutschland nur des Mannes wegen erzogen werden soll, solange konsequenterweise die geistig unselbstständigste Frau die beste ist [...], so lange wird es mit der deutschen Frauenbildung nicht anders werden. [...] Nicht Männer, sondern Frauen sind in erster Stelle zur Bildung und Erziehung von Mädchen berufen; taugen die Frauen dazu noch nicht, so mache man sie tauglich.

In dem Programm des „Allgemeinen Deutschen Frauenvereins" von 1905 heißt es:

I. Bildung. [...] Im Einzelnen stellt sie [die Frauenbewegung] folgende Forderungen:
a) obligatorische[1] Fortbildungsschulen für alle aus der Volksschule entlassenen Mädchen;
b) eine Reorganisation der höheren Mädchenschule, durch welche diese [...] den höheren Knabenschulen gleichwertig wird [...];
c) unbeschränkte Zulassung ordnungsgemäß vorgebildeter Frauen zu allen wissenschaftlichen, technischen und künstlerischen Hochschulen.
II. Berufstätigkeit. [...] In Anbetracht der großen Zahl von Frauen, die unverheiratet bleiben, und der weiteren Zahl derer, die in der Ehe keine ausreichende wirtschaftliche Versorgung finden können, ist die Berufsarbeit der Frau eine wirtschaftliche und sittliche Notwendigkeit. Die Frauenbewegung betrachtet die berufliche Frauenarbeit aber auch [...] als Kulturwert, da auch die Frau Träger hervorragender spezifischer Begabung sein kann [...]. In Bezug auf die wirtschaftliche Bewertung vertritt die Frauenbewegung den Grundsatz: Gleicher Lohn für gleiche Leistung.

Erster Text: Elke Frederiksen (Hrsg.), Die Frauenfrage in Deutschland 1865 - 1915. Texte und Dokumente, Stuttgart 1981, S. 212 und 222
Zweiter Text: Gerhard A. Ritter und Jürgen Kocka (Hrsg.), Deutsche Sozialgeschichte. Dokumente und Skizzen, Bd. 2: 1870-1914, München ³1982, S. 422 f.

M 4 „Zur Frauenbewegung"
Postkarte, um 1910

M 5 Frauenrechte und Arbeiterbewegung
Die sozialdemokratische Politikerin Clara Zetkin führt die sozialistische Frauenbewegung an. 1894 erklärt sie in der von ihr herausgegebenen Zeitschrift „Die Gleichheit":

[D]ie bürgerlichen Frauenrechtlerinnen erstreben nur durch einen Kampf von Geschlecht zu Geschlecht, im Gegensatz zu den Männern ihrer eigenen Klasse, Reformen zugunsten des weiblichen Geschlechts innerhalb des Rahmens der bürgerlichen Gesellschaft, sie tasten den Bestand dieser Gesellschaft selbst nicht an. Die proletarischen Frauen dagegen erstreben durch einen Kampf von Klasse zu Klasse, in enger Ideen- und Waffengemeinschaft mit den Männern ihrer Klasse, die ihre Gleichberechtigung voll und ganz anerkennen, zugunsten des gesamten Proletariats die Beseitigung der bürgerlichen Gesellschaft. Reformen zugunsten des weiblichen Geschlechts, zugunsten der Arbeiterklasse sind ihnen nur Mittel zum Zweck, den bürgerlichen Frauen sind Reformen der ersteren Art Endziel. Die bürgerliche Frauenrechtelei ist nicht mehr als Reformbewegung, die proletarische Frauenbewegung ist revolutionär [...].

Ute Gerhard, Unerhört. Die Geschichte der deutschen Frauenbewegung, Reinbek 1996, S. 180

[1] obligatorisch: verpflichtend

M 6 „Heraus mit dem Frauenwahlrecht!"
Plakat (83 x 60 cm) der sozialistischen Frauenbewegung, 1914

Jüdisches Leben: Der Weg zur Gleichstellung

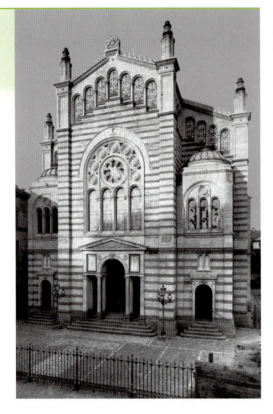

M 1 Alte Synagoge in Karlsruhe, Kronenstraße
Foto um 1880
Die Synagoge wurde 1872-75 erbaut, der Architekt war Josef Durm.

Die Aufklärung wirkt

Gegen die seit dem Mittelalter weit verbreiteten Vorurteile gegen Juden wandten sich erstmals Vertreter der Aufklärung. In ihren Augen standen den Juden von Geburt an dieselben Rechte zu wie den Nichtjuden. Wer sich an die geltenden Gesetze hielt, sollte auch deren vollen Schutz genießen, Religion galt als Privatsache.

Damit kam die **Judenemanzipation** in Gang. 1791 verfügte die Französische Nationalversammlung die volle staatsbürgerliche und rechtliche Gleichstellung der Juden. Dieser Grundsatz fand Eingang in das Gesetzbuch Napoleons, und die französischen Revolutionsarmeen verbreiteten ihn in ganz Mitteleuropa.

Gleichberechtigung oder Anpassung?

Doch im Zeitalter der „Heiligen Allianz" und der Restauration geriet nach 1815 auch die Emanzipation der Juden ins Stocken. Die Monarchen „von Gottes Gnaden" betonten den Vorrang des Christentums. Manche fürchteten auch, dass Zugeständnisse gegenüber den Juden Forderungen anderer Gruppen und damit eine neue Revolution nach sich ziehen könnten. In der Wirtschaftskrise des Vormärz wurden Juden auch von Liberalen als unliebsame Konkurrenten empfunden.

Die allermeisten Christen erwarteten von den Juden, dass diese sich ihnen und ihrer Lebensweise anpassten, sich assimilierten. Umgekehrt betrachteten sich viele Juden nicht nur als Religionsgemeinschaft, sondern als Mitglieder des „von Gott auserwählten Volkes", also als Teil einer eigenen Nation. Das wiederum wollten aber die Vertreter des überall in Europa aufkommenden Nationalismus nicht akzeptieren.

Schritt für Schritt

Trotzdem setzte sich die Rechtsgleichheit der Juden in Frankreich nach den Revolutionen von 1830 und 1848 und in England bis 1858 durch: Damals wurde die Verpflichtung gestrichen, dass Absolventen einer Universität, Staatsbedienstete und Abgeordnete den Eid beim „wahren Glauben eines Christen" leisten mussten. Nun konnten auch Juden den Eid sprechen, ohne ihren Glauben verleugnen zu müssen.

Im Verfassungsentwurf der Frankfurter Nationalversammlung von 1849 sollten alle Grundrechte auch für die Juden gelten. In der Zeit nach der gescheiterten Revolution von 1848/49 stoppte diese Entwicklung. Erst in den 1860er-Jahren wurden in fast allen Staaten des Deutschen Bundes Emanzipationsgesetze verabschiedet. Der Norddeutsche Bund setzte 1869 unter Führung Preußens die völlige Gleichberechtigung aller Religionen fest. Dieses Gesetz wurde im April 1871 im gesamten neu gegründeten Deutschen Reich gültig.

In Europa lebten die meisten Juden in Russland. Dort kam die Gleichstellung der Juden erst in den 1850er-Jahren zögerlich in Gang. Doch nach der Ermordung des Zaren Alexander II. 1881 fand sie bereits wieder ein Ende.

Antijüdische Vorurteile konnten freilich auch in den anderen Staaten nicht durch Gesetze abgebaut werden.

Durchbruch der Moderne

M 2 „Dieselben Rechte und Freiheiten"
Napoleons Bruder, Jérôme Bonaparte, erlässt für sein Königreich Westfalen 1808 folgendes Gesetz:
Unsere Unterthanen, welche der Mosaischen [jüdischen] Religion zugethan sind, sollen in unseren Staaten dieselben Rechte und Freiheiten genießen, wie unsere übrigen Unterthanen. [...]
5 Diesem zufolge sind alle Auflagen und Abgaben, welche allein von Juden zu entrichten sind, bei welcher Gelegenheit und unter welcher Benennung sie auch erlegt werden mögen, hiermit gänzlich aufgehoben [...]. Sie können, ohne wie
10 vormals, einer besonderen Erlaubnis zu bedürfen, sich verheiraten, für die Erziehung und die häusliche Niederlassung ihrer Kinder sorgen, ihnen ihre Güter abtreten, jedoch unter der Verpflichtung, bei diesen verschiedenen Handlungen nach den
15 Vorschriften des Gesetzbuches Napoleons sich zu richten. Es steht ihnen gleichfalls frei, in jeder Stadt oder an jedem anderen beliebigen Ort sich niederzulassen und daselbst ihren Handel einzurichten.

Arthur Kleinschmidt, Geschichte des Königreichs Westfalen, Gotha 1893, Nachdruck Kassel 1970, S. 156, zit. nach: Friedrich Battenberg, Das europäische Zeitalter der Juden: zur Entwicklung einer Minderheit in der nichtjüdischen Umwelt Europas, 2. Teilband, Darmstadt 1990, S. 101

M 4 Jom Kippur im Deutsch-Französischen Krieg 1871
Druck auf Tuch, nach 1871
Preußische Soldaten jüdischen Glaubens feiern während des Deutsch-Französischen Krieges vor Metz einen Feldgottesdienst zum Versöhnungstag Jom Kippur

M 3 Gleichberechtigung
Im Jahr 1869 legt ein Gesetz im Norddeutschen Bund fest:
Wir Wilhelm, von Gottes Gnaden König in Preußen, verordnen im Namen des Norddeutschen Bundes nach erfolgter Zustimmung des Bundesrathes und des Reichstages, was folgt: Alle noch
5 bestehenden, aus der Verschiedenheit des religiösen Bekenntnisses hergeleiteten Beschränkungen der bürgerlichen und staatsbürgerlichen Rechte werden hierdurch aufgehoben. Insbesondere soll die Befähigung zur Theilnahme an der Gemein-
10 de- und Landesvertretung und zur Bekleidung öffentlicher Ämter vom religiösen Bekenntnis unabhängig sein.

„Gesetz betreffend die Gleichberechtigung der Konfessionen in bürgerlicher und staatsbürgerlicher Beziehung", Norddeutscher Bund, Bundesgesetzblatt 1869, S. 292, zit. nach: Friedrich Battenberg, a. a. O., S. 146

---

1. Erläutere mithilfe deines Wissens über die Aufklärung, weshalb viele Vertreter der Aufklärung die Gleichberechtigung der Juden forderten.
2. Vergleiche die beiden Dokumente zur Judenemanzipation aus dem Jahr 1808 und 1869 (M2, M3). Stelle die wichtigsten Bestimmungen in einer Tabelle einander gegenüber.
3. Arbeite Hemmnisse für die Emanzipation der Juden im 19. Jh. auf dem Gebiet des Deutschen Bundes heraus (Darstellungstext).
4. Die Darstellung der Jom Kippur-Feier (M4) stammt aus jüdischem Besitz. Erkläre, welche besondere Bedeutung ein solches Erinnerungsstück für den Besitzer und seine Familie hatte und was diese damit gegenüber nicht-jüdischen Betrachtern zum Ausdruck bringen wollten.

Aus Antijudaismus wird Antisemitismus

M 1 „Juden werden hier nicht geduldet" Postkarte aus Borkum, um 1900
Diese Postkarte war nicht die einzige ihrer Art. Das Bild der Juden wurde von den Antisemiten durch die Hervorhebung bestimmter als typisch bezeichneter Teile des Gesichtsausdrucks, etwa die „krumme Nase", böswillig verzeichnet.

Internettipp:
Mehr zum Antisemitismus im Kaiserreich erfährst du unter Code 31043-14.

pseudowissenschaftliche Rassenlehre, nach der bei den Menschen ein Kampf der „Rassen" um das Dasein herrsche: Rassen mit „höherem" Wert hätten das Recht, über Rassen mit „niederem" Wert zu herrschen. Den Juden wurde unterstellt, sie seien eine biologische Rasse, die das Ziel habe, den Christen zu schaden.
Auch Neid auf den angeblichen Reichtum vieler Juden und die Unterstellung, dass jüdische Händler und Bankiers ihre christlichen Kunden betrügen, befeuerte den Judenhass.

Verfolgung in Russland
Die Ermordung von Zar Alexander II. 1881 beendete in Russland die Emanzipation der Juden. Die neue Regierung schürte die Vorurteile gegen Juden und sah dann tatenlos zu, als Hunderttausende in den folgenden Pogromen ausgeraubt, gequält oder gar ermordet wurden. Aus Angst um ihr Leben flohen viele der überlebenden Ostjuden in die USA, aber auch in die westlichen Nachbarstaaten. Dort mussten sie zwar keine Verfolgung fürchten, doch auch in Mittel- und Westeuropa hatte die Judenfeindlichkeit spätestens seit den 1870er-Jahren immer extremere Ausmaße angenommen.

Neuer Antisemitismus
Dieser neue Judenhass ging über die alten religiösen Vorurteile der Christen gegenüber den Juden (Antijudaismus) hinaus. Anhänger des sogenannten **Antisemitismus** beriefen sich auf die Lehren des Naturforschers Charles Darwin und dessen Buch „Über die Entstehung der Arten". Sie übertrugen Darwins Erkenntnisse aus der Tierwelt einfach auf die Menschen, weshalb man auch von **Sozialdarwinismus** spricht. So entstand eine

Parteien, Interessenverbände und Massenmedien
Seine besondere Durchschlagskraft erhielt der neue Antisemitismus dadurch, dass er sich in politischen Parteien und Interessenverbänden organisierte und seine Behauptungen in regelmäßig erscheinenden Zeitschriften veröffentlichte, die weit verbreitet wurden. Hier forderten Antisemiten die Rücknahme der rechtlichen und politischen Gleichstellung der Juden und beschuldigten sie, für die Probleme und Missstände der Zeit verantwortlich zu sein. Zustimmung fanden sie in allen Kreisen der Bevölkerung. Vor allem Mitglieder der freien Berufe, Lehrer und Militärs sowie Kleinbürger und Bauern unterstützten die Forderung nach einer Benachteiligung der Juden in Schule, Universität und Militär. Vereine begannen, Juden als Mitglieder abzulehnen. Dies machte Juden zu „Bürgern zweiter Klasse". Der Antisemitismus fand Unterstützer bis in die höchsten gesellschaftlichen Kreise. In Deutschland machte die judenkritische bis -feindliche Gesinnung Kaiser Wilhelms II. den Antisemitismus „hoffähig".

Antisemitismus   Sozialdarwinismus

Durchbruch der Moderne

M 2 Pogrom in Kiew
Ein Augenzeuge berichtet von einem Pogrom in Kiew im Mai 1881:

Um 12 Uhr mittags erscholl plötzlich ein wildes Johlen, Pfeifen, Brüllen und Lachen. Eine ungeheure Menge, aus Halbwüchsigen, Handwerkern und Arbeitern bestehend, bewegte sich in den
5 Straßen und überschwemmte sie. Die Zerstörung jüdischer Häuser begann. Fenster und Türen wurden zerschlagen und bald darauf wurde aus Wohnungen und Läden buchstäblich alles, was unter die Hand kam, auf die Straße geworfen […]. Bald
10 warf sich die Menge gegen die Synagoge, die trotz starker Schlösser und Fensterläden im Nu zertrümmert wurde. Man musste die Wut sehen, mit der die Banden sich auf die zahlreichen Torarollen warfen. Die Rollen wurden in Fetzen gerissen,
15 mit Füßen in den Schmutz gestampft und mit außerordentlichem Eifer vernichtet.

Julius Höxter, Quellenbuch zur jüdischen Geschichte und Literatur, Zürich 1983, Teil 5, S. 55 f., zit. nach: Friedrich Battenberg, Das europäische Zeitalter der Juden: zur Entwicklung einer Minderheit in der nichtjüdischen Umwelt Europas, 2. Teilband, Darmstadt 1990, S. 203

M 3 „Täuschen wir uns nicht"
Der 1834 geborene Historiker und Politiker Heinrich von Treitschke schreibt im November 1879 in den „Preußischen Jahrbüchern":

Über unsere Ostgrenze […] dringt Jahr für Jahr aus der unerschöpflichen polnischen Wiege eine Schar strebsamer hosenverkaufender Jünglinge herein, deren Kinder und Kindeskinder dereinst
5 Deutschlands Börsen und Zeitungen beherrschen sollen; die Einwanderung wächst zusehends, und immer ernster wird die Frage, wie wir dies fremde Volkstum mit dem unseren verschmelzen können. […]
10 Täuschen wir uns nicht: Die Bewegung ist sehr tief und stark […]. Bis in die Kreise der höchsten Bildung hinauf, unter Männern, die jeden Gedanken kirchlicher Unduldsamkeit oder nationalen Hochmuts mit Abscheu von sich weisen würden,
15 ertönt es heute wie aus einem Munde: Die Juden sind unser Unglück!

Karsten Krieger (Bearb.), Der „Berliner Antisemitismusstreit" 1879 – 1881. Eine Kontroverse um die Zugehörigkeit der deutschen Juden zur Nation. Kommentierte Quellenedition, Teil 1, München 2004, S. 11 und 14

LEUR PATRIE.

M 4 „Ihre Heimat"
Karikatur auf der Titelseite der nationalistischen und antisemitischen Zeitschrift „La Libre Parole" (dt. „Das freie Wort"), 1893
Der Untertitel der Karikatur lautet „leur patrie" (dt. „ihre Heimat").

---

1. Definiere den Begriff „Pogrom" (Darstellungstext, M2).
2. Arbeite heraus, was den neuen Antisemitismus im späten 19. Jh. vom älteren Antijudaismus unterscheidet (Darstellungstext).
3. Analysiere die französische Karikatur (M4). Welche Absichten und Ziele werden „den Juden" unterstellt?
4. Erläutere, warum der neue Antisemitismus gerade im Zeitalter des Radikalnationalismus und des Übergangs zur Moderne in allen Schichten der Bevölkerung Unterstützer fand (Darstellungstext, M1, M3).

• 1859: „Über die Entstehung der Arten" (Charles Darwin) • 1881: Judenpogrome in Russland • 1888: Wilhelm II. wird Deutscher Kaiser; er macht den Antisemitismus „hoffähig"

Herrliche Zeiten?

M 1 „Jubiläums-Karte"
Postkarte, 1900
Diese Jubiläums-Karte wurde zur Jahrhundertwende tausendfach verschickt.

Pro …

Kaiser Wilhelm II. nahm den Jahres- und Jahrhundertwechsel 1899/1900 so wichtig, dass er anordnete, ihn im ganzen Reich „in feierlicher Weise" zu begehen. Aber bei weitem nicht alle seine „Untertanen" zogen eine positive Bilanz des zu Ende gehenden 19. Jh.

Unbestritten: Durch die Abschaffung von Privilegien waren Ständegesellschaft und Grundherrschaft abgeschafft und Rechtsgleichheit eingeführt worden. Die Bürger hatten Volksvertretungen durchgesetzt, in denen sie bei der Gesetzgebung mitwirken konnten, und Verfassungen, die die Macht der Regierungen einschränkten. Neben den konservativen Kräften konnten sich liberale und sozialistische Strömungen einen sicheren Platz in der Parteienlandschaft erobern. Industrialisierung und wissenschaftliche Erkenntnisse ermöglichten Massenproduktion, technischen Fortschritt und stetes Wirtschaftswachstum. Lange Friedenszeiten und medizinischer Fortschritt ließen die Lebenserwartung steigen und die Bevölkerung wachsen. Die allgemeine Schulpflicht förderte die Bildung, und Zeitungen und Zeitschriften boten jedermann die Möglichkeit, sich umfassend zu informieren. – Mit einem Wort: Man war in neuen, modernen Zeiten angekommen.

… und Kontra

Aber es gab auch Kritik, Ablehnung der neuen Verhältnisse und sorgenvolle Blicke in die Zukunft.

Der Adel sah seine hervorgehobene Stellung durch das aufstrebende Bürgertum und „neureiche" Industrielle und Bankiers in Frage gestellt. Adel und Bürgertum fürchteten, von der immer größer werdenden Zahl der besitzlosen Fabrikarbeiter bei Wahlen überstimmt zu werden. Konservativ Eingestellte blickten misstrauisch auf den Zulauf für Liberale, Sozialdemokraten und Kommunisten; die beiden zuletzt genannten verdächtigte man sogar, einen Umsturz anzetteln zu wollen. Handwerker und Kleinhändler beklagten die Konkurrenz der Fabriken und neu entstehenden Warenhäuser, Bauern sahen mit Sorge, dass es immer mehr Arbeiter und Angestellte gab, und Arbeiter verwiesen auf die harten Arbeitsbedingungen in den Fabriken, auf niedrige Löhne und menschenunwürdige Wohnungen. Besonders Aufmerksame beklagten die Umweltbelastung durch die Industrialisierung.

Moderne als Bedrohung?

Doch über Ängste hinaus, etwas zu verlieren oder gesellschaftlich abzusteigen, machte sich ein unbestimmtes Gefühl der Unsicherheit breit. Der Wandel in allen Lebensbereichen wurde nicht nur als radikal empfunden, sondern er schien auch unaufhaltsam und immer schneller weiter zu gehen: Neuerungen in allen Lebensbereichen und Modernität wurden von den einen als Fortschritt gefeiert. Viele andere verloren die Orientierung, fühlten sich in ihrer Zeit und in ihrer Umwelt fremd und hatten Angst vor der Zukunft, von der ihnen niemand sagen konnte, wie sie aussehen würde.

Durchbruch der Moderne

M 2 „Zur Jahrhundertwende"

Das „Kreis-Blatt für den Unterwesterwaldkreis" im heutigen Bundesland Rheinland-Pfalz druckt in seiner Ausgabe Dezember 1899/Januar 1900 dieses Gedicht mit dem Titel „Zur Jahrhundertwende" ab:

Lauter braust der Strom der Zeiten,
Schneller seine Wogen gleiten,
– Herr wir falten unsre Hände
Zur Jahrhundertwende.

5 Dunkel sind der Zukunft Pfade,
Aber hell schein deine Gnade.
– Gott, dein ew'ges Licht' uns sende
Zur Jahrhundertwende.

Völker drohend sich bekriegen –
10 Laß den Geist des Friedens fliegen,
Mach' der Zwietracht doch ein Ende
Zur Jahrhundertwende.

Schirme uns die höchsten Güter,
Sie des deutschen Volkes Hüter!
15 Gieb uns deines Segens Spende
Zur Jahrhundertwende.

Kreis-Blatt für den Kreis Westerburg, Dezember 1899 und Januar 1900, Erstes Blatt, LHAKo, Bestand 713, Nr. 7

M 4 Der Schrei
Gemälde von Edvard Munch, 1910

Zwischen 1893 und 1910 schuf der norwegische Maler Edvard Munch vier Gemälde und eine Lithographie mit diesem Motiv. Viele Kunstwissenschaftler sehen in den Werken eine Darstellung der „Grundstimmung der Moderne". Vielleicht hat der Maler darin aber auch eine eigene Panikattacke verarbeitet.

M 3 „Weltende"

1911 schreibt Jakob von Hoddis das Gedicht „Weltende":

Dem Bürger fliegt vom spitzen Kopf der Hut,
In allen Lüften hallt es wie Geschrei,
Dachdecker stürzen ab und gehn entzwei
Und an den Küsten – liest man – steigt die Flut.

5 Der Sturm ist da, die wilden Meere hupfen
An Land, um dicke Dämme zu zerdrücken.
Die meisten Menschen haben einen Schnupfen.
Die Eisenbahnen fallen von den Brücken.

Jakob von Hoddis, Weltende, in: Dichtungen und Briefe, hrsg. von Regina Nörtemann, Zürich 1987, S. 15

---

1. Nenne die Befürchtungen und Wünsche, mit denen der Verfasser des Gedichtes (M2) in das neue Jahrtausend blickt.
2. Vergleiche die Stimmung, die die beiden Bildquellen (M1, M4) ausdrücken. Zeige, mit welchen Mitteln diese erzeugt wird.
3. In Interpretationen des Gedichtes „Weltende" von Jakob van Hoddis (M3) kann man lesen, dass der Dichter sich hier über die Ängste vieler seiner Zeitgenossen vor der Moderne lustig macht. Mit welchen Zitaten aus dem Gedicht lässt sich diese Interpretation belegen?
4. Diskutiert, ob man Edvard Munchs Gemälde „Der Schrei" als „Darstellung der ‚Grundstimmung der Moderne'" bezeichnen kann (M1-4, Darstellungstext).
5. Die Moderne: „Herrliche Zeiten" oder „Bedrohung"? Arbeite die Argumente für die beiden gegensätzlichen Auffassungen heraus (Darstellungstext, M2, M3) und stelle sie einander gegenüber. Führt im Anschluss daran mit verteilten Rollen ein Streitgespräch.

Nationalismus und Militarismus

M 1 „Abschied" Zeichnung von Olaf Gulbransson aus dem „Simplicissimus", 1910
Der Untertitel lautet: „... und dann müsst ihr bedenken, als Zivilisten seid ihr hergekommen und als Menschen geht ihr hier fort!"

Ein „Jahrhundert des Nationalismus"

Im Laufe des 19. Jh. wurden die Menschen aus vielen traditionellen Bindungen durch Staat, Gesellschaft und Religion befreit, und die Industrialisierung revolutionierte das Arbeits- und Privatleben. Dadurch wurden sie aber auch aus vertrauten Verhältnissen herausgerissen, mussten sich in einer unbekannten Vielfalt von Meinungen orientieren und völlig neue Probleme und Risiken meistern. In dieser Situation wandten sich Angehörige aller Bevölkerungsschichten immer häufiger der Idee der Nation zu: Sie vermittelte das Bewusstsein, einer großen Gemeinschaft von Menschen mit gleicher Sprache, gemeinsamer Geschichte und Kultur anzugehören. Hier fanden viele Menschen neue Stärke und Geborgenheit. Sie hatten das Gefühl, an einer wichtigen Sache beteiligt zu sein. Für viele wurde die Zugehörigkeit zu ihrer Nation zum höchsten Wert und zu einer Art „Ersatzreligion".

Besser als die Anderen?

Franzosen, Briten oder Spanier lebten bereits in einem eigenen Nationalstaat. Italienern und Deutschen gelang es erst im Laufe des Jahrhunderts, ihren Nationalstaat durch Einigungskriege zu gründen. Andere Nationen lebten in Vielvölkerstaaten wie Österreich-Ungarn, Russland oder dem Osmanischen Reich als Minderheiten. Sie kämpften um ihre Unabhängigkeit in einem eigenen Staat.

Einigungskriege, die wirtschaftliche Konkurrenz zwischen Nationalstaaten und ihr Wettlauf um Kolonien in Übersee führten zu Feindbildern zwischen den Nationen, von denen die angebliche deutsch-französische „Erbfeindschaft" das verhängnisvollste wurde. Während man für die eigene Nation Stolz empfand, wurden andere Nationen mit Argwohn gesehen oder gar verachtet. Da dieser übersteigerte Nationalstolz vor allem im Deutschen Reich immer extremere Formen annahm, spricht man auch von **Radikalnationalismus**.

Nationalismus erzeugt Militarismus

In Zeiten dieses Radikalnationalismus spielte das Militär eine wichtige Rolle. Das zeigt das Beispiel des Deutschen Reiches. Seine nationale Einheit hatten nach Auffassung der Bürger erst die Soldaten in drei siegreichen Kriegen ermöglicht. Entsprechend hoch waren sie angesehen. Offiziere bekamen in Restaurants immer die besten Plätze zugewiesen. Wer etwas gelten wollte, musste zumindest Reserveoffizier sein. Die Vorliebe für die Marine zeigte sich sogar in der Kinderkleidung: Matrosenanzüge wurden Mode. Kritik am Militär und am **Militarismus** war unerwünscht. Verstärkt wurde der Militarismus in der Gesellschaft durch Kaiser Wilhelm II. Er war im militärischen Drill erzogen worden, liebte Uniformen, Militärmanöver und Paraden und wollte sein Reich zur führenden Militärmacht Europas aufrüsten, um seine Stellung als Großmacht zu sichern oder gar auszubauen.

Durchbruch der Moderne

M 2 Kaisergeburtstagsfeier
Foto von 1915
Bis zum Ende des Deutschen Kaiserreiches war der Geburtstag des Kaisers (bei Wilhelm II. der 27. Januar) ein Feiertag, an dem die Schüler schulfrei hatten.

M 3 „Stolz jedes Deutschen …"
In einem 1889 veröffentlichten Artikel des Militär-Wochenblattes heißt es:

In keinem anderen Lande der Welt steht der Offiziersstand auf einer so hohen Stufe, nimmt er auf der Skala der menschlichen Gesellschaft einen so hohen Rang, eine so angesehene und geachtete
5 Stellung ein als in Deutschland […]. Wer den Offiziersstand zu dem seinigen macht, übernimmt damit auch die Pflichten desselben; macht die Anschauungen zu den seinen, die dem Stande innewohnen […]. Die dem Urgedanken des Offi-
10 ziersstandes entstammenden Gesinnungen sind: dynastischer Sinn, unbedingte Treue gegenüber der Person des Monarchen, erhöhter Patriotismus, Erhaltung des Bestehenden, Verteidigung der seinem Schutze anvertrauten Rechte seines
15 Königs und Bekämpfung vaterlandsloser, königsfeindlicher Gesinnung etc. Die erste Pflicht, die schönste Tugend im Strahlenkranze des Offiziers, zugleich die Grundbedingung seiner Existenz, ist die Treue.

Gerhard A. Ritter (Hrsg.), Das Deutsche Kaiserreich 1871 - 1914. Ein historisches Lesebuch, Göttingen ⁵1992, S. 92

M 4 Verderblicher Einfluss
Der Historiker und Politiker Ludwig Quidde schreibt 1893:

Besonders verderblich ist der Einfluss des Militarismus in dem eigentlichen Bürgertum, das seine Selbstständigkeit doch verhältnismäßig leicht bewahren könnte […]. Für die allgemeine Entwick-
5 lung unserer Zustände kann dieser fortschreitende Verfall unseres Bürgerstandes die bedenklichsten Folgen haben; denn es bleiben dann nur die beiden hasserfüllten Gegner übrig, auf der einen Seite der Militarismus mit seinem Gefolge, auf
10 der anderen Seite der aufstrebende vierte Stand, als der allein ungebrochene Vertreter aller, die noch Freiheit schätzen […].
Die ganze Auffassung von Disziplin, von dem Unterordnungsverhältnis, das vom Befehlenden kei-
15 ne Rechenschaft fordert und dem Gehorchenden das Recht zur Kritik verweigert, diese ganze Auffassung, die für das bürgerliche und öffentliche Leben nicht zu brauchen ist, wird durch dieses Soldatenspielen in den Kriegervereinen genährt.

Ludwig Quidde, Caligula. Schriften über Militarismus und Pazifismus. Mit einer Einleitung hrsg. von Hans-Ulrich Wehler, Frankfurt a. M. 1977, S. 102 f.

1. „Nationalismus erzeugt Militarismus": Erläutere diese Aussage (Darstellungstext).
2. Verfasse eine knappe Definition des Begriffs „Radikalnationalismus" in Form eines Lexikonartikels (Darstellungstext, M3).
3. Die Rolle des Militärs im Deutschen Kaiserreich wurde schon von Zeitgenossen kontrovers beurteilt. Vollzieht diese Diskussion mit verteilten Rollen nach (Darstellungstext, M1-M4).

Welche Feste feiert eine Nation?

M 1 „Sedan" Foto, 2. September 1895 Feierliche Beleuchtung des Brandenburger Tores zum 25. Jahrestag der entscheidenden Schlacht im deutsch-französischen Krieg bei Sedan (2. September 1870). Auf dem Tor steht ein Zitat Kaiser Wilhelms I. Der Sedantag war ab 1873 ein Feiertag.

Nationale Feste zur Identitätsstiftung

Der Nationalismus im 19. Jh. war kein deutsches Phänomen. Überall in Europa war der Stolz auf die eigene Nation groß. In Zeiten großer Veränderungen stärkte die bewusste gemeinsame und öffentliche Erinnerung an ruhmreiche Momente der Vergangenheit und an die Entstehung der eigenen Nation das Zusammengehörigkeitsgefühl und ließ die Verbundenheit mit dem eigenen Staat steigen. Nationaldenkmäler, Gedenk- und Feiertage zeigen, auf welche Ereignisse und Werte eine Nation stolz ist und woran sie sich erinnern will.

Der Sedantag im Deutschen Reich

1871 war auch ein deutscher Nationalstaat geschaffen worden. In den Augen der Bürger war dies vor allem den Soldaten, deren Generälen und ihrem „obersten Kriegsherren" Wilhelm I. zu verdanken, die in drei siegreichen Kriegen 1864, 1866 und 1870/71 die nationale Einigung erst ermöglicht hatten. Zwar gab es keinen offiziellen Nationalfeiertag, wie wir ihn heute am 3. Oktober feiern, doch schon bald entwickelte sich der **Sedantag** am 2. September zum „Reichsfeiertag". An diesem Tag hatte 1870 die französische Armee bei Sedan ihre entscheidende Niederlage im deutsch-französischen Krieg erlitten.

Der Sieg und die Reichsgründung wurden seither mit Militärparaden, geschmückten Straßen und Lobreden begangen. Schülerinnen und Schüler bekamen schulfrei und nahmen an feierlichen Veranstaltungen teil. Sie sollten nachempfinden, was ihre Vorfahren vollbracht hatten, und an der „Größe und Stärke" der Nation weiterbauen.

Aber nicht alle konnten sich für dieses Fest begeistern: Katholiken und Sozialdemokraten etwa lehnten diese militärisch-aggressive Veranstaltung und die Verherrlichung des **Obrigkeitsstaates** größtenteils ab.

Der 14. Juli in Frankreich

Auch in Frankreich hatte der Deutsch-Französische Krieg einschneidende Veränderungen gebracht: Der Kaiser wurde endgültig abgesetzt und die Dritte Republik gegründet. Nach der vernichtenden militärischen Niederlage war die Sehnsucht der Franzosen groß, sich auf positive Ereignisse der Vergangenheit zurückzubesinnen und der eigenen Nation neues Selbstbewusstsein zu verleihen.

Ein solcher positiver Bezugspunkt war der Sturm auf die Bastille am 14. Juli 1789 zu Beginn der Französischen Revolution. Das Datum galt schon bald als Symbol für das Ende der absolutistischen Monarchie und den Kampf der Bürger für Demokratie. 1880 wurde der **14. Juli** zum Nationalfeiertag erklärt. Trotz anfänglicher Ablehnung durch Anhänger der Monarchie setzte er sich schon bald durch. Mit Militärparaden und Festen überall in Frankreich wird seither jährlich die Geburtsstunde eines neuen, demokratischen Frankreichs gefeiert. Seit dem Sieg über das Deutsche Reich im Ersten Weltkrieg erinnert der Tag auch an die Wehrhaftigkeit der französischen Nation.

Durchbruch der Moderne

M 2 „Reiche Früchte trug dieser Sieg"
Aus einer Predigt zum Sedantag aus der evangelischen Stadtkirche in Ludwigsburg 1874

Und reiche Früchte trug dieser Sieg in seinem Schoße. Wenn schon mitten unter den Kämpfen das durch das gemeinsam vergossene Blut gefestigte Band der deutschen Stämme seine feierliche
5 Weihe erhielt, wenn die deutschen Fürsten sich selbst verleugnend ein Haupt sich erkoren und es mit der Kaiserkrone schmückten, so hat der Friede auch eine alte Schuld getilgt, und längst verlorene Provinzen uns wieder gebracht. Wir haben
10 viel gewonnen, aber wir sind noch nicht am Ziele. Noch gibt es im Innern Feinde genug; die unter verschiedenen Fahnen sich sammelnd, uns zu keiner Ruhe kommen lassen wollen. Hier die, welche kein Vaterland kennen, sondern alles dem
15 Zepter Roms unterwerfen. Dort die, welche ihre Gesinnungsgenossen aus allen Nationen zusammenscharen, um alle Ordnung umzustürzen und auf den Trümmern des Bestehenden ein neues Reich aufzurichten. Könnten wir die Mahnung
20 überhören, die uns so laut aus unserer Geschichte entgegentönt: Seid einig, einig, einig!

Dekan Karl Friedrich Ludwig Raiffeisen, Rede am Sedans-Feste, 2. September 1874, gehalten in der Stadtkirche zu Ludwigsburg, Ludwigsburg 1874 (gekürzt und vereinfacht)

M 3 „Das Ideal unserer Väter"
Leitartikel der Tageszeitung „Lyon républicain" über die Feier zum 14. Juli 1895 in Lyon:

Die Dritte Republik hat als ihren Nationalfeiertag den 14. Juli festgelegt. Die Traditionskette, die durch die Diktatur Napoleons oder die monarchische Reaktion unterbrochen war, ist so wieder ge-
5 schlossen worden. [...] Die französische Nation ist zu einer selbstbewussten Persönlichkeit geworden. [...] Wir, die Anhänger der Republik, treu der Tradition des 18. Jahrhunderts, der Revolution von 1789, wir glauben weder an Wunder in der
10 Geschichte, noch an Wunder in der Natur. Wir glauben, dass der Mensch Schmied seines eigenen Glückes ist und wir erwarten von seiner eigenen Leistung, dass er groß werde in Würde und Freiheit. [...] Jeder der Staatsbürger unserer Repu-
15 blik weiß um das erreichte Werk. Er weiß um den Preis der Unternehmungen, der Opfer, mit denen dieser republikanische Staat entstehen konnte inmitten eines monarchischen Europa, er sieht, wie schwierig es ist, Vereinbarungen zu treffen, Über-
20 einstimmungen zu erreichen, z.B. wenn man die Notwendigkeit der nationalen Verteidigung gegen die Freiheit abwägt. Und dennoch lässt er sich nicht entmutigen. Das Ideal unserer Väter lebt stets in ihm. [...] Wir haben es geschafft, eine
25 dauerhafte und großartige Armee und einen Zentralstaat, der die Garantie für geschlossenes Handeln und Stärke ist, mit den freiesten politischen Sitten, die es jemals gab, in Einklang zu bringen.

Nationalismus im Kaiserreich – der „Sedantag" in Stuttgart 1895. Ein Quellen- und Arbeitsbuch für den Geschichtsunterricht, hrsg. v. Stadtarchiv Stuttgart, S. 41

M 4 Militärparade in Paris
Foto vom 14. Juli 2012 Militärparade auf den Champs-Elysées in Paris am französischen Nationalfeiertag.

---

1. Arbeite die Botschaft des Predigers (M2) an seine Gemeinde heraus. Welche Gruppen werden kritisiert und warum?
2. Erkläre, worin der Autor der französischen Zeitung (M3) die Bedeutung des 14. Juli sieht.
3. Vergleiche die nationalen Feiern im 19. Jh. in Deutschland und Frankreich. Welche Gemeinsamkeiten und Unterschiede lassen sich erkennen? Nimm dazu den Darstellungstext und die Materialien (M1–M4) zu Hilfe.
4. Erörtert in der Klasse, inwiefern sich der 9. November als nationaler Gedenktag eignen würde.

- 14.7.1789: Revolutionäre stürmen die Bastille in Paris.
- 1864, 1866, 1870/71: In drei Einigungskriegen wird aus dem Deutschen Bund das Deutsche Kaiserreich.
- 2.9.1870: Schlacht bei Sedan
- 1880: In Frankreich wird der 14. Juli Nationalfeiertag.

Denkmäler untersuchen

Nationaldenkmäler sollen an eine Person oder an ein Ereignis erinnern, das nach Meinung seiner Erbauer wichtig für die Nation war oder ist. Sie wenden sich – wie jedes Denkmal – zunächst an die Gegenwart, in der sie errichtet wurden, und darüber hinaus an künftige Generationen und sollen beim Betrachter eine bestimmte Einstellung oder ein entsprechendes Verhalten hervorrufen. Sie sagen uns viel über die Zeit ihrer Entstehung und über das Selbstverständnis und das Geschichtsbild der Menschen, die sie geplant haben und errichten ließen. Dazu müssen wir die Aussageabsicht des Denkmals entschlüsseln.

So kannst du bei der Analyse eines Denkmals vorgehen:

1. Beschreiben: Was sehe ich?
Welchen Standort hat das Denkmal? Welche Ausmaße hat es? Aus welchen Teilen besteht es und wie ist es aufgebaut? Welche Inschriften, Figuren, Bild- und Schmuckelemente weist es auf?

2. In den Kontext einordnen: Was sind die Hintergründe?
Wann wurde das Denkmal errichtet? Wer gab es in Auftrag? Wer hat es bezahlt? An welche Person oder an welches Ereignis erinnert es? Was weiß ich über diese Person oder das Ereignis? Gab es verschiedene Entwürfe? Welcher Entwurf hat sich durchgesetzt und warum? Wer war sein Schöpfer? Mit welchen Mitteln wird das für die Nation wichtige ‚Thema' dargestellt? Worauf spielen Inschriften, Symbole und Allegorien an? Wie wurde das Denkmal genutzt? Gab es dort Feiern? Wurde das Denkmal später verändert und warum? Welche Bedeutung hat das Denkmal heute?

3. Absicht und Wirkung untersuchen: Was ist die Botschaft?
Wie sollen die Person oder das Ereignis, die das Denkmal thematisiert, gesehen werden? Aus welchem Anlass und mit welcher Absicht wurde das Denkmal errichtet? Welche Wirkung soll es auf den Betrachter haben?

Nützliche Sätze bei der Analyse von Denkmälern:
Schritt 1: Das Denkmal steht in/bei … – Es ist aus … – Von unten nach oben ist es folgendermaßen aufgebaut: … – Besonders hervorgehoben ist …
Schritt 2: Das Denkmal wurde im Jahr … von … errichtet. – Es stellt … dar und enthält folgende Symbole … – Die Symbole sollen … darstellen – …
Schritt 3: Die Auftraggeber des Denkmals wollten … – Seine Wirkung wird zusätzlich unterstrichen durch … – Der Besucher des Denkmals sollte … – Dass das Denkmal den „Geist" seiner Entstehungszeit und die Ansichten der Zeitgenossen deutlich widerspiegelt, erkennt man daran, dass … – Aussage und Wirkungsabsicht des Denkmals passen zu anderen Kennzeichen der Epoche wie z. B. …

1. Beschreiben
Das aus groben Quadern von rotem Buntsandstein erbaute Denkmal besteht aus zwei Zonen: aus einem breiten Unterbau, in dessen Mitte sich ein Rundbogen öffnet, in dem eine sitzende Männerfigur mit wallendem Bart gerade zu erwachen scheint; und aus einem darüber errichteten Turm. Seine Spitze wird von einer Krone geziert, die der Kaiserkrone des Heiligen Römischen Reiches Deutscher Nation ähnelt. Vor diesem Turm ragt, direkt über der erwachenden Männerfigur, auf einem hohen Sockel stehend und von zwei deutlich kleineren Figuren flankiert, eine Reiterfigur in Uniform und mit Helm auf, die besonders hervorsticht, da sie aus Metall ist.

2. Einordnen und deuten
Die sitzende Sandsteinfigur stellt den Staufer-Kaiser Friedrich Barbarossa dar, der einer Sage nach im Kyffhäuserberg so lange schläft, bis das Deutsche Reich in mittelalterlicher Stärke und Herrlichkeit wiedererstanden sein wird. Die Reiterfigur aus getriebenem Kupfer ist Kaiser Wilhelm I. Unter seiner Führung wurde der Deutsch-Französische Krieg 1870/71 gewonnen, und das Deutsche Kaiserreich gegründet.

3. Absicht und Wirkung untersuchen
Das eindrucksvolle, von weitem sichtbare, insgesamt 81 Meter hohe Denkmal soll das Andenken an den Gründer des Deutschen Kaiserreiches wachhalten. Er wird als der Vollender der nationalen Einheit Deutschlands und als rechtmäßiger Erbe der mittelalterlichen Kaiser verherrlicht. Das Bauwerk soll aber vom Betrachter auch als gigantisches, durchaus einschüchterndes Bollwerk gegen äußere und innere Feinde des Reiches verstanden werden, das Entschlossenheit, Einheit und Macht demonstriert.

Denkmäler untersuchen

Ⓜ Das Kyffhäuser-Denkmal
Foto von 2012

Das 81 Meter hohe Denkmal entstand auf Anregung des Deutschen Kriegerbundes und wurde 1896 eingeweiht. Anwesend waren Kaiser Wilhelm II., alle Bundesfürsten und rund 30 000 Gäste, darunter 1 800 ehemalige Soldaten. Die Baukosten in Höhe von 1,45 Millionen Reichsmark wurden durch Sammlungen und Spenden aufgebracht. Aufbau und Figuren feiern die Reichsgründung von 1871 unter Wilhelm I.
Gut zu erkennen ist die Anlage des Denkmals: unten im „Schlosshof" sitzt – wie der Sage nach – Barbarossa im Berginnern. Über ihm steht das Reiterstandbild Kaiser Wilhelms I. Darüber erhebt sich ein 56 Meter hoher Turm. Dessen Spitze krönt die neue Kaiserkrone.

Jetzt bist du dran:
Das Kyffhäuser-Denkmal ist nicht das einzige Nationaldenkmal aus der Zeit des Kaiserreiches. Zu erwähnen sind noch insbesondere das Herrmann-Denkmal im Teutoburger Wald, das Völkerschlacht-Denkmal bei Leipzig oder das Niederwald-Denkmal bei Rüdesheim.

*Analysiere eines der Denkmäler deiner Wahl. Die Arbeitsschritte im Kasten links und eine Internetrecherche zu den Denkmälern helfen dir dabei.
Tipp: Eine besondere Form des Nationaldenkmals sind die sogenannten Bismarck-Türme. Neun davon gibt es in Baden-Württemberg. Vielleicht steht einer davon in der Nähe deines Wohn- oder Schulortes und du willst ihn untersuchen. Informationen findest du unter Code 31043-15.*

- 1152: Der Staufer Friedrich I. (Barbarossa) wird zum deutschen König gewählt.
- 1871: Das Deutsche Kaiserreich wird gegründet.
- 1896: Am Rand des Harzes wird das Kyffhäuser-Denkmal eingeweiht.

Verkehr, Kommunikation und Handel um 1900

M 1 „Le Tour du Monde en 80 Jours" Titelbild des Romans „In achtzig Tagen um die Welt", Paris 1873
Der Roman des französischen Autors Jules Verne beschreibt die Abenteuer des Engländers Phileas Fogg, der 1872 in einem Londoner Club wettet, die Welt in achtzig Tagen zu umrunden. Als der Roman erschien gab es weder Flugzeuge, noch ein umfassendes, gut ausgebautes Schienennetz – die Wette war also für damalige Zeit geradezu verrückt.

In 72 Tagen um die Welt
Im Jahr 1890 machte die amerikanische Journalistin Nellie Bly Schlagzeilen: Sie war in nur 72 Tagen um die Welt gereist und hatte damit gezeigt, dass die Wirklichkeit Jules Vernes literarische Erfindung bereits überholt hatte. Möglich war das nur, weil ein wachsendes Netz von Eisenbahn- und Dampfschifflinien die Erde umspannte. Bahn und Schiff waren schneller als Träger, Pferde oder Kamele. Da sie ihren Treibstoff mit sich führten, verkehrten sie zuverlässig und bald fahrplanmäßig. Und wo kein Schiff mehr hinkam, konnte die Eisenbahn in Aktion treten – und umgekehrt. Mit diesen beiden wichtigsten Verkehrsmitteln des 19. Jh. ließen sich neue Weltgegenden aufsuchen und erschließen, Kolonien erobern und beherrschen. Mit ihnen ließen sich aber auch Kriege führen und gewinnen.

Die Welt wächst zusammen
Die Transsibirische **Eisenbahn** durchquerte Russland von Europa bis zum Pazifik, und die Linie der Union Pacific verband die Ostküste der USA mit deren Westküste. Regelmäßig verkehrende Dampfschiffe brachten vor allem Rohstoffe und Fertigprodukte, aber auch Personen statt wie früher in sechs Wochen in nun weniger als zehn Tagen von Europa nach Amerika und umgekehrt. Der Suezkanal verkürzte die Fahrtzeiten nach Asien und Ostafrika um Monate. In der Folge explodierte der Welthandel geradezu.

Dampfschiff und Eisenbahn wurden weltweit die Motoren der Industrialisierung. Die ungeheuren Kosten für den Bau von Fahrzeugen, Schienennetzen, Eisenbahnbrücken, Häfen und Kanälen lohnten sich für alle Beteiligten. Und die Technik von morgen präsentierte sich bereits: Im Jahr 1900 startete der erste Zeppelin. Es dauerte nur noch wenige Jahre, bis Flugzeug und Automobil serienreif wurden, den Verkehr erneut revolutionierten und die Welt noch „kleiner" werden ließen.

„Die Verkabelung der Welt"
Bahn und Schiff hatten auch maßgeblichen Anteil daran, dass der Briefverkehr über weite Strecken möglich und attraktiv wurde: Die Zahl der beförderten Briefe explodierte förmlich. Wirklich revolutionär wirkten jedoch die neuen Kommunikationsmedien Telegraf und Telefon, da sie Nachrichten deutlich rascher übermittelten, als Menschen und Briefe transportiert werden konnten. Die Hochzeit des Telefons setzte allerdings erst nach der Wende zum 20. Jh. ein. Sie profitierte davon, dass schon Jahrzehnte vorher für die Telegrafen weltweit ein Netz aus Land- und Seekabeln verlegt worden war. Spektakuläre und technische Höchstleistungen waren die langen Überseekabel quer durch die Weltmeere. Jetzt konnten Geschäftsleute, Politiker und Militärs innerhalb von Stunden Nachrichten über Kontinente hinweg senden und empfangen und auf für sie wichtige Ereignisse rascher reagieren. Aber auch Privatleute nahmen den Service immer häufiger in Anspruch.

Fenster zur Welt: die Welt als Interaktionsraum

M 2 Der Welthandel bis 1905

	1867–73	1890	1905
Einfuhr nach Deutschland	26 243	37 981	59 275
Ausfuhr aus Deutschland	23 197	32 618	57 489
Gesamter Handel	49 440	70 599	120 734

M 3 Entwicklung des Güterverkehrs in Deutschland

	1850	1860	1870	1880	1890	1900	1910	1913
Güterverkehr	0,23	1,63	5,3	13,5	22,5	37	56,4	67,7
Preis	10,1	7,9	5,6	4,49	3,98	3,61	3,1	3,1

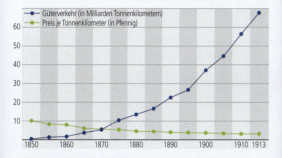

Güterverkehr (in Milliarden Tonnenkilometern)
Preis je Tonnenkilometer (in Pfennig)

M 4 Das Eisenbahnnetz weltweit bis 1905

Erdteil	Länge in Kilometern		
	1870	1890	1905
Europa	104 914	223 869	309 393
Asien	8 185	33 724	81 421
Afrika	1 786	9 386	26 616
Amerika	93 139	331 417	460 196
Australien	1 765	18 889	28 069

M2 und M4: Meyers Großes Konversations-Lexikon, Bd. 20, Welthandel und Weltverkehr, Sonderseiten und Tafeln, Leipzig 1909, S. 524; M3: https://de.statista.com/statistik/daten/studie/250054/umfrage/transportleistung-und-transportpreis-der-eisenbahn-in-deutschland [17.09.2018]

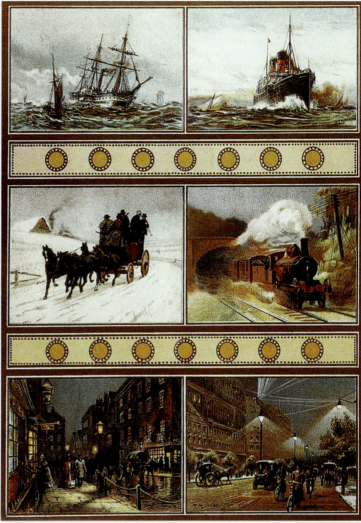

M 5 Der Triumph des Fortschritts
Englische Lithografie von 1897 für die „Illustrated London News"
Die Bilder zeigen den technischen Wandel zwischen 1837 und 1897.

---

1. Erstelle eine Tabelle, in die du die neuen Verkehrs- und Kommunikationsmittel und deren Wirkung einträgst (Darstellungstext).
2. Arbeite heraus, wem die neuen Verkehrs- und Kommunikationsmittel nützten (Darstellungstext).
3. Erläutere die Formulierung, die Welt sei durch die neuen Verkehrs- und Kommunikationsmittel „kleiner geworden" (M1, M4, M5).
4. Ein Kaufmann, der um 1860 seinen Beruf erlernt hat, blickt um das Jahr 1900 auf sein Berufsleben zurück. Versetze dich in seine Situation und verfasse einen Text, in dem er die Veränderungen in seinem Beruf darstellt (Darstellungstext, M1–M5).

- 1866: Erste Telegrafenleitung zwischen Großbritannien und den USA
- 1869: Die Eisenbahn verbindet in den USA Atlantik und Pazifik.
- 1890: Nellie Bly reist in 72 Tagen um die Welt.
- 1891–1916: Bau der Transsibirischen Eisenbahn

Ein Jahrhundert der Migration

M 1 Ungewisse Zukunft
Foto von Joseph Byron, 1908
Auswanderer auf einem Dampfer der Hamburg-Amerika-Linie

Neue Heimat
Im 19. Jh. haben weltweit mehr Menschen ihren Wohnsitz dauerhaft gewechselt als je zuvor. Dies war die Folge verschiedenster Wanderungsprozesse (**Migration**). Menschen, die in ihrer Heimat wegen ihrer politischen Haltung verfolgt wurden, suchten meist in einem der Nachbarländer Zuflucht. In vielen Regionen der Welt wurden Menschen vertrieben, weil sie eine andere Religion hatten als die Mehrheit oder die herrschende Gruppe. Immer wieder kam es auch zu sogenannten „ethnischen Säuberungen", in denen nationale oder kulturelle Minderheiten systematisch verfolgt und vertrieben wurden. Millionen Menschen sind aber auch ausgewandert, weil sie in ihrer Heimat unter Arbeitslosigkeit und Hunger gelitten hatten oder sich in der neuen Heimat bessere Lebensverhältnisse, Berufs- und Aufstiegschancen erhofften.

Zum Beispiel Europa
In Europa trieben Restauration und Reaktion nach 1820, 1830 und 1849 Oppositionelle ins politische Exil. Aus dem polnischen Teil Russlands mussten Polen, die einen polnischen Nationalstaat und Freiheit von der russischen Fremdherrschaft anstrebten, nach Westen fliehen. In dieselbe Richtung wichen nach 1881 Juden aus Osteuropa vor rechtlicher Benachteiligung und vor den Pogromen aus. Nach der Inbesitznahme von Elsass-Lothringen im Zuge der Gründung des Deutschen Reiches wanderten 130 000 Franzosen nach Frankreich aus. Zu Beginn des Deutsch-Französischen Krieges hatte Frankreich rund 80 000 Deutsche aus Elsass-Lothringen ausgewiesen, die jetzt zurückkehren konnten. Und auf dem Balkan wurden in einem Krieg zwischen Russland und dem Osmanischen Reich 800 000 Menschen heimatlos: Muslime, die von den Russen, und Christen, die von den Osmanen vertrieben worden waren. Daneben gab es auch die Ströme der Migranten, die auf der Suche nach Arbeit innerhalb ihres Heimatlandes (Binnenwanderung) und über Ländergrenzen hinweg in die Zentren der Bergbau- und Schwerindustrie zogen. Sie verstärkten die Tendenz zur Urbanisierung.

Migration nach Übersee
Zahlenmäßig ungleich bedeutender war die Auswanderung in die USA, nach Kanada, Argentinien und Brasilien. Sie entwickelte sich zur größten Massenmigration der Geschichte. Die Aussicht auf Arbeit und Aufstieg, überhaupt auf einen Neuanfang, lockte zwischen 1820 und 1920 rund 55 Millionen Einwanderer allein in die USA[1]. Sie erst ermöglichten die Eroberung und Erschließung des Landes zwischen Atlantik und Pazifik und den raschen Aufstieg der USA zur führenden Industriemacht. Erste Pioniere brachen in das „Land der unbegrenzten Möglichkeiten" auf. Ihre Berichte und Nachrichten – durch Post und Telegrafen übermittelt – brachten in einem „Magneteffekt" Verwandte, Bekannte, Bewohner desselben Ortes dazu, es ihnen gleich zu tun.

---
[1] Siehe auch S. 36/37.

Fenster zur Welt: die Welt als Interaktionsraum

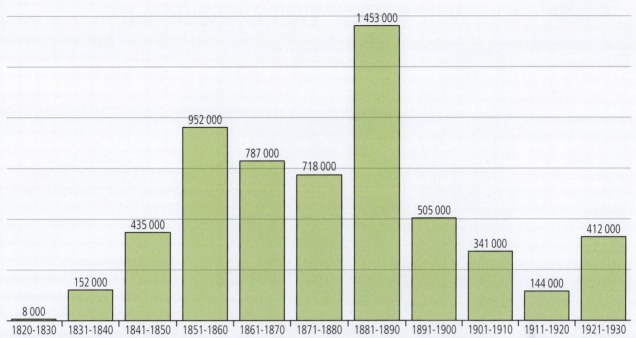

M 2 Deutsche Einwanderung in die USA

Udo Sautter, Die Vereinigten Staaten. Daten, Fakten, Dokumente, Tübingen/Basel 2000, S. 117

M 3 „Dem Herrn danken"

Die Ehefrau eines Schmiedes schreibt um 1850 aus den USA an ihre Verwandten in Ostfriesland:
Tausendmal muss ich dem Herrn danken, dass er es so gefügt hat, dass ich mit all meinen Kindern hier in diesem Land bin. Wenn ich nun mit meinen Kindern in Deutschland geblieben wäre, so
5 wäre nichts aus ihnen geworden als Sklaven der Bauern, und hier können sie angesehene Bürger und Bauern werden und in eigenen Häusern wohnen.
Meine älteste Tochter wird sich wohl gut verhei-
10 raten können, wenn sie nur erst etwas älter ist. Von den englischen Mädchen hält man hier nicht viel, die wollen nicht so fleißig arbeiten.

Im Sommer 1852 schreibt sie an die Verwandten:
Meine älteste Tochter hat sich diesen Winter mit einem braven jungen Mann, einem Ostfriesen,
15 verheiratet, der viel Geld verdient und eine Farm besitzt, die mehr als tausend Dollar wert ist. Meine Tochter geht oft in Seide gekleidet und trägt einen kostbaren seidenen Sonnenschirm, ihr sollt sie nicht wiedererkennen! Schickt doch
20 euren Nachbarn, der dort nicht vorwärtskommen kann, hierher! Die armen Leute, die dort keine Arbeit mehr finden, können vor Verdruss ja gar nicht gesund bleiben! Hier dagegen kann noch etwas aus ihnen werden.

Wolfgang J. Helbich (Hrsg.), „Amerika ist ein freies Land ..." Auswanderer schreiben nach Deutschland, Darmstadt 1985, S. 44 ff.

---

1. Werte das Diagramm (M2) aus.
2. Nenne mögliche Gründe für die Auswanderung von Deutschen im 19. Jh. (M2, Darstellungstext, vgl. auch S. 36).
3. Arbeite die Kriterien heraus, nach denen die Briefschreiberin (M3) den Erfolg ihrer Auswanderung beurteilt.
4. Erörtert, inwiefern Briefe in die Heimat (M3) verlässliche Quellen für die Auswanderung sind.
5. Auch heute wandern Deutsche aus. Informationen zu diesem Thema bietet das „Demografie-Portal des Bundes und der Länder" im Internet (Code 31043-16). Fasse die Informationen auf dieser Internetseite in einem kurzen Text zusammen, in dem du darauf eingehst, warum und wohin die Menschen auswandern.

Die Welt zu Gast: Weltausstellungen

M 1 Weltausstellung in London
Aquarell von Eugène Lami, 1851
Queen Victoria eröffnete die Weltausstellung 1851 im Londoner Glaspalast. Die rund 600 Meter lange, eigens für die Weltausstellung errichtete Halle aus Gusseisen und Glas war so riesig, dass einige alte Ulmen, die auf dem Gelände standen, umbaut werden konnten.

Ein Erfolgsmodell
So etwas wie die **Weltausstellung** im Londoner Hyde-Park hatte mit Sicherheit noch keiner der sechs Millionen Besucher vorher gesehen: Auf 10,5 Hektar zeigten 17 062 Aussteller aus 28 Ländern in entsprechenden Abteilungen, was Technik, Handwerk und Kunsthandwerk leisten konnten. Seither fanden in unregelmäßigen Abständen in den Metropolen der westlichen Welt weitere solcher Ausstellungen statt. Hier wurden Erfindungen vorgestellt, die Arbeit und Alltag im industriellen Zeitalter künftig geprägt haben: Telegraf, Rechen-, Näh- und Schreibmaschine, Fahrstuhl, Stahlbeton, elektrisches Licht, Fonograf, Fahrrad, Auto, Rolltreppe, Film und Kinematograf und vieles andere. Ein Höhepunkt war zweifellos die Ausstellung des Jahres 1900 in Paris mit 25 teilnehmenden Ländern und mehr als 50 Millionen Besuchern. Ohne Eisenbahn und Dampfschiff wäre das alles unmöglich gewesen.

Weltläufigkeit und Nationalstolz
Weltausstellungen sollten nicht nur Schaufenster des Fortschritts und der Moderne sein, sondern auch die ansonsten von Konkurrenz und Rivalität zwischen den Staaten geprägte Welt symbolisch unter einem Dach versammeln. Aber natürlich standen die Produzenten und Nationen auch hier in einem Wettbewerb. Wer sich geschickt präsentierte, konnte auf gute Geschäfte hoffen. Und auch das Bild, das sich die Menschen von einem fremden Land machten, wurde durch die Weltausstellungen mitgeprägt: Die Presse berichtete auf den Titelseiten, es gab reich bebilderte Ausstellungskataloge in verschiedenen Sprachen, und die Besucher teilten ihre Eindrücke in Form von Millionen Postkarten unmittelbar in alle Welt mit.
Eine besondere Gelegenheit sich zu präsentieren erhielten die teilnehmenden Nationen in Gestalt der Länderpavillons, die seit 1869 zum festen Bestandteil der Ausstellungsarchitektur wurden. Hier konnten die Länder die „Eigentümlichkeiten des betreffenden Volkes in Bezug auf seine Sitten und Gebräuche wie auf seine ganze Lebensweise" präsentieren und sich dabei so zeigen, wie sie von anderen gesehen werden wollten.

Ein Haus für Deutschland
Wie wichtig diese Möglichkeit genommen wurde, zeigt das „Deutsche Haus" für die Weltausstellung 1900 in Paris. Kaiser Wilhelm II. schaltete sich persönlich in die Gestaltung und Ausstattung ein. Die Reichsspitze sah in der Ausstellung die Chance, den deutschen Außenhandel zu fördern. Durch eine Sonderausstellung über die deutschen „Arbeiter- und Wohlfahrtseinrichtungen" präsentierte sich das Reich stolz als moderner Sozialstaat. Und durch die Ausstattung des Hauses mit vielen Gemälden französischer Meister sandte es vorsichtige Zeichen der Wertschätzung und Versöhnung mit Frankreich, die in aller Welt positiv kommentiert wurden.

Fenster zur Welt: die Welt als Interaktionsraum

M 2 Weltausstellungen 1851–1913

Jahr	Ort (Land)	Besucher
1851	London (Großbritannien)	6 Mio.
1855	Paris (Frankreich)	5,2 Mio.
1862	London (Großbritannien)	6 Mio.
1867	Paris (Frankreich)	15 Mio.
1873	Wien (Österreich-Ungarn)	7,3 Mio.
1876	Philadelphia (USA)	10 Mio.
1878	Paris (Frankreich)	16,2 Mio.
1880	Melbourne (Australien)	1,3 Mio.
1888	Barcelona (Spanien)	2,3 Mio.
1889	Paris (Frankreich)	32,3 Mio.
1893	Chicago (USA)	27,5 Mio.
1897	Brüssel (Belgien)	6 Mio.
1900	Paris (Frankreich)	50,9 Mio.
1904	St. Louis (USA)	19,7 Mio.
1905	Lüttich (Belgien)	7 Mio.
1906	Mailand (Italien)	7,5–10 Mio.
1910	Brüssel (Belgien)	13 Mio.
1913	Gent (Belgien)	9,5 Mio.

Angaben nach: www.bie-paris.org/site/en/expo-timeline/expo-timeline-world-expo [Besucherzahlen gerundet, 20.03.2018]

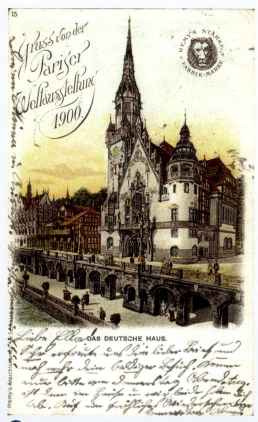

M 3 „Gruss von der Pariser Weltausstellung 1900"
Postkarte von 1900

M 4 „Exposition Universelle de 1900"
Werbeplakat von 1900
Werbung für die Weltausstellung in Paris mit der Transsibirischen Eisenbahn.

1. Benenne Gründe dafür, dass ab 1851 regelmäßig Weltausstellungen stattfanden (Darstellungstext, M3, M4).
2. „Weltausstellungen wären ohne Industrialisierung sowie neue Kommunikations- und Verkehrsmittel nicht möglich gewesen." Begründe diese Behauptung (Darstellungstext, S. 88 f.).
3. Ein Jahr nach der Weltausstellung in Gent begann der Erste Weltkrieg damit, dass das Deutsche Reich das neutrale Belgien überfiel. Bald standen sich viele der an der Weltausstellung teilnehmenden Staaten als Gegner gegenüber. Diskutiert in der Klasse, ob man deshalb sagen kann, dass die „Idee der Weltausstellungen gescheitert" ist.
4. Die Bundesrepublik Deutschland nimmt an Weltausstellungen mit einem „deutschen Pavillon" teil. Überlegt, mit welchen Themen die Bundesrepublik sich bei einer Weltausstellung präsentieren sollte, und entwerft ein Konzept für diesen Pavillon in Form einer Mind-Map oder eines Grundrisses.

1851: Die erste Weltausstellung findet in London statt.

1900: Über 50 Mio. Menschen besuchen die Weltausstellung in Paris.

2 Das weiß ich – das kann ich!

Am Anfang des Kapitels stehen zwei Leitfragen:
Welche Veränderungen brachte die Industrialisierung mit sich?
Die Industrialisierung: Fortschritt oder Fluch für die Menschen?
Mit den selbst entwickelten Arbeitsfragen zu den fünf Kategorien auf (S. 50 f.) kannst du sie nun beantworten:

👑 Herrschaft
Während sich in Frankreich nach dem Deutsch-Französischen Krieg 1871 endgültig die Demokratie durchsetzte, entstand mit dem Deutschen Kaiserreich ein Obrigkeitsstaat.
Bis weit ins 19. Jh. galt es nicht als Aufgabe des Staates, Not und Elend der Unterschichten zu lindern. Doch die Forderungen der Arbeiter nach besseren Lebens- und Arbeitsbedingungen sowie politischer Mitbestimmung setzten den Staat immer mehr unter Druck, ihre Lage durch Sozialgesetzgebung zu verbessern.

👥 Gesellschaft
Die Industrialisierung veränderte die Gesellschaft tiefgreifend: mit den Arbeitern entstand eine neue soziale Schicht, die den besitzenden Unternehmern unversöhnlich gegenüberstand. Karl Marx beschrieb diesen Zustand als eine Klassengesellschaft. Der Kampf der Arbeiterbewegung für bessere Lebens- und Arbeitsbedingungen mündete schließlich in der Gründung einer Arbeiterpartei.
Trotz vieler gesellschaftlicher Umbrüche durch die Industrialisierung ging die Frauenemanzipation nur schleppend voran. Schritt für Schritt erhielten Juden mehr Rechte (Judenemanzipation). Seit 1871 galt im gesamten Deutschen Reich die Gleichberechtigung aller Religionen. Antijüdische Vorurteile ließen sich dadurch dennoch nicht abbauen.

⇄ Vernetzung
Die Entwicklung von Eisenbahn, Dampfschiff und Telegraf ermöglichte es, größere Entfernungen schneller zu überwinden. Die Welt wuchs zusammen. Am anschaulichsten konnte man dies auf den zahlreichen Weltausstellungen bestaunen.
Eine Folge der leichter zu überwindenden Distanzen war die Zunahme der Migration, sowohl innerhalb der Länder als auch zwischen Ländern.

🌾 Wirtschaft
Die Industrialisierung veränderte die Produktionsweise grundlegend. Fabriken ersetzten Manufakturen und boten die Chance, Waren in großen Mengen herzustellen. Der Ausbau der Eisenbahn spielte bei dieser Entwicklung eine entscheidende Rolle. Die Theorie des Wirtschaftsliberalismus bot ein theoretisches Modell für das unbegrenzte Gewinnstreben der Unternehmer. Die Rolle des Staates sollte sich demnach darauf beschränken, optimale Bedingungen und Rechtssicherheit zu schaffen. Auf Seiten der Arbeiter bildeten sich nach und nach Gewerkschaften, um für deren Interessen einzutreten. Auf der Suche nach Lösungen für die Soziale Frage entwickelte Karl Marx die Vorstellung einer klassenlosen Gesellschaft (Kommunismus). Dieser Zustand könne nur über eine Revolution erreicht werden.

🎭 Kultur
Durch die Industrialisierung wuchs die Einwohnerzahl der Städte enorm an (Urbanisierung). Viele Menschen wurden aus den traditionellen Bindungen und vertrauten Verhältnissen gerissen. Sie mussten sich bis dahin unbekannten Herausforderungen stellen. Neue Geborgenheit bot daher die Zugehörigkeit zu einer Nation. Die Schattenseiten des übersteigerten Nationalismus (Radikalnationalismus) waren jedoch der ausgeprägte Militarismus und Antisemitismus.

1. Diskutiert gemeinsam: Die Industrialisierung - Vorteile für wenige, Nachteile für viele?
2. Einige Wissenschaftler sagen, dass wir heute mit der Digitalisierung vergleichbar tiefgreifende Veränderungen in Gesellschaft, Wirtschaft und Herrschaft erleben. Erörtere diese Aussage.

Kompetenz-Test
Einen Frageboten, mit dem du überprüfen kannst, was du schon erklären kannst und was du noch üben solltest, findest du unter Code 31043-17.

Durchbruch der Moderne

Zukunftsvorstellungen im 19. Jahrhundert:

M 1 „1845 / 1945"
Holzschnitt aus den in München erscheinenden „Fliegenden Blättern", 1. Jg. (1845), Nr. 19, S. 149

M 2 „Dampfwagen und Dampfpferde im Jahre 1942 im Prater in Wien"
Kolorierte Radierung von Andreas Geiger nach einer Zeichnung von Johann Christian Schöller, 1848

Im 19. Jh. hatten die Menschen ganz unterschiedliche Vorstellungen davon, wie die technischen Neuerungen das Leben in Zukunft verändern könnten (M1, M2).

1. Bildet Gruppen und entscheidet euch für eine der Darstellungen (M1, M2).
   a) Überprüft, inwiefern die Zukunftsvorstellungen eingetroffen sind. Achtet dabei auch darauf, welche Veränderungen jeweils eingetreten sind. Stellt euch anschließend eure Ergebnisse vor und vergleicht sie.
   b) Entwerft eine Zukunftsvorstellung davon, wie das Leben in einhundert Jahren in den folgenden Bereichen aussehen könnte: Verkehr, Beruf, Kommunikation.

2. Die englische Zeitschrift „Punch", die sich auf satirische Weise mit aktuellen Geschehnissen auseinandersetze, schrieb 1865: „Wir werden letztlich vom Denken über Maschinen beim Denken durch Maschinen angelangen". Erkläre, was die Zeitschrift damit zum Ausdruck brachte, und erörtere, inwiefern die Aussage auch heute noch Gültigkeit besitzt.

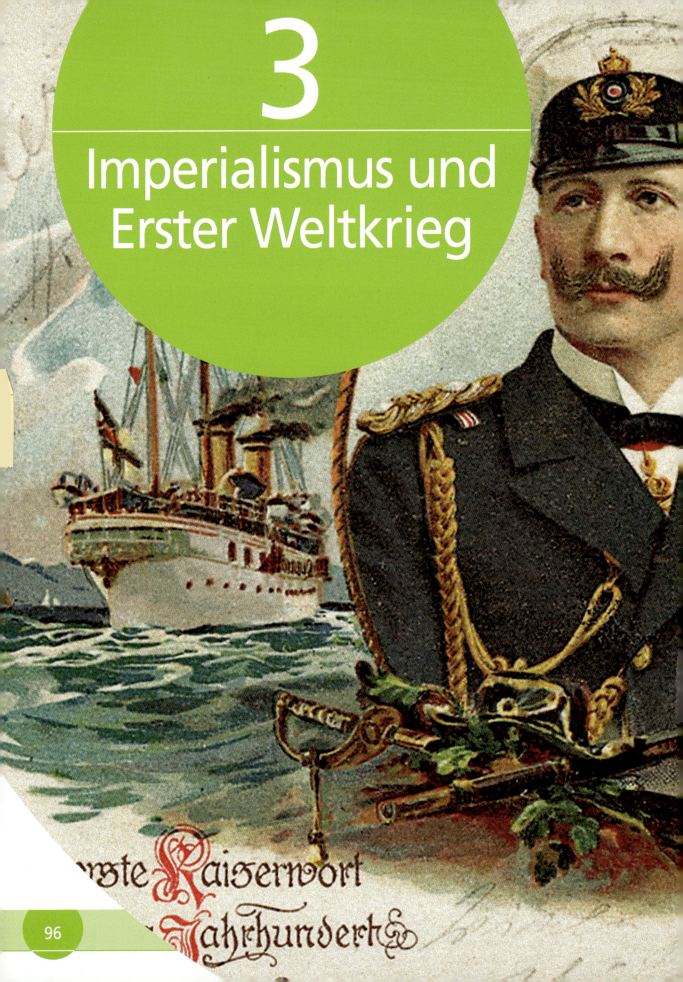

3
Imperialismus und Erster Weltkrieg

Des Kaisers ganzer Stolz! Diese Postkarte wurde zu Beginn des Jahres 1900 gedruckt und zeigt, was viele Bewohner des jungen deutschen Kaiserreiches beeindruckte und mit Stolz erfüllte: Kriegsschiffe, Uniformen und die Beherrschung ferner Länder. Kolonial- und Flottenvereine zählten zu den mitgliederstärksten Organisationen im Reich und der Kaiser entwarf eigenhändig Pläne zur Aufrüstung der Kriegsflotte.

M „Das erste Kaiserwort im neuen Jahrhundert"
Bildpostkarte von 1900

Zu sehen ist Kaiser Wilhelm II. in der Uniform eines Admirals, des höchsten Offiziers in der Marine. Auf der Postkarte heißt es unter der Überschrift: „Wie Mein Großvater für Sein Landheer, so werde auch Ich für Meine Marine unbeirrt in gleicher Weise das Werk der Reorganisation [des Neuaufbaus] fort- und durchführen."

Viele Menschen im Deutschen Kaiserreich fanden es nicht ungewöhnlich oder gar anstößig, Kriegsschiffe auf Postkarten abzubilden und diese zu verwenden. Stellt Vermutungen an, was dies über das Kaiserreich aussagt.

3

Fragen an ... die Zeit des Imperialismus und des Ersten Weltkrieges

Manche Historiker sehen im Ersten Weltkrieg eine tiefe Zäsur und behaupten, mit ihm beginne ein neues Zeitalter. Schon viele Zeitgenossen verklärten die Jahre vor dem Krieg im Rückblick zur „guten alten Zeit". Aber stimmt das?

Die Jahrzehnte vor dem großen Krieg sind die Zeit der Kolonien, des gegenseitigen Überbietens der europäischen Mächte, kurz: des Imperialismus. Neue Erfindungen vereinfachen das Reisen, Transportieren und Kommunizieren, vereinfachen aber auch das Töten.

Vieles, was uns heute selbstverständlich ist, hatte seinen Ursprung in den Jahrzehnten um 1900: Das Auto, die Nutzung elektrischer Energie, die Behandlung von Krankheiten mit modernen Geräten und Medikamenten. Für uns ganz alltägliche Produkte wie Schokolade, Kaffee oder Orangen wurden erst in jener Zeit für den Normalbürger bezahlbar – man kaufte sie im Kolonialwarenladen.

Anderes kommt uns heute merkwürdig vor: Warum war es für viele Menschen in Europa so wichtig, dass ihr Land seine Überlegenheit gegenüber anderen Ländern so offen zeigt? Warum strebten so viele Nationen nach Kolonien? Und warum zogen so viele junge Männer, als 1914 der Erste Weltkrieg ausbrach, so begeistert in den Kampf?

Leitfrage *Beginnt mit dem Imperialismus und dem Ersten Weltkrieg eine neue Epoche?*

Mit der Oktoberrevolution in Russland wurde 1917 eine völlig neue, kommunistische Ordnung geschaffen. Sie stand im Gegensatz zur kapitalistischen Ordnung der USA, die sich als Verfechter des Liberalismus und der Demokratie sahen.

Die Industrie entwickelte neue Waffen und Verkehrsmittel, die neue Formen der Kriegsführung ermöglichten. Der technische Fortschritt machte massenhaftes Töten in Materialschlachten möglich.

Entwickelt Fragen an die Zeit des Imperialismus und des Ersten Weltkrieges und ordnet sie den fünf „Frage-Bereichen" (Kategorien) zu. ▶

 Herrschaft
...
...

 Wirtschaft
...
...

1870	1875	1880	1885	1890
Gründung des Deutschen Reiches			Wilhelm II. wird Deutscher Kaiser	
			Reichskanzler Bismarck tritt zurück	

Fragen an … die Zeit des Imperialismus und des Ersten Weltkrieges

M Kolonialreiche um 1914

Die Beziehungen zwischen den Staaten waren bestimmt von Konkurrenzdenken und Feindbildern (Radikalnationalismus). Zudem waren viele Menschen überzeugt, dass die eigene „Rasse" anderen überlegen sei (Rassismus).

Im Ersten Weltkrieg wird der Begriff der „Heimatfront" geprägt: Die Schrecken des Krieges waren allgegenwärtig und die Unterstützung der Bevölkerung in der Heimat wurde immer wichtiger für die Fortführung des Krieges.

Die Kolonialmächte wetteiferten um Gebiete in fremden Ländern. Die dadurch entstehenden Spannungen wurden verschärft durch einen zunehmenden Rüstungswettlauf und eine rücksichtslose Bündnispolitik.

Kultur
…
…

Gesellschaft
…
…

Vernetzung
…
…

Zeitalter des Imperialismus | Erster Weltkrieg
Deutsches Kaiserreich

1900 | 1905 | 1910 | 1915 | 1920

Völkermord an den Herero und Nama
Eintritt der USA in den Ersten Weltkrieg
Russische Revolution

Der Schwarze Kontinent – ein weißer Fleck?

M 1 Europäer und afrikanische Bewohner in der Kolonie Belgisch-Kongo
Fotografie, um 1895
Im Vordergrund sind zahlreiche Elefanten-Stoßzähne zu erkennen, die als wertvoller Rohstoff („Elfenbein") gelten.

Ein „Wettlauf um Afrika"

„Doctor Livingstone, wie ich annehme?" – Mit diesem berühmt gewordenen Satz sprach der Journalist und Forscher Henry Morton Stanley einen anderen Europäer, den Missionar und Forschungsreisenden David Livingstone, an. Diese Begebenheit soll sich am 10. November 1871 in der Nähe des Tanganjikasees zugetragen haben. Warum wurde dieses Treffen zweier britischer Gentlemen mitten in Afrika so berühmt?

Dass es einen afrikanischen Kontinent gibt, ist in Europa seit der Antike bekannt. Doch bis weit in die Neuzeit beschränkten sich die seefahrenden europäischen Nationen darauf, lediglich an den Küsten kleinere Stützpunkte zu gründen und dort Handel mit dem Hinterland zu treiben. Einzig im klimatisch milden Südafrika lebten einige Siedler aus Europa.

Dies änderte sich ab etwa 1880 schlagartig: Innerhalb von nur zehn Jahren teilten die europäischen Mächte nahezu den gesamten Kontinent unter sich auf. Viele Gebiete vor allem im Inneren Afrikas waren bis dahin „weiße Flecken" auf der Landkarte oder gerade erst entdeckt und nur minimal erforscht gewesen. So waren auch die genannten Afrikareisenden Stanley und Livingstone aus Forschungsgründen nach Afrika gekommen. Durch militärische Eroberung konnten die Europäer große Territorien in relativ kurzer Zeit unterwerfen. Überlegene Waffentechnik, wie das Maschinengewehr und ein gewisser Schutz vor Krankheiten durch entsprechende Medikamente, kamen ihnen dabei zu Gute. Aber warum wurde ein solcher „Wettlauf um Afrika" veranstaltet?

Imperialismus und Kolonialismus

Die meisten europäischen Staaten strebten nach Kolonien, also nach abhängigen Gebieten, die ihnen zur Erschließung und Nutzung offen stehen. Sie taten dies, weil alle anderen Staaten dasselbe auch taten. Somit standen die Staaten in dauernder Konkurrenz zueinander. Vor allem die größeren europäischen Mächte wie England, Frankreich und das neu gegründete Deutsche Reich sehnten sich nach Größe und Ansehen. Sie wollten ihren jeweiligen Nachbarn zeigen, dass sie ihnen überlegen sind. Dazu beabsichtigten sie, ein möglichst mächtiges und eindrucksvolles **Kolonialreich**, ein Imperium, zu gründen. Die Vorstellung, die hinter diesen Ideen steht, nennt sich **Imperialismus**.

Da in Amerika und Asien die meisten Gebiete schon vergeben oder bereits unabhängige Staaten waren, konzentrierte sich die Aktivität der Europäer um 1880 auf Afrika. Auch kleinere Nationen versuchten hierbei mitzuhalten. Fasziniert von den Reiseberichten Stanleys wünschte sich auch der belgische König Leopold II. (reg. 1865-1909) eine eigene Kolonie. Dieser sogenannte „Kongo-Freistaat" wurde zum schrecklichsten Beispiel für die Gräuel des Kolonialismus.

Kolonialreich   Imperialismus

Fenster zur Welt: Afrika, Objekt des Imperialismus

M 2 Ein größeres Deutschland?
Der deutsche Reichskanzler Bernhard von Bülow spricht am 11. Dezember 1899 im Reichstag über die Ziele der deutschen Außenpolitik:

In unserem neunzehnten Jahrhundert hat England sein Kolonialreich weiter und immer weiter ausgedehnt, haben die Franzosen in Nord- und Ostafrika Fuß gefasst und sich in Hinterindien ein
5 neues Reich geschaffen, hat Russland in Asien seinen gewaltigen Siegeslauf begonnen, der es bis zum Hochplateau des Pamir und an die Küsten des Stillen Ozeans geführt hat. Der englische Premierminister hatte schon vor längerer Zeit ge-
10 sagt, dass die starken Staaten immer stärker, die schwachen immer schwächer werden würden. Wir wollen keiner fremden Macht zu nahe treten, wir wollen uns aber auch von keiner fremden Macht auf die Füße treten lassen [Applaus, Bravo-
15 Rufe], wir wollen uns von keiner fremden Macht beiseite schieben lassen, weder in politischer, noch in wirtschaftlicher Beziehung [Beifall]. [...] Wenn die Engländer von einem Greater Britain reden, wenn die Franzosen sprechen von einer
20 Nouvelle France, wenn die Russen sich Asien erschließen, haben auch wir Anspruch auf ein größeres Deutschland, nicht im Sinne von Eroberung, wohl aber im Sinne der friedlichen Ausdehnung unseres Handels und seiner Stützpunkte.

Michael Behnen (Hrsg.), Quellen zur deutschen Außenpolitik im Zeitalter des Imperialismus, Darmstadt 1977, S. 231 f.

M 3 Erleuchtung der dunkelsten Hütten
Der britische Kolonialminister Henry Herbert zieht am Ende seiner Amtszeit (1878) ein Fazit:

Wir sehen große Völkerschaften, die wie Kinder im Schatten von Unwissen, Armut und Leid sitzen und die von uns Führung und Hilfe erwarten. Uns ist die Aufgabe zugefallen, ihnen weise Ge-
5 setze, gute Regierung und ein geordnetes Finanzsystem zu geben, die erst das Fundament eines gedeihlichen menschlichen Zusammenlebens schaffen. Unsere Aufgabe ist es, ihnen ein politisches System zu geben, in dem der Geringste wie
10 der Höchste auf der gesellschaftlichen Stufenleiter frei von Unterdrückung und Benachteiligung leben kann, in dem religiöse und moralische Erleuchtung bis in die dunkelsten Hütten drängen kann. Das ist die wahrhaftige Erfüllung unserer
15 Pflichten; das – und ich wiederhole es – ist die wahre Stärke und Bedeutung des Imperialismus.

Manfred Görtemaker, Deutschland im 19. Jahrhundert, 5. durchges. Aufl., Opladen 1996, S. 348 f.

M 4 „The Rhodes Colossus. Striding from Cape Town to Cairo"
Britische Karikatur, 1892

Cecil Rhodes war ein britischer Unternehmer, der sich dafür einsetzte, dass Großbritannien mehr Kolonien erwarb. Er selbst eroberte in mehreren Kriegen ein großes Gebiet im Süden Afrikas. Hinweis: Cape Town ist die südafrikanische Stadt Kapstadt.

---

1. Erkläre in deinen eigenen Worten, was es mit dem „Wettlauf um Afrika" auf sich hat (Darstellungstext, M auf S. 99, M4).
2. Vergleiche M2 mit M3: Von welchen Zielen spricht der deutsche Reichskanzler, welche erwähnt der ehemalige englische Kolonialminister? Welchen der beiden Texte hältst du für ehrlicher?
3. Erläutere die Aussage der Karikatur (M4). Informiere dich hierzu über Cecil Rhodes und die „From Cape to Cairo"-Idee. Kannst du sie in der Karikatur wiederfinden?

- Gründung des Deutschen Reiches
- Erfindung des Maschinengewehrs (Maxim Gun)
- Der Kongo wird belgische Kolonie
- Wettlauf um Afrika

1870 — 1875 — 1880 — 1885 — 1890

3 Warum werden Kolonien gegründet?

M 1 Vorher – Nachher
Karikatur aus der Zeitschrift „Die Jugend", 1896
Bildunterschrift oben: Lieutenant von Strehlau, frisch zur Schutztruppe in Afrika angekommen: „Nette Gegend so weit!"
Bildunterschrift unten: „Da muss Ordnung rin!"

Die „armen Wilden"

„Kolonisation ist eine wunderschöne Sache. Was kann es Erhabeneres geben, als den armen unzivilisierten Wilden die Segnungen der Kultur zu bringen?" Mit diesen Worten beginnt der Schriftsteller Franz Giesebrecht seine Studie „Kolonialgräuel" aus dem Jahr 1895. Spätestens beim Weiterlesen wird dem Leser deutlich, dass die Sätze nicht ernst, sondern ironisch gemeint sind.

Rassismus

Tatsächlich gab es aber zum Ende des 19. Jh. viele Menschen, die in den kolonialen Bemühungen der europäischen Mächte etwas Gutes und Edles sahen. Ihrer Meinung nach waren weiße Europäer die biologisch besten, wertvollsten und zu den höchsten Leistungen fähigen Menschen. Andere Menschen hingegen, vor allem diejenigen in Afrika, wurden aufgrund ihrer biologischen Eigenschaften als minderwertig betrachtet.

Diese Denkweise nennt man **Rassismus**. Sie wurde besonders populär, nachdem die Ideen Charles Darwins („Über die Entstehung der Arten", 1859) fälschlicherweise auf den Menschen übertragen wurden. Dieser sogenannte **Sozialdarwinismus** ging davon aus, dass es unter den „Menschenrassen" einen ständigen „Kampf ums Dasein" gäbe. Je nach Auslegung dieser Theorien waren die europäischen Kolonialherren der Auffassung, die Afrikaner unterdrücken und beherrschen oder sie zumindest wie unbeholfene Kinder anleiten und bevormunden zu müssen.

Europäisches Vorgehen in den Kolonien

Die europäischen Kolonialmächte sahen ihre Gebiete in Afrika somit auch als Möglichkeit, die übrige Welt von ihrer eigenen Leistungsfähigkeit und von der Überlegenheit der eigenen Tugenden zu überzeugen. „Am deutschen Wesen soll die Welt genesen" lautete etwa ein bekannter Slogan aus jener Zeit.

Aber nicht nur die Staaten Europas, auch die Kirchen betätigten sich im Rahmen des Kolonialismus. Christliche Gemeinden und Orden brachten den christlichen Glauben nach Afrika und waren dabei in vielen Gebieten die ersten Europäer überhaupt. Mit der erfolgreichen Verbreitung des Christentums gingen Sklaverei und Gewaltherrschaft zurück, während medizinische Versorgung und Bildung rasch zunahmen. Allerdings mussten die Afrikaner dafür ihre Traditionen und früheren Glaubensvorstellungen aufgeben.

Fenster zur Welt: Afrika, Objekt des Imperialismus

M 2 Zwei Meinungen zur Behandlung der afrikanischen Völker

a) Der Offizier Hermann von Wißmann (1895):
Die Behandlung soll in erster Linie eine gerechte, streng unparteiische sein, denn der Wilde hat wie das Kind ein feines Gefühl für ungerechte Behandlung, Zurücksetzung oder Bevorzugung. Gerade weil der Neger[1] die weit höhere Stellung des Europäers anerkennt, besteht das wirksamste Erziehungsmittel darin, ihn bis zu einem gewissen Grade als seinesgleichen anzuerkennen, als Menschen, dem man Mitgefühl schuldig ist. Ich bin durchaus kein Freund davon, jedem ‚black brother' die Hand zu schütteln, halte vielmehr die Aufrechterhaltung einer Grenze der Annäherung, vor allem den Offizieren gegenüber, für nötig. Der Neger soll aber erkennen, dass man ein Herz für ihn hat.

b) Der Söldner August Boshart (1896)
Drei Eigenschaften sind allen Negerstämmen ohne Ausnahme gemein: Kulturunfähigkeit, Grausamkeit und namenlose Faulheit [...]. Die ganze Behandlungsweise des Negers lässt sich in die Worte zusammenfassen: ‚Streng und gerecht': Keine Unregelmäßigkeit durchgehen, kein Vergehen ungeahndet lassen. Milde beurteilt der Schwarze immer als Schwäche, Nachsicht als Dummheit. Es muss alles aufgeboten werden, sich den Schwarzen unterwürfig zu erhalten. Wir müssen uns endlich mit dem Gedanken befreunden, dass der Neger einer untergeordneten Rasse angehört, geschaffen, dem Weißen zu dienen.

Horst Gründer (Hrsg.), „.... da und dort ein junges Deutschland gründen". Rassismus, Kolonien und kolonialer Gedanke vom 16. bis zum 20. Jahrhundert, München ³2006, S. 239-242

M 3 Schule in Daressalam (Deutsch-Ostafrika)
Foto von 1903
Das Foto zeigt den Unterricht für Eingeborene in Daressalam im heutigen Tansania.

M 4 Was leistet die Mission?
Gouverneur Theodor Leutwein zur Rolle der Mission in Deutsch-Südwestafrika (1906):
Als es galt, mit den zur Verfügung stehenden geringen Mitteln unsere nominelle Schutzherrschaft in eine tatsächliche umzuwandeln, waren es wieder die Missionare, die als Dolmetscher und Vermittler diese Frage im friedlichen Sinne lösen halfen. [...] Als Gegenwert hat die Mission in dem bisher durch Kriege zerrütteten Lande Ruhe und Frieden eingetauscht, aber auch das Zuströmen zweifelhafter weißer Elemente, die durch ihr bloßes Vorhandensein ihre Arbeit unter den Eingeborenen zu erschweren geeignet waren. Überhaupt ist eine starke weiße Einwanderung angesichts der ohnehin auf lockeren Füßen stehenden Moralbegriffe der Eingeborenen der Missionsarbeit nicht förderlich.

Horst Gründer, a. a. O., S. 110 f.

[1] „Neger": Im 16. Jh. eingeführter Begriff, der auf die Vorstellung von „Menschenrassen" zurückgeht, die sich v. a. in der Hautfarbe unterscheiden. Aufgrund der rassistischen Geschichte wird der Begriff heute nicht mehr verwendet.

---

1. Erkläre, welche Vorteile und welche Einschränkungen die Mission den Bewohnern der Kolonien gebracht hat (Darstellungstext, M3, M4).
2. Vergleiche die beiden in M2 vertretenen Meinungen. Wo finden sich Unterschiede, wo Gemeinsamkeiten?
3. Stell dir vor, du bist 1913 Schüler oder Schülerin in einem Gymnasium. Deine Aufgabe ist es, einen kurzen Text zum Thema „Unsere Kolonien" zu gestalten. Er soll zum Bild (M3) passen und die Vorzüge der deutschen Kolonialherrschaft betonen (Darstellungstext, M3).
4. Erläutere, worin die Ironie im Einleitungszitat auf S. 102 liegt.

Internettipp:
Informationen zur deutschen Kolonialpolitik und ihren Auswirkungen findest du unter Code 31043-18.

Wozu werden Kolonien genutzt?

M 1 Lüderitzbucht Zeichnung von Albert Bettanier aus einem Geschichtsbuch, 1885
In der Lüderitzbucht wurde 1884 die Flagge des Deutschen Kaiserreiches gehisst. Die Zeichnung zeigt diesen Moment der Besitznahme.

Grundstückskauf in Afrika
Im Auftrag des Bremer Tabakhändlers Adolph Lüderitz schloss ein gewisser Heinrich Vogelsang einen Vertrag mit dem Stamm der Nama. Er kaufte im Mai 1883 ein etliche Quadratmeilen großes Stück Land rund um die Bucht von Angra Pequena, heute Lüderitzbucht, in Namibia. Vogelsang bezahlte dafür 100 englische Pfund sowie 200 Gewehre.

Besiedeln, Beherrschen, Besitzen
Die Ereignisse um den Kauf der Lüderitzbucht zeigen die wichtigsten Vorgehensweisen bei der Gründung und Nutzung von Kolonien. Der Historiker Jürgen Osterhammel hat drei verschiedene Typen von Kolonien definiert:
Zum einen gab es Kolonien, die zur Besiedlung gedacht waren. Einwanderer aus Europa fanden dort als Bauern oder Handwerker auf Dauer eine neue Heimat. Billiges und reichlich vorhandenes Land wurde von den Siedlern genutzt. Diese Siedlungskolonien waren in Afrika eher untypisch. Aber auch in der aus Lüderitz' Kauf entstehenden Kolonie Deutsch-Südwestafrika ließen sich Siedler aus Deutschland nieder.
Geplant war die Nutzung der Lüderitzbucht ursprünglich jedoch als Handelsstützpunkt. Solche Handelskolonien waren relativ klein, lagen fast immer am Meer oder waren Inseln. Sie sollten die strategische Überlegenheit zur See sichern und dienten als Ausgangspunkt für den Handel mit dem Umland. Kolonien dieser Art waren im 15. und 16. Jh. an der afrikanischen Küste verbreitet.
Die wichtigste Form der Kolonie um 1900 war aber die sogenannte Beherrschungskolonie. Der Zweck solcher Kolonien war es, Rohstoffe möglichst billig abzubauen oder herzustellen. Dies hatte oft die Ausbeutung von Land und Bevölkerung zur Folge.

Wem gehören die Kolonien?
Die meist kleinen Eingeborenengruppen in Stützpunkt- oder Handelskolonien konnten durch militärische Drohung gefügig gehalten werden. Die Ureinwohner der großflächigen Siedlungskolonien wurden dagegen oft gar nicht wahrgenommen. Sie galten nicht als „Besitzer" des Landes, oft wurden sie gezielt in Reservate vertrieben oder ermordet. Am schlimmsten für die Eingeborenen war es in Beherrschungskolonien wie Belgisch-Kongo. Hier wurde auf den Plantagen zur Gewinnung von Kautschuk (Naturgummi) ein grausames System von Gewalt und Ausbeutung angewandt. Wer zu wenig Kautschuk lieferte oder sich auflehnte, wurde brutal bestraft. Allen Arten von Kolonien gemeinsam ist die Idee, dass die dort lebenden Ureinwohner ihre angestammten Rechte verloren.
Auch für diesen Aspekt ist der Kaufvertrag von Heinrich Vogelsang sinnbildlich: Er setzte bei allen Gebietsberechnungen die deutsche Meile (7,4 km) voraus, obwohl er genau wusste, dass die Nama von der englischen Meile (1,6 km) ausgingen. Die Deutschen ergaunerten sich so ein Stück Land, das um ein Vielfaches größer war, als die Nama dachten.

Fenster zur Welt: Afrika, Objekt des Imperialismus

M 2 Braucht Deutschland Kolonien?
Der Schriftsteller und evangelische Theologe Friedrich Fabri zum Nutzen von Kolonien (1879):

Die Organisation einer starken deutschen Auswanderung ist zu einer Lebensbedingung des Deutschen Reiches geworden. [...] Was heißt aber Leitung, Organisation unserer Auswanderung? Da man derselben unmöglich ihre Ziele vorschreiben kann, so besagt diese Forderung nichts anderes als: wo möglich unter deutscher Flagge in überseeischen Ländern unserer Auswanderung die Bedingungen schaffen, unter welchen sie nicht nur wirtschaftlich gedeihen, sondern unter Wahrung ihrer Sprache und Nationalität auch in reger nationaler und ökonomischer Wechselwirkung mit dem Mutterlande verbleiben kann. [...] Unter den wirtschaftlichen Gründen, welche das Aufkommen der Social-Demokratie bei uns reichlich gefördert haben, steht neben unserer ungesund schnell entwickelten Industrie mit ihrem Gefolge von Krisen, Ueberproduktion und Arbeitslosigkeit die rasche Bevölkerungs-Zunahme gewiß mit vorne an.

Friedrich Fabri, Bedarf Deutschland der Colonien?, in: Horst Gründer, a. a. O., S. 73-75

M 4 Kautschuk und Folter
Disasi Makulo (1870-1941) war Zeitzeuge fast der gesamten Kolonialherrschaft in Belgisch-Kongo. Über Kautschuk-Plantagen um 1900 schreibt er:

Häufig nutzten sie [= Aufseher der Plantagen, darunter auch Kongolesen] es aus, dass ihre Befehlshaber weit weg waren. Sie misshandelten, folterten und mordeten sogar manchmal. Auf dem Posten von Bandu war ein Mann namens Alio, der Oberaufseher war für die Lieferung von Kautschuk. Dieser Mann war furchtbar grausam. Er tötete sehr viele Menschen. [...] Als ich hörte, dass er auf dem Weg zu meinem Dorf war, nahm ich ein paar Jungen von der Mission mit und wir gingen zu ihm. Als wir dort ankamen, war er gerade dabei, zu schlagen, zu foltern und zu plündern! Ohne einen Augenblick zu zögern ging ich auf ihn zu und sagte: ‚Sie sind einzig und allein im Dienst des Staates, um für die Ablieferung von Kautschuk zu sorgen, und nicht um zu misshandeln, zu rauben und zu morden. Geben Sie sofort alles zurück, was Sie beschlagnahmt haben, sonst melde ich das alles den Behörden in Basoko.'

David van Reybrouck, Kongo. Eine Geschichte, Berlin 2012, S. 114 (leicht gekürzt)

M 3 Weihnachten in Kamerun
Foto aus Kamerun, 1909
Zu sehen sind deutsche Siedler und ihre afrikanischen Hausangestellten unter dem Weihnachtsbaum.

---

1. Erläutere die Aussage der Zeichnung (M1). Begründe, warum sie nachträglich und mit ganz bestimmten Absichten angefertigt wurde.
2. Analysiere, welche Beziehung zwischen Europäern und indigener Bevölkerung durch das Foto (M3) zum Ausdruck kommt.
3. Erkläre, warum die Gründung von Siedlungskolonien im 19. Jh. als Lösung für viele Probleme empfohlen wurde (Darstellung, M2).
4. Disasi Makulo (M4) ist zu den belgischen Kolonialbehörden gegangen. Vor einem Kolonialbeamten hat er sich über den Aufseher Alio (selbst Kongolese) beschwert. Gestalte dieses fiktive Gespräch. Jeder Gesprächspartner soll mindestens drei Mal zu Wort kommen (Darstellungstext, M4)

3 Jetzt forschen wir selbst!

Der Aufstand der Herero

Deutsch-Südwestafrika war die älteste deutsche Kolonie in Afrika. Der Stamm der Herero hatte hier seine Heimat. Traditionell lebten die Herero mit ihren Herden als Nomaden. Zwischen ihnen und den deutschen Siedlern kam es zunehmend zu Konflikten. 1897 trafen eine Rinderpest und eine Dürreperiode die Herero schwer. Viele von ihnen mussten als Lohnarbeiter bei den weißen Siedlern arbeiten, um zu überleben. Im Januar 1904 kam es unter der Führung ihres Oberhauptes Samuel Maharero (auch Maherero) zu einem Aufstand, der sich zu einem vierjährigen Krieg ausweitete. Von den schätzungsweise 80 000 Herero lebten 1911 nur noch etwa 15 000; von den rund 22 000 beteiligten Nama überlebte wohl nur die Hälfte. Jahrzehntelang bemühten sich die Herero um Anerkennung der Geschehnisse als Völkermord und um ein deutsches Schuldbekenntnis. Im Jahr 2015 löste die deutsche Bundesregierung dies ein. Auf finanzielle Wiedergutmachung warten die Nachkommen der Opfer bis heute.

Vorschläge für Forschungsfragen:
Thema 1: Was kennzeichnet die Denkweise bzw. das Verhalten der deutschen Kolonialmacht während der Herero-Aufstände?
Thema 2: Verantwortung und Erinnerung an koloniale Verbrechen – wie berechtigt sind die Forderungen der Herero?
Aber vielleicht fallen euch ja noch andere Fragen ein?

Beschreiben
Thema 1: *Stellt* den Verlauf des Herero-Aufstandes *dar*.
Thema 2: *Beschreibt* die beiden Denkmäler und ihre Unterschiede.

Untersuchen
Thema 1: *Arbeitet heraus*, wie Kolonialherren und Einheimische in den Quellen über sich und die anderen sprechen.
Thema 2: *Erklärt*, worauf sich die beiden Denkmäler jeweils beziehen und welcher Zielsetzung sie dienen.

Einordnen
Thema 1: *Überprüft*, inwiefern sich die Denkweise der Kolonialherren auf ihre Kolonialpolitik und diese wiederum auf die Reaktion der Herero ausgewirkt hat.
Thema 2: *Bewertet*, warum eine offizielle Entschuldigung der deutschen Bundesregierung für die Herero wichtig ist.

Präsentieren
Thema 1: *Gestaltet* eine Collage über Aspekte kolonialen Denkens, wie sie etwa in der heutigen Werbung vorkommen.
Thema 2: In vielen deutschen Städten sind Straßen oder Plätze nach Persönlichkeiten der deutschen Geschichte benannt, so auch nach Lothar von Trotha. Im Zuge der Aufarbeitung der Vergangenheit kommt es nun immer wieder zu Umbenennungen. *Gestalte* einen Leserbrief, in dem du Stellung dafür oder dagegen beziehst.

M 1 „Omanbonde: Plünderung der Farm des Herrn Gamisch"
Sammelbild mit Werbung für Kakao und Schokolade der Firma Riedel & Engelmann in Dresden, um 1900
Am 12. Januar überfielen die Krieger der Herero Farmen und zerstörten Bahn- sowie Telegrafenverbindungen, 123 Siedler wurden erschlagen. Entgegen der deutschen Berichte wurden Frauen, Kinder und Missionare verschont.

M 2 Überlebende Herero
Foto nach 1904
Das Foto entstand nach der Flucht durch die Wüste Omaheke (siehe M4), auf der tausende Herero verdursteten. Die Überlebenden wurden in weit entfernte Lager deportiert und mussten Zwangsarbeit leisten.

M 3 Einweihung des Reiterdenkmals in Windhoek
Foto vom 27. Januar 1912
Das Denkmal war den deutschen Soldaten und Kriegern gewidmet, die im Kolonialkrieg von 1904 bis 1908 umgekommen waren.

Der Aufstand der Herero

M 4 „Jeder Herero wird erschossen"
Die mit Gewehren und hölzernen Wurfkeulen bewaffneten Herero haben den deutschen Maschinengewehren und Geschützen nichts entgegenzusetzen. Sie fliehen in die Omaheke-Wüste. General Lothar von Trotha lässt die Omaheke von Soldaten auf einer Länge von 250 km abriegeln und alle Wasserstellen besetzen. Am 2. Oktober 1904 erlässt er folgenden Schießbefehl. Deutsche Proteste führten dann aber zur Zurücknahme des Befehls.

Ich, der große General der deutschen Soldaten, sende diesen Brief an das Volk der Herero. Die Herero sind nicht mehr deutsche Untertanen. Sie haben gemordet und gestohlen, haben verwunde-
5 ten Soldaten Ohren und Nasen und andere Körperteile abgeschnitten und wollen jetzt aus Feigheit nicht mehr kämpfen. Ich sage dem Volk: Jeder, der einen der Kapitäne an eine meiner Stationen als Gefangenen abliefert, erhält tausend
10 Mark, wer Samuel Maherero bringt, erhält fünftausend Mark. Das Volk der Herero muss jedoch das Land verlassen. Wenn das Volk dies nicht tut, so werde ich es mit dem Groot Rohr[1] dazu zwingen. Innerhalb der deutschen Grenze wird jeder
15 Herero, mit oder ohne Gewehr, mit oder ohne Vieh erschossen, ich nehme keine Weiber und keine Kinder mehr auf, treibe sie zu ihrem Volke zurück oder lasse auf sie schießen. Dies sind meine Worte an das Volk der Herero. Der große General
20 des mächtigen deutschen Kaisers.

Horst Gründer (Hrsg.), Geschichte der deutschen Kolonien, Paderborn [7]2018, S. 133

M 5 „Wären solche Dinge nicht geschehen"
Auf die Frage nach den Ursachen des Aufstandes antwortet ein zum Christentum bekehrter Herero nach dem Kolonialkrieg:

Der Krieg ist von ganz kleinen Dingen gekommen und hätte nicht zu kommen brauchen. Einmal waren es die Stuurmann[2] mit ihrem schrecklichen Wucher und eigenmächtigen, gewaltsamen
5 Eintreiben [der Schulden]. [...] Wer nicht zahlen wollte oder konnte, den verfolgten und plagten sie. Dann ist es der Branntwein gewesen, der die Leute schlecht und gewissenlos gemacht hat. Wenn jemand trinkt, dann ist es ihm gleich, was
10 er tut. Aber das schlimmste Übel ist, was viel böses Blut und Streit hervorgerufen hat, die Vergewaltigung unserer Frauen durch Weiße. Manche
15 Männer sind totgeschossen worden wie Hunde, wenn sie sich weigerten, ihre Frauen und Töchter preiszugeben, und drohten, sie mit der
20 Waffe in der Hand zu verteidigen. Wären solche Dinge nicht geschehen, wäre kein Krieg gekommen, aber er ist bei solchen Vergewaltigun-
25 gen ausgebrochen. Er war mit einem Male da, und da war kein Halten mehr, jeder rächte sich, und es war, als sei kein Verstand mehr unter den Massen.

Horst Gründer (Hrsg.), „... da und dort ein junges Deutschland gründen". Rassismus, Kolonien und kolonialer Gedanke vom 16. bis zum 20. Jahrhundert, München [3]2006, S. 153

M 6 „Vergebung unserer Schuld"
Bei den Gedenkfeierlichkeiten der Herero-Aufstände am 14. August 2004 in Okakarara sagt die damalige deutsche Entwicklungshilfeministerin Heide Wieczorek-Zeul unter anderem in einer Rede:

Vor hundert Jahren wurden die Unterdrücker – verblendet von kolonialem Wahn – in deutschem Namen zu Sendboten von Gewalt, Diskriminierung, Rassismus und Vernichtung. Die damaligen
5 Gräueltaten waren das, was heute als Völkermord bezeichnet würde – für den ein General von Trotha heutzutage vor Gericht gebracht und verurteilt würde.

Wir Deutschen bekennen uns zu unserer histo-
10 risch-politischen, moralisch-ethischen Verantwortung und zu der Schuld, die Deutsche damals auf sich geladen haben. Ich bitte Sie im Sinne des gemeinsamen „Vater unser" um Vergebung unserer Schuld. Ohne bewusste Erinnerung, ohne tiefe
15 Trauer kann es keine Versöhnung geben.

www.windhuk.diplo.de/Vertretung/windhuk/de/03/Gedenkjahre__2004__2005/Seite__Rede__BMZ__2004-08-14.html [23.06.2016]

M 7 „Genozid-Denkmal" für die getöteten Herero und Nama vor dem Independence Memorial Museum in Namibia
Foto von 2015

Das Denkmal wurde am 21. März 2014 eingeweiht. Auf dem Sockel steht der Schriftzug „Their blood waters our freedom". An der Vorder- und Rückseite befinden sich Reliefs mit Darstellungen von Opfern des Kolonialkrieges von 1904 bis 1908, die auf historische Kolonialfotografien zurückgehen.

[1] Groot Rohr: kapholländisch für Geschütz, Kanone
[2] Stuurmann: Kaufleute

Bündnisse und Konflikte

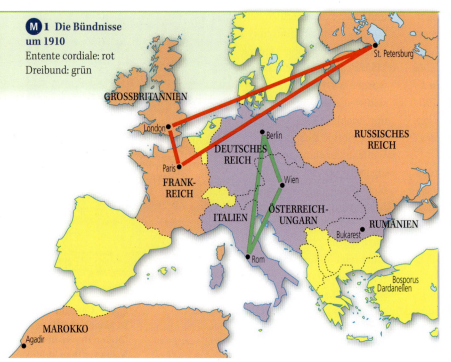

M 1 Die Bündnisse um 1910
Entente cordiale: rot
Dreibund: grün

Neuer Kurs unter Wilhelm II.

Führende deutsche Politiker und weite Kreise der Bevölkerung forderten, dass Deutschland auch weltpolitisch eine stärkere Rolle spielen sollte. Das Bündnissystem Bismarcks galt vielen mittlerweile als überholt. **Wilhelm II.**, der 1888 deutscher Kaiser wurde und zwei Jahre später Bismarck entließ, änderte die Ziele der deutschen Außenpolitik. Er wollte sich durch die bisherige **Bündnispolitik** nicht mehr einschränken lassen und eine „Politik der freien Hand" betreiben. Geblendet vom Radikalnationalismus[1] wurde die Bereitschaft zu Kompromissen in der deutschen Politik immer geringer.

Der 1887 mit Russland geschlossene Rückversicherungsvertrag wurde nicht mehr verlängert. Mithilfe einer starken Kriegsflotte sollte das Reich zu einer Weltmacht werden. Der „Deutsche Flottenverein" unterstützte dies und hatte bis 1914 eine Million Mitglieder.

Konfrontationen

Großbritannien war die führende Seemacht und fühlte sich vom Deutschen Reich wegen der starken Wirtschaft und des Flottenbauprogramms herausgefordert. Ein **Rüstungswettlauf** setzte ein. 1904 näherten sich die einstigen Rivalen Großbritannien und Frankreich in der Entente cordiale (dt. „herzliches Einvernehmen") einander an. Diesem Bündnis trat später noch Russland bei. 1911 entsandte die deutsche Regierung das Kanonenboot „Panther" ins marokkanische Agadir (Nordwestafrika). Damit wollte sie Frankreich hindern, das formal souveräne Land zur Kolonie zu machen.

Der „Panthersprung" und andere aggressive Äußerungen des Kaisers sowie führender Politiker und Militärs förderten aber nur die engere Zusammenarbeit Frankreichs mit Großbritannien und Russland. Der wichtigste Bündnispartner des Deutschen Reiches war Österreich-Ungarn.

Bismarcks Außenpolitik

Mit der Gründung des Deutschen Reiches 1871 war in Europa ein neuer politisch und wirtschaftlich mächtiger Staat entstanden, den die übrigen europäischen Mächte misstrauisch beobachteten. Reichskanzler Otto von Bismarck fürchtete, Frankreich suche eine günstige Gelegenheit, um Elsass und Lothringen zurückzugewinnen. Er versuchte deshalb, Frankreich zu isolieren, und schloss Bündnisse mit Österreich-Ungarn, Italien (Dreibund) und Russland (Rückversicherungsvertrag). Gleichzeitig erklärte er, dass Deutschland keine neuen Gebietsansprüche habe. Damit wollte er die übrigen Großmächte beruhigen.

Deutschland wird Kolonialmacht

Bismarck war ursprünglich gegen den Erwerb deutscher Kolonien. Seiner Meinung nach war der Nutzen gering, das Risiko von Konflikten mit anderen Staaten aber zu hoch. Erst als der öffentliche Druck größer wurde, stellte er 1884/85 Gebiete in Afrika, die deutsche Kaufleute bereits erworben hatten, unter den Schutz des Deutschen Reiches.

Internettipp:
Mehr Informationen zu Wilhelm II. findest du unter Code 31043-19.

[1] Zum Begriff Radikalnationalismus siehe S. 80.

Wilhelm II. Bündnispolitik Radikalnationalismus Rüstungswettlauf

Imperialismus und Erster Weltkrieg

M 2 Der Platz an der Sonne
In einer Reichstagsrede fordert der Staatssekretär des Auswärtigen Amtes[1], Bernhard von Bülow, am 6. Dezember 1897 eine expansive Außenpolitik:

Wir empfinden durchaus nicht das Bedürfnis, unsere Finger in jeden Topf zu stecken. Aber allerdings sind wir der Ansicht, dass es sich nicht empfiehlt, Deutschland in zukunftsreichen Ländern von vornherein auszuschließen vom Mitbewerb anderer Völker. (*Bravo!*) Die Zeiten, wo der Deutsche dem einen seiner Nachbarn die Erde überließ, dem anderen das Meer und sich selbst den Himmel reservierte – diese Zeiten sind vorüber. Mit einem Worte: Wir wollen niemand in den Schatten stellen, aber wir verlangen auch unseren Platz an der Sonne. (*Bravo!*)

Ludwig Zimmermann, Der Imperialismus, Stuttgart 1971, S. 28

M 3 Nach dem „Panthersprung"
Zwei Tage nach dem „Panthersprung" am 3. Juli 1911 äußert sich der britische Außenminister Grey folgendermaßen:

Die Tatsache, dass Deutschland den Sprung gemacht hat, muss der Annahme Raum geben, dass es sich jetzt in der Lage glaubt, der Gefahr einer bewaffneten französisch-britischen Gegnerschaft zu trotzen.
Wenn sich, wie ich es für wahrscheinlich halte, erweisen sollte, dass dem so ist, so stehen wir nun einer dringenden und unmittelbaren Gefahr gegenüber, für die gerüstet zu sein von vitaler[2] Bedeutung ist. Denn die einzige Gefahr eines englisch-deutschen Konflikts besteht in der Möglichkeit, dass Deutschland die Zuversicht hat, erfolgreich Krieg gegen uns führen zu können.

George P. Gooch und Harold Temperley (Hrsg.), Die Britischen Amtlichen Dokumente über den Ursprung des Weltkrieges 1898 - 1914, dt. Ausgabe hrsg. von H. Lutz, Bd. 7.1, Berlin 1932, S. 531

M 4 Flottenschauspiele
Plakat von 1904
Dieses Plakat wirbt für Manöverspiele mit Schiffsmodellen.

[1] Staatssekretär des Auswärtigen Amtes: Titel des deutschen Außenministers
[2] vital: existenziell, lebenserhaltend

---

1. Nenne die „Völker", die Bülow in seiner Reichstagsrede (M2) meint.
2. Vergleiche in einer Tabelle, welche außenpolitischen Ziele Bismarck und Kaiser Wilhelm II. verfolgten.
3. Erkläre, warum viele Unternehmer die Außenpolitik Wilhelms II. unterstützten.
4. Beurteile die strategische Lage des Deutschen Reiches um 1910 (M1). Berücksichtige dabei auch die Bedeutung der Flotte.
5. Das Plakat (M4) wollte zu einer unterhaltsamen Veranstaltung einladen. Erkläre, was mit diesem „Schauspiel" bezweckt werden sollte.
6. Arbeite mögliche politische und militärische Schlussfolgerungen aus der Äußerung Greys (M3) heraus.
7. Gestalte einen offiziellen Brief, in dem der französische Präsident den englischen Regierungschef überzeugen will, ein Bündnis zu schließen.

1870	1880	1890	1900	1910
Der „Wettlauf um Afrika" der europäischen Mächte beginnt	Rückversicherungsvertrag zwischen Deutschland und Russland	Wilhelm II. wird Deutscher Kaiser und unterstützt Bestrebungen, deutsche Kolonien zu gründen	Der deutsche Außenminister fordert für das Deutsche Reich einen „Platz an der Sonne"	Gründung der Entente cordiale

3 Konfliktherd Balkan

M 1 "Balkan Troubles"
Karikatur aus dem britischen Satiremagazin "Punch", 1912
Die hier nicht abgebildete Bildunterschrift lautet: "The Boiling Point" (Der Siedepunkt).

„Der kranke Mann am Bosporus"

Zur angespannten Bündnislage in Europa kam eine weitere Belastung hinzu: Auf dem Balkan gab es einen Krisenherd, der für internationale Spannungen sorgte. Seit dem 15. Jh. hatte das Osmanische Reich den Balkan beherrscht. Ab dem 19. Jh. wurde die ehemalige Großmacht immer schwächer. Das Osmanische Reich konnte die nationalen Bestrebungen der Balkanvölker nicht länger unterdrücken. Es drohte zu zerfallen, weshalb es als „kranker Mann am Bosporus" verspottet wurde. Bis 1913 erkämpften mehrere Völker ihre (Teil-)Selbstständigkeit, etwa Serbien und Bulgarien. Einige europäische Mächte unterstützten die neuen Staaten, um das Osmanische Reich weiter zu schwächen.

Der Balkan wird zum Pulverfass

Nach der Befreiung von der Osmanischen Herrschaft blieb die Situation auf dem Balkan sehr explosiv, denn es stießen zu viele gegensätzliche Interessen aufeinander.

Viele der neu entstandenen Balkanstaaten waren mit den Grenzziehungen unzufrieden. Bulgarien hatte große Teile seines Staatsgebietes verloren. Serbien wollte alle südslawischen Völker in einem slawischen Einheitsstaat vereinigen (Panslawismus) und sein Territorium bis ans Mittelmeer ausdehnen.

Der Vielvölkerstaat Österreich-Ungarn, in dem viele Slawen lebten, fühlte sich von den slawischen Freiheitsbestrebungen bedroht. 1908 besetzte er Bosnien-Herzegowina, um zu verhindern, dass Serbien einen Zugang zum Meer erhielt. Serbien und Bosnien wollten daher Österreich-Ungarn vom Balkan verdrängen.

Die slawische Großmacht Russland wiederum unterstützte Serbien. Das Zarenreich sah in der Balkankrise die Möglichkeit, seinen Einfluss in Europa zu stärken und mithilfe der Serben die Kontrolle über die beiden Meerengen Dardanellen und Bosporus zu gewinnen.

Die Krise und ihre weiten Kreise

Der Balkan blieb ein gefährlicher Krisenherd: Österreich-Ungarn und Russland waren unversöhnliche Großmächte, die zu unterschiedlichen Bündnissen gehörten.

An dem Kampf um Land und Einfluss auf dem Balkan waren auch andere europäische Staaten indirekt beteiligt und wurden über ihre Bündnisse in den Konflikt hineingezogen:

- Das Deutsche Reich hatte gute Beziehungen zum Osmanischen Reich und half beim Bau der sogenannten „Bagdad-Bahn", die von der europäischen Türkei bis zum Persischen Golf führen sollte. Deutschland unterstützte Österreich-Ungarn, weil es seinen wichtigsten Bündnispartner weder schwächen noch verlieren wollte.
- Die französische Regierung war bereit, Russland notfalls militärisch gegen den deutschen „Erzfeind" zu unterstützen.
- Großbritannien trat für die Freiheit der Meere ein und wollte verhindern, dass Russland die Meerengen beherrschte.

Imperialismus und Erster Weltkrieg

M 2 „Gefahr für die Monarchie"

Der österreichische Generalstabschef Franz Conrad von Hötzendorf erklärt am 20. Januar 1913:

Die Entwicklung eines selbstständigen großserbischen Staates ist eine eminente Gefahr für die Monarchie, sie liegt darin:

Dass erstens die Slawen der Monarchie [...] ihren Hort in diesem neuen [...] Staatswesen suchen [...], dass zweitens das selbstständige Serbien im Verein mit Montenegro eine nennenswerte Militärmacht repräsentiert [...], dass drittens das aufgeflackerte Prestige des Serbentums der Monarchie einen empfindlichen moralischen Schlag [...] versetzt hat [...], dass viertens dieser Prestigeverlust von nachteiligster Wirkung auf alle Patrioten [...] ist [...].

Eingekeilt zwischen Russland, dann einem mächtig gewordenen Serbien und Montenegro [...] wird die Monarchie zur politischen Ohnmacht und damit zum sicheren Niedergang verurteilt sein. [...] [D]ie Monarchie muss durch eine militärische Kraftäußerung ihr Prestige, besser gesagt ihre politische Geltung, wiederherstellen. Am wirksamsten wäre dies der Fall, wenn es gelänge, in einem Krieg gegen Russland Sieger zu sein. Mit dieser rationellsten Lösung wären auch alle anderen Fragen, darunter speziell auch die serbische, gelöst. [...] Es ist [...] auch für Deutschland nur von Vorteil, wenn die Kraftprobe zwischen Dreibund und Triple-Entente[1] möglichst bald zum Austrag kommt.

Franz Conrad von Hötzendorf, Aus meiner Dienstzeit 1906-1918, Bd. 3, Wien 1922, S. 11f.

M 3 „Kriegsrat"

Im Dezember 1912 lädt Kaiser Wilhelm hohe Militärs zu einem „Kriegsrat". Ein Teilnehmer notiert:

Seine Majestät habe sich folgendes Bild gemacht: Österreich müsse den auswärtigen Slawen (Serben) gegenüber kraftvoll auftreten, sonst verliere es die Macht über die Serben[2] der österreichisch-ungarischen Monarchie. Wenn Russland die Serben stütze [...], wäre der Krieg für uns unvermeidlich [...]. Die Flotte müsste sich natürlich auf den Krieg gegen England einrichten.

Im Mai 1913 erklärt Wilhelm II. dem Sekretär des britischen Königs:

Die Slawen sind jetzt unruhig geworden und werden Österreich angreifen wollen. Deutschland ist verpflichtet, seinem Bundesgenossen beizustehen – Russland und Frankreich werden eingreifen, und dann England [...]. Ich bin ein Mann des Friedens – aber jetzt muss ich mein Land aufrüsten, damit ich alle, die über mich herfallen, vernichten kann – und ich werde sie vernichten.

Erster Text: Erwin Hölzle (Hrsg.), Quellen zur Entstehung des Ersten Weltkrieges: Internationale Dokumente 1901-1914, Darmstadt ²1995, S. 111
Zweiter Text: John C. G. Röhl, Vorsätzlicher Krieg? Die Ziele der deutschen Politik im Juli 1914, in: Wolfgang Michalka (Hrsg.), Der Erste Weltkrieg, München 1994, S. 207

M 4 Der Balkan 1913

[1] Triple Entente: Informelles Bündnis zwischen Großbritannien, Frankreich und Russland
[2] Serben: In Österreich-Ungarn lebten rund zwei Mio. Serben.

---

1. Beschreibe die dargestellte Szene in der Karikatur M1. Arbeite mithilfe des Darstellungstextes heraus, wer daran beteiligt war, das Feuer der „Balkan-Wirren" zu schüren.
2. Erläutere die Gefahren, die der österreichische Generalstabschef sieht. Beurteile seinen Lösungsvorschlag (M2).
3. Erörtere die deutschen Vorstellungen zur Lösung der Probleme auf dem Balkan (M3).
4. Beschreibe mithilfe der Karte (M4), wie sich die Grenzen auf dem Balkan veränderten.
5. Gestalte ein Schaubild, das die Konflikte der Bündnispartner Deutsches Reich und Österreich-Ungarn mit den übrigen europäischen Großmächten darstellt (Darstellungstext, M2–M4). Beachte auch M1 auf S. 108.

- Österreich-Ungarn annektiert Bosnien-Herzegowina
- Mehrere Staaten befreien sich auf dem Balkan von der osmanischen Herrschaft
- Slawische Völker auf dem Balkan fordern ihre Unabhängigkeit von Österreich-Ungarn
- Oktober 1912: Balkanstaaten gegen Osmanisches Reich: Erster Balkankrieg
- Juni 1913: Balkanstaaten gegeneinander: Zweiter Balkankrieg
- August 1913: Frieden von Bukarest

Frieden ist keine Option

1 Das Attentat von Sarajewo
Titelblatt der Wiener „Kronen-Zeitung" vom 30. Juni 1914

Funke im Pulverfass

Am 28. Juni 1914 stockte vielen Menschen in Europa der Atem: Ein 19-jähriger Serbe hatte den österreichischen Thronfolger Franz-Ferdinand und seine Frau Sophie in der bosnischen Hauptstadt Sarajewo erschossen. Überall erschienen die Zeitungen in Sonderausgaben mit großen Schlagzeilen.

Der Attentäter, Gavrilo Princip, wurde kurz nach der Tat gefasst. Er gehörte der serbischen Terrororganisation „Schwarze Hand" an, die dafür kämpfte, dass alle Gebiete auf dem Balkan, in denen Slawen wohnten, zu Serbien kamen.

Der deutsche „Blankoscheck"

Österreich-Ungarn wollte den Vorfall nutzen, um Serbien zu schwächen. Die deutsche Reichsführung wusste zwar, dass ein Krieg auf dem Balkan Deutschland in einen Zwei-Fronten-Krieg stürzen könnte. Dennoch unterstützte sie ihren Bündnispartner gegen Serbien ohne jede Bedingung. Man sprach von einem **„Blankoscheck"**, einer uneingeschränkten Vollmacht an Österreich-Ungarn.

Alle Regierungen in Europa hatten fertige Pläne für einen möglichen Krieg in der Schublade. Den deutschen Plan hatte Generalfeldmarschall Schlieffen schon 1905 entwickelt. Dieser Schlieffen-Plan sah vor, einen Zwei-Fronten-Krieg zu vermeiden, indem man zuerst Frankreich im Westen und danach Russland im Osten besiegte. Unter Missachtung des internationalen Rechts sollten die deutschen Truppen durch das neutrale Belgien in Frankreich einmarschieren.

Kettenreaktion

Überzeugt von diesem Plan stellte Österreich-Ungarn am 23. Juli Serbien ein Ultimatum[1]. Es war absichtlich hart formuliert. Das Motiv war eindeutig: Die erwartete Ablehnung sollte einen Vorwand für den schon beschlossenen Krieg liefern. Obwohl die serbische Regierung den größten Teil der Forderungen akzeptierte, erklärte Österreich-Ungarn am 28. Juli Serbien den Krieg. Als Großbritannien ankündigte, Frankreich bei einem Angriff beizustehen, suchte die deutsche Regierung vergeblich eine friedliche Lösung. Nachdem Russland mit der Mobilmachung[2] begonnen hatte, erklärte das Deutsche Reich erst Russland und zwei Tage später Frankreich den Krieg. In Deutschland wurden die Kriegserklärungen an Russland und Frankreich nun als Notwendigkeit dargestellt, mit der auf die äußere Bedrohung reagiert werden musste. So gelang es, die Öffentlichkeit über Parteigrenzen hinaus in einem „Burgfrieden" weitgehend zu einen. Nun standen sich die Mittelmächte – das Deutsche Reich und Österreich-Ungarn, denen sich das Osmanische Reich und Bulgarien anschlossen – und die **Alliierten**[3] (die Entente-Mächte Frankreich, Großbritannien und Russland mit ihren Verbündeten) im Krieg gegenüber, der sich zum ersten Weltkrieg der Geschichte ausdehnen sollte. Der britische Außenminister Edward Grey formulierte am selben Abend: „In Europa gehen die Lichter aus. Wir werden es nicht mehr erleben, wenn sie wieder angehen."

Der Krieg entsteht auch in den Köpfen

In dieser vom Radikalnationalismus vergifteten Atmosphäre, war Frieden schon lange keine Option mehr: Das eigene Volk, die eigene Nation wurde jeweils als überlegen und wertvoller betrachtet als die anderen europäischen Länder.

Aus Vorurteilen wurden Feindbilder: „Der französische Erbfeind" als Bezeichnung für Frankreich und „das perfide[4] Albion[5]" als Bezeichnung für England sind Beispiele dafür. Die Teilnahme am Krieg als Soldat für das „Vaterland" galt als heldenhaft, ehrenvoll und erstrebenswert.

---

[1] Ultimatum: Aufforderung, eine Angelegenheit bis zu einem bestimmten Termin zu lösen, verbunden mit einer Strafandrohung
[2] Mobilmachung: militärischer Ausdruck dafür, dass eine Armee für den Krieg einsatzbereit gemacht wird
[3] Alliierte: verbündete Staaten
[4] perfide: hinterhältig
[5] Albion: antiker Name für England

Imperialismus und Erster Weltkrieg

M 2 Zukunftsaussichten

Der Staatssekretär des Auswärtigen Amtes, Gottlieb von Jagow, hält fest, was ihm der Generalstabschef Helmuth von Moltke Ende Mai / Anfang Juni 1914 in Berlin mitgeteilt hat:

Die Aussichten in die Zukunft bedrückten ihn schwer. In 2-3 Jahren würde Russland seine Rüstungen beendet haben. Die
5 militärische Übermacht unserer Feinde wäre dann so groß, dass er nicht wüsste, wie wir ihrer Herr werden könnten. Jetzt wären wir ihnen noch einigermaßen gewachsen. Es bleibe seiner Ansicht nach nichts übrig, als einen Präventivkrieg[1]
10 zu führen, um den Gegner zu schlagen, solange wir den Kampf noch einigermaßen bestehen könnten. Der Generalstabschef stellte mir demgemäß anheim, unsere Politik auf die baldige Herbeiführung eines Krieges einzustellen.

Erwin Hölzle (Hrsg.), Quellen zur Entstehung des Ersten Weltkrieges. Internationale Dokumente 1901 - 1914, Darmstadt ²1995, S. 243

M 3 „Gesundung"?

Wenige Tage nach der Unterredung zwischen Jagow und Moltke (M2) besprechen der Reichskanzler Bethmann Hollweg und der bayerische Gesandte in Berlin, Hugo Graf von Lerchenfeld, die Lage. Lerchenfeld berichtet nach München:

Es gebe aber Kreise im Reich, die von einem Krieg eine Gesundung der inneren Verhältnisse in Deutschland erwarten, und zwar im konservativen Sinne. Er – der Reichskanzler – denke aber,
5 dass ganz im Gegenteil ein Weltkrieg mit seinen gar nicht zu übersehenden Folgen die Macht der Sozialdemokratie, weil sie den Frieden predigt, ganz gewaltig steigern und manche Throne stürzen könnte.

Pius Dirr (Hrsg.), Bayerische Dokumente zum Kriegsausbruch und zum Versailler Schuldspruch, München und Berlin ³1925, S. 113

M 4 „Ich bin bereit …"

Wilhelm II. telegrafiert am 31. Juli 1914 an Kaiser Franz Joseph I. von Österreich:

Ich bin bereit, die Verpflichtungen unseres Bündnisses zu erfüllen und unmittelbar zum Krieg gegen Russland und Frankreich zu schreiten. In diesem schwierigen Kampf ist es von äußerster
5 Bedeutung, dass Österreich seine Hauptstreitkräfte gegen Russland wirft und sie nicht verbraucht in einer Offensive gegen Serbien […]. Serbien spielt nur eine untergeordnete Rolle in diesem gewaltigen Kampf und erfordert deshalb nur jene Defen-
10 sivmaßnahmen[2], die absolut notwendig sind.

Fritz Fischer, Hitler war kein Betriebsunfall, München 1992, S. 52

M 5 Schlagzeile vom 1. August 1914

[1] präventiv: vorbeugend
[2] Defensive: Abwehr

Internettipp:
Nach Beginn des Ersten Weltkrieges wandte sich der Kaiser mit einer Rede an das deutsche Volk, die in allen deutschen Zeitungen und auf Plakaten veröffentlicht wurde. Kurz vor Ende des Krieges fertigte er davon auch eine Tonaufzeichnung an. Beides kannst du unter Code 31043-20 abrufen.

---

1. Charakterisiere Moltkes Grundeinstellung (M2).
2. Erkläre, was in M3 mit „Gesundung der inneren Verhältnisse … im konservativen Sinne" gemeint ist.
3. Wäge ab, ob im Deutschen Reich militärische Überlegungen größeres Gewicht hatten als politische (M2, M4).
4. Beschreibe, welche Wirkung das Titelbild (M1) auf dich hat. Gestalte anschließend Schlagzeilen: a) aggressive, mit denen die Stimmung gegen Serbien angefacht werden konnte und b) sachliche, die der Beruhigung dienten.
5. Bis heute diskutieren Historiker über die Rolle des Deutschen Reiches vor dem Ersten Weltkrieg: Hat die Regierung zielstrebig einen Angriffskrieg vorbereitet? War die deutsche Politik riskant? Erörtere die Fragen mithilfe des Darstellungstextes, der Materialien M1 bis M5 sowie S. 114 f.

- 28.06.: Der Thronfolger Österreich-Ungarns wird in Sarajewo von einem Serben ermordet
- 28.07.: Österreich-Ungarn erklärt Serbien den Krieg; das Deutsche Reich erklärt daraufhin Russland und Frankreich den Krieg

3 Jetzt forschen wir selbst!

Suche nach einem Schuldigen

Bereits zu Beginn des Ersten Weltkrieges nutzten die beteiligten Länder Propaganda, um die jeweilige Bevölkerung von der Notwendigkeit des Kriegseintritts zu überzeugen. Kurze Zeit später musste den hohen Opferzahlen und den großen Schäden ein Sinn gegeben werden. So kam schon beim Kriegsbeginn die Frage nach dem Schuldigen auf und die Diskussion darum hält bis heute an. Mithilfe der folgenden Materialien könnt ihr euch ein eigenes Urteil bilden.

Folgende Begriffe können euch bei der Bearbeitung helfen: Alleinschuld, Teilschuld, Kollektivschuld, Bündnistreue, Unausweichlichkeit, Tragödie

Vorschläge für Forschungsfragen:
Thema 1: Wer hat welche Rolle im Krieg?
Thema 2: Warum ist die Kriegsschuldfrage bis heute aktuell?
Aber vielleicht fallen euch ja noch andere Fragen ein?

Beschreiben
Thema 1: *Arbeitet heraus*, wie die verschiedenen Länder auf den Abbildungen die Gründe für den Krieg, sich selbst und andere darstellen (M1, M5, M6).
Thema 2: *Stellt* in einer Tabelle *dar*, welche Aussagen zur Kriegsschuld jeweils von den Historikern getroffen werden.

Untersuchen
Thema 1: *Erklärt*, welche Vorwürfe sich in den Abbildungen verbergen.
Thema 2: *Vergleicht* die Historikerurteile miteinander und findet heraus, ob es Entwicklungen gibt.

Einordnen
Thema 1: *Überprüft*, inwiefern sich die Vorwürfe anhand von historischen Fakten belegen lassen. Fertigt euch dazu einen Zeitstrahl an.
Thema 2: *Beurteilt*, wie die Historiker einzelne historische Ereignisse bewerten.

Präsentieren
Thema 1: Bereitet eine Diskussion über die Schuld am Kriegsbeginn vor, indem ihr Rollenkarten für die Vertreter der einzelnen Länder *gestaltet*.
Thema 2: *Gestaltet* ein eigenes Historikerurteil, in dem ihr die gewonnenen Erkenntnisse einarbeitet.

M 1 The Crime of the Ages – Who did it?
Karikatur von John T. McCutcheon aus der US-amerikanischen Zeitung „The Chicago Tribune" aus dem Jahr 1914

M 2 „Deutschland hat den Krieg gewollt"
Der deutsche Historiker Fritz Fischer löst im Jahr 1961 mit seinem Buch „Griff nach der Weltmacht – Die Kriegszielpolitik des kaiserlichen Deutschland 1914/1918" einen Streit zwischen Historikern aus. 1965 verdeutlicht er seine Position:

Ich selbst habe noch [...] im Oktober 1964 die Ansicht vertreten, Deutschland habe im Juli 1914 bewusst das Risiko eines großen europäischen Krieges auf sich genommen, weil ihm die Situation so günstig wie nie zuvor er-
5 schien. In Verschärfung meiner damaligen Ausführungen stelle ich heute fest, gestützt auf allgemein zugängliches wie auch unveröffentlichtes Material: Deutschland hat im Juli 1914 nicht nur das Risiko eines eventuell über den österreichisch-serbischen Krieg ausbrechenden großen
10 Krieges bejaht, sondern die deutsche Reichsleitung hat diesen großen Krieg gewollt, dementsprechend vorbereitet und herbeigeführt.

Fritz Fischer, Vom Zaun gebrochen – nicht hineingeschlittert. Deutschlands Schuld am Ausbruch des Ersten Weltkriegs, in: Die Zeit vom 3. September 1965, Nr. 36, S. 30

Suche nach einem Schuldigen

M 3 „Keiner hat den Frieden gewollt"
Der deutsche Historiker Karl Dietrich Erdmann entgegnet 1980 auf Fritz Fischers These:

Das Problem [der Kriegsschuld] gewinnt eine andere Dimension, wenn man – angenommen, keine der Regierungen habe es auf einen allgemeinen Krieg angelegt – die Frage umgekehrt stellt, ob sie denn den Frieden gewollt haben. Auch auf diese Frage muss die Antwort für alle Beteiligten Nein lauten. […] Keiner hat es zuwege gebracht, das Entscheidende zu tun, nämlich sich aus den bestehenden Bündnissen und Verpflichtungen herauszureißen und auf die Verfolgung bestimmter politischer Ziele zu verzichten. […] Einige unternahmen Schritte, die einen mehr oder weniger starken Wunsch nach Vermeidung eines allgemeinen Krieges erkennen lassen […]. Aber niemand wollte den Preis für den Frieden bezahlen.

Karl Dietrich Erdmann, Der Erste Weltkrieg. München 1980, S. 92f.

M 4 Schlafwandler in den Krieg
Der australische Historiker Christopher Clark vertritt im Jahr 2013 folgende Meinung:

Der Kriegsausbruch von 1914 war kein Agatha-Christie-Thriller, an dessen Ende wir den Schuldigen […] auf frischer Tat ertappen. In dieser Geschichte gibt es keine Tatwaffe als unwiderlegbaren Beweis, oder genauer: Es gibt sie in der Hand jedes einzelnen wichtigen Akteurs. So gesehen war der Kriegsausbruch eine Tragödie, kein Verbrechen. Wenn man dies anerkennt, so heißt es keineswegs, dass wir die kriegerische und imperialistische Paranoia der österreichischen und deutschen Politiker kleinreden sollten […]. Aber die Deutschen waren nicht die einzigen Imperialisten, geschweige denn die einzigen, die unter einer Art Paranoia litten. Die Krise, die im Jahr 1914 zum Krieg führte, war die Frucht einer gemeinsamen politischen Kultur. […] So gesehen waren die Protagonisten von 1914 Schlafwandler – wachsam, aber blind, von Albträumen geplagt, aber unfähig, die Realität der Gräuel zu erkennen, die sie in Kürze in die Welt setzen sollten.

Christopher Clark, Die Schlafwandler. Wie Europa in den Ersten Weltkrieg zog. Aus dem Englischen von Norbert Juraschitz, München 2013, S. 715-718

M 5 „Take up the sword of justice"
Britisches Poster von 1915
Das Poster wurde vom Parlamentarischen Rekrutierungsausschuss in London veröffentlicht. Seine Aufgabe war es, Freiwillige für den Krieg zu gewinnen. Das Schiff im Hintergrund ist der britische Luxusdampfer „Lusitania", der im selben Jahr von einem deutschen U-Boot versenkt worden war. Lies dazu S. 122.

M 6 „Kultur Allemande" – „Deutsche Kultur"
Französische Karikatur von Guillaume Morinet, 1915
Unten links im Bild ist zu lesen „L'apogée", der Höhepunkt.

- 28.06.: Der Thronfolger Österreich-Ungarns wird in Sarajewo von einem Serben ermordet
- 28.07.: Österreich-Ungarn erklärt Serbien den Krieg; das Deutsche Reich erklärt daraufhin Russland und Frankreich den Krieg

Die Schrecken des Krieges im Feld …

M 1 Die Schrecken des Krieges
Links: „Verwundeter", rechts: „Transplantation", Radierungen von Otto Dix, 1924
Zu seinem Werk „Der Krieg", aus dem die beiden Abbildungen stammen, äußerte sich der Künstler Otto Dix: „Ich habe den Krieg genau studiert, man muss ihn realistisch darstellen, damit er auch verstanden wird."

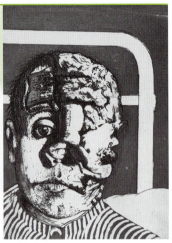

Lesetipps:
- Michael Morpurgo, Gefährten, Hamburg 2012
- Rudolf Frank, Der Junge, der seinen Geburtstag vergaß. Ein Roman gegen den Krieg, Weinheim 2001

Internettipp:
Zu einem digitalen Archiv mit vielfältigen Quellen zum Ersten Weltkrieg führt Code 31043-21.

Der deutsche Kriegsplan scheitert

Ein Großteil der deutschen Soldaten war zu Beginn des Krieges überzeugt, dass sie an Weihnachten wieder in ihre Heimat zurückkehren würden. Nach dem Schlieffen-Plan sollte der Krieg im Westen nach spätestens 40 Tagen siegreich beendet sein. Der Krieg verlief aber nicht wie geplant und dauerte insgesamt vier Jahre.

Der deutsche Vormarsch wurde im Westen gestoppt. Aus dem Bewegungskrieg wurde ein langandauernder Stellungskrieg: In einem aufwändigen System von Schützengräben lagen sich die feindlichen Soldaten gegenüber, suchten dort Schutz und bereiteten Angriffe vor. Die Soldaten legten die Gräben und unterirdischen Höhlen („Unterstände") meist im Schutz der Nacht an. Unter menschenunwürdigen Bedingungen und in ständiger Todesgefahr wurde Meter um Meter erkämpft, nur um ihn bald danach wieder verloren geben zu müssen. Zwischen den feindlichen Schützengrabensystemen war „Niemandsland" mit ausgedehnten Stacheldrahthindernissen.

Stellungskrieg im Osten

Russland besetzte im August Ostpreußen. Unter den deutschen Oberbefehlshabern General Erich Ludendorff und Paul von Hindenburg gelang es der deutschen Armee jedoch in der Schlacht von Tannenberg, die russische Armee zurückzuschlagen. Auch wenn diese Schlacht nicht entscheidend war, erwuchs aus ihr ein Mythos, der in den kommenden Jahren eine große Rolle spielen sollte. Bis 1916 rückten deutsche Truppen langsam weiter nach Osten vor, dann erstarrte auch hier der Krieg zum Stellungskrieg.

Materialschlachten

Am Ersten Weltkrieg nahmen so viele Soldaten wie nie zuvor in einem Krieg teil. Im Deutschen Reich war 1917/18 jeder zweite der 16,7 Millionen Männer zwischen 15 und 60 Jahren im Kriegsdienst. Fast 15 Millionen Menschen starben insgesamt, davon über neun Millionen bei den Kämpfen an der Front. 20 Millionen wurden verwundet. Die Kriegstechnik hatte Waffen mit immer verheerenderer Wirkung entwickelt: Giftgas, Schlachtschiffe, Unterseeboote, Flugzeuge, Panzer, Maschinengewehre, Granaten und Minen forderten in kurzer Zeit viele Opfer, auch unter Zivilisten. Soldaten wurden im tagelangen Geschützfeuer der feindlichen Truppen wahnsinnig. Ganze Landstriche wurden verwüstet. Um Soldaten davon abzuhalten zu desertieren (ohne Befehl die eigene militärische Einheit zu verlassen), wurden Fahnenflüchtige in großer Zahl hingerichtet. Leichen konnten auf dem Schlachtfeld oft nicht geborgen und erst nach Ende der Kampfhandlungen bestattet werden. Die Schlacht um Verdun 1915/16 wurde zum Symbol für das Massensterben. Etwa 360 000 Franzosen und 335 000 Deutsche verloren dabei ihr Leben.

Imperialismus und Erster Weltkrieg

M 2 „Wie soll man es beschreiben?"
Brief eines gefallenen französischen Soldaten, geschrieben zwischen September 1915 und 1916:

Wie soll man es beschreiben? Mit welchen Worten? Gerade sind wir durch Meaux gezogen, die Stadt ist ausgestorben und still. […] Danach haben wir die Landstraße nach Soisson genommen und die Stelle erklommen, die uns auf die nördliche Hochebene führt. Und auf einmal, als würde man einen Theatervorhang vor uns lüften, erschien vor uns das Schlachtfeld mit all seinem Grauen. Leichname von Deutschen am Rand der Landstraße. In den Senken und Feldern schwärzliche, grünliche zerfallene Leichname, um die herum unter der Septembersonne Mückenschwärme schwirren: menschliche Leichname in merkwürdiger Haltung, die Knie in die Luft gestreckt oder einen Arm an die Böschung des Laufgrabens gelehnt; Pferdekadaver, was noch schmerzlicher als menschliche Leichname ist, mit auf dem Boden verstreuten Gedärmen; Leichname, die man mit Kalk oder Stroh, Erde oder Sand bedeckt, die man verbrennt oder begräbt. Ein schrecklicher Geruch, ein Beinhausgeruch[1] steigt aus dieser Verwesung hervor. Er packt uns an der Kehle und für viele Stunden wird er nicht ablassen.

Jean-Pierre Gueno, Paroles de poilus – Lettres et carnets du front 1914-1918, Paris 1998, zitiert in Gregor Delvaux de Fenffe, Verdun – Feldpostbriefe, www.planet-wissen.de/geschichte/deutsche_geschichte/verdun_die_hoelle_des_ersten_weltkriegs/pwiefeldpostbriefe100.html [15.02.2017]

M 3 Der erste Gasangriff
Vor Ypern setzt die Deutsche Armee erstmals Chlorgas gegen französische Truppen ein. Ein Augenzeuge dieses Angriffes am 22. April 1915 berichtet:

Völlig unvorbereitet auf das, was noch kommen sollte, blickten die [französischen] Divisionen für eine kurze Weile wie verhext auf das seltsame Phänomen, das sie langsam auf sich zukommen sahen. Wie eine Flüssigkeit ergoss sich der schwere, intensiv gefärbte Nebel unerbittlich in die Gräben, füllte sie und zog weiter. Für ein paar Sekunden passierte nichts. Das süßlich duftende Zeug kitzelte nur in der Nase. Sie erkannten nicht die Gefahr, in der sie schwebten. Dann, mit unbegreiflicher Schnelligkeit, begann das Gas zu wirken, und blinde Panik breitete sich aus. Nach einem schrecklichen Kampf um Luft wurden Hunderte bewusstlos und starben, wo sie gerade lagen – ein Tod in abscheulichen Qualen, mit gurgelndem Schaum in ihren Kehlen und übler Flüssigkeit in ihren Lungen.

Charles Francis Horne, Source Records of the Great War, Bd. 3, Washington 1923, S. 116 (übersetzt von Markus Sanke)

M 4 Im Kampfgelände von Armentières (Frankreich) Foto vom April 1918

[1] Beinhaus: Raum zur Aufbewahrung der Knochen von Toten

---

1. Erkläre, warum man im Ersten Weltkrieg von „Materialschlachten" spricht.
2. Erläutere, warum die Feldpostbriefe sowohl für die Soldaten als auch für deren Angehörige wichtig waren (M2).
3. Feldpostbriefe wurden auf „gefährliche" Inhalte geprüft. Begründe, warum.
4. Charakterisiere die Leiden im Krieg für die Soldaten.
5. Schützengräben wurden in Museen nachgebaut, um an die Situation der Soldaten zu erinnern. Bewertet, ob diese Art von Rekonstruktion sinnvoll ist.

- 28.06.: Der Thronfolger Österreich-Ungarns wird in Sarajewo von einem Serben ermordet
- 28.07.: Österreich-Ungarn erklärt Serbien den Krieg; das Deutsche Reich erklärt daraufhin Russland und Frankreich den Krieg
- Herbst: Beginn des Stellungskrieges an der Westfront
- Schlacht von Verdun

… und in der Heimat

M 1 „Durchhalten!" Postkarte von 1915
Bereits im Sommer 1915 mussten die Lebensmittel in Deutschland rationiert werden. Der Text lautet: „Droh'n uns're Feinde auch noch so viel / Uns mit der Hungersnot Graus / Wir machen die letzte Kartoffel mobil / Wir Deutsche, wir halten es aus!"

Kriegswirtschaft

Erstmals wirkte sich ein Krieg direkt auf die gesamte Zivilbevölkerung der beteiligten Staaten aus. Die Industrie musste in erster Linie Kriegsmaterial für die **Materialschlacht** an der Front herstellen: Waffen, riesige Mengen an Munition, Ausrüstung und Lebensmittel für die Soldaten. Die Kriegsgegner der Mittelmächte verhinderten, dass Rohstoffe nach Deutschland geliefert wurden: Edelmetalle, Kautschuk, Öl, Baumwolle, chemische Stoffe für die Munition. Die Regierung zog alle verfügbaren Mittel ein. Kirchenglocken und Eisengitter wurden eingeschmolzen. Ersatzstoffe wurden für das entwickelt, was fehlte.

Männer, die nicht an der Front kämpften, mussten eine Dienstpflicht leisten. 900 000 Kriegsgefangene mussten Zwangsarbeit verrichten.

Insgesamt sank der Lebensstandard wegen der von Jahr zu Jahr steigenden Kriegskosten. Um sie zu bezahlen, nahm die Regierung Anleihen bei der Bevölkerung auf und ließ immer mehr Papiergeld drucken. Da alle Waren knapper wurden, stiegen die Preise; das Geld war also immer weniger wert.

Internettipps: Zur Lebensmittelversorgung und „Kriegsmoral" siehe Code 31043-22.

Die Rolle der Frauen ändert sich

Der Krieg veränderte auch den Alltag der Frauen. Sie trugen nun allein die Verantwortung für ihre Familien und hatten zusätzliche Aufgaben zu übernehmen, die bisher den Männern vorbehalten waren. Frauen mussten einspringen, wo männliche Arbeitskräfte fehlten und Kriegsgefangene die Lücken nicht schließen konnten. Zivilisten in der Heimat waren also für den Krieg unersetzlich geworden und man sprach bald in allen kriegführenden Staaten von der „**Heimatfront**".

Not und Hunger

Die Zivilbevölkerung blieb von Kampfhandlungen nicht verschont. Städte und Dörfer in der Nähe der Kampflinien wurden durch Artillerie und Kampfflugzeuge zerstört.

Die Menschen litten besonders unter der Lebensmittelknappheit. Seit dem Winter 1915/16 gehörte Hunger in Deutschland zum Alltag, vor allem für die, die ihre Nahrungsmittel nicht selbst produzieren konnten. Im „Steckrübenwinter" 1916/17 konnten sich viele nur mithilfe von Rüben am Leben erhalten. Etwa 500 000 Menschen verhungerten während der Kriegsjahre.

Durch die nicht ausreichende Versorgung mit Lebensmitteln waren die Menschen anfälliger für Krankheiten. Ende 1918 wütete weltweit eine schwere Grippe-Epidemie. Sie forderte 25 bis 40 Millionen Tote und damit mehr Opfer als der Krieg selbst.

Streiks und Demonstrationen

Wegen der schlechten Lebensbedingungen und der steigenden Inflation (Geldentwertung) verschlechterte sich die Stimmung in der Bevölkerung immer mehr. Die Kriegsmüdigkeit nahm zu. Immer häufiger kam es zu Massenstreiks und Demonstrationen.

Materialschlacht Heimatfront

Imperialismus und Erster Weltkrieg

M 2 „Das Vaterland ruft"

Im Januar 1917 veröffentlicht eine Geschäftsstelle für „Frauendienst" im „Kasseler Volksblatt" folgenden Artikel:

„Das Vaterland ruft" ist das Wort, das heute an alle, die in der Heimat geblieben sind, mit lautem Klang ertönt!
Der Vaterländische Frauenverein fordert
5 deshalb alle Frauen und Mädchen auf, ihre Kräfte dem Vaterlande zu widmen gegen Bezahlung oder auch unentgeltlich.
In Betracht würden kommen: landwirtschaftliche, gärtnerische und hauswirt-
10 schaftliche Tätigkeit; Kinderfürsorge; Krankenpflege und andere gemeinnützige Aufgaben; kaufmännische, mündliche und schriftliche (auch fremdsprachliche) Arbeiten; praktische Betätigung in industriellen
15 Betrieben und dergleichen mehr. Jede prüfe ihre Fähigkeiten und überlege, für welche Zwecke sie sich dem Vaterlande zur Verfügung stellen kann, aber Niemand bleibe ohne zwingenden Grund abseits.

Brigitte Löhr (Hrsg.), Frauen in der Geschichte, Bd. 2: Materialien, Tübingen 1994, S. 220

M 3 „Jedes andere Volk dieser Erde würde ..."

Eine Australierin, die den Krieg in Leipzig erlebt hat, berichtet im Dezember 1917 in einem Brief:

Wir haben eine seltsame Woche durchgestanden – die schlimmste Woche, die das deutsche Volk bis jetzt erleben musste. Keine Kohle, das elektrische Licht abgestellt, Gas heruntergedreht ... und
5 praktisch nichts zu essen – es scheint keine Kartoffeln mehr zu geben – jeder hat ein halbes Pfund sogenannte Kartoffelflocken bekommen [...]. Sie scheinen mir getrocknete Kartoffelschalen zu sein [...]. Wir hatten also dies halbe Pfund,
10 5 Pfund Rüben, 3½ Pfund Brot und das war alles [...]. Es übersteigt mein Fassungsvermögen, wie die Armen hier zurechtkommen. Jedes andere Volk dieser Erde würde sich gegen eine Regierung erheben, die es in solches Elend geführt hat, aber
15 diese Leute haben keinen Funken Unternehmensgeist mehr.

Decie Denholm, Eine Australierin in Leipzig. Die heimlichen Briefe der Ethel Cooper 1914 - 1919, in: Bernd Hüppauf (Hrsg.), Ansichten vom Krieg, Königstein/Ts. 1984, S. 141 (übersetzt von Barbara Hüppauf)

M 4 „Deutsche Frauen arbeitet im Heimatheer!"

Deutsche Propaganda-Postkarte aus dem Ersten Weltkrieg, ohne Jahr

Mit solchen Postkarten wurden die Frauen zur Unterstützung der Soldaten mobilisiert und zur Arbeit etwa in den Munitionsfabriken aufgerufen.

---

1. Analysiere Absicht und Wirkung der Postkarte (M1).
2. Erkläre, warum von der „Heimatfront" gesprochen wird.
3. Beurteile, ob diese Bezeichnung passend ist.
4. Beschreibe, wie sich die Rolle der Frau während des Krieges änderte (M2, M4, Darstellungstext).
5. Arbeite heraus, was an dem Artikel (M2) für uns heute eigenartig wirkt. Begründe deine Meinung.
6. Gestalte einen Brief, in dem du als Mutter mit mehreren Kindern deinen Alltag beschreibst (M2, M3, Darstellungstext). Berücksichtige dabei auch, dass nach dem damaligen Gesetz die Frau dem Mann untergeordnet war und sich vor allem um den Haushalt kümmern sollte.
7. Erörtert mögliche Gründe, warum die deutsche Bevölkerung sich bis zum Dezember 1917 nicht gegen die Regierung erhob (M3).

- 28.07.: Beginn des Ersten Weltkrieges
- Hungerwinter und Mangelwirtschaft an der „Heimatfront"
- Schlacht von Verdun
- Grippe-Epidemie

Kriegspropaganda erkennen

Mehr als je zuvor wurde im Ersten Weltkrieg Propaganda eingesetzt, um Einfluss auf die Einstellung der Bevölkerung zu nehmen. Postkarten waren als Massenmedium besonders geeignet, den Kampfgeist anzuspornen, die Vaterlandsliebe zu betonen oder den Durchhaltewillen zu fördern. Mit ihnen konnten die Gefühle der Menschen angesprochen werden: Postkarten waren durch die persönlichen Nachrichten ein sehr individuelles Medium, zudem sorgten sie für eine qualitativ hochwertige, bis dahin unbekannte Bilderflut. So verwundert es nicht, dass während des Ersten Weltkrieges Milliarden kostenlos verteilte Postkarten zwischen Heimat und Front verschickt wurden.

Um Propaganda zu erkennen und zu entschlüsseln, kannst du nach folgendem Schema vorgehen:

1. Beschreiben: Bild und Text
Beschreibung der Personen, Gegenstände, Landschaft, Symbole, Farben etc.:
Was fällt besonders auf? Was ist im Vorder-/Hintergrund zu sehen? Aus welcher Perspektive blickt man auf das Geschehen? Wie sind die Personen dargestellt? Wie sind die Bewegungs-/Blickrichtungen? Welche Details lassen sich erkennen? Welche Elemente, die man erwarten könnte, fehlen bei der Darstellung?
Beschreibung des Textes (Inhalt, Adressat, Sprache, Bezug zum Bild etc.):
Wie ergänzt/erklärt der Text das Bild? Wer spricht/schreibt ihn? Wer wird angesprochen? Welche sprachliche Form hat der Text?

2. Erklären
Erklärung der Wirkung auf den Betrachter, Einbeziehung der historischen Hintergründe etc.:
Auf welche Ereignisse bezieht sich die Postkarte? Welche Emotionen löst das Bild/der Text aus? Ist die Szene natürlich oder gestellt? Welche Bedeutung haben die Farben/Gegenstände? Welche Rolle spielt das Licht? Welche Atmosphäre wird vermittelt? Inwiefern wird der Betrachter einbezogen?

3. Beurteilen
Vergleich mit der historischen Realität, Vermutungen über Wirkungsabsicht etc.:
Welche Haltung soll beim Betrachter erzeugt werden? Wo unterscheiden sich Postkarte und Realität? Wie wird die Realität verfälscht?

Diese Zusatzinformationen benötigst du, um die Propaganda-Postkarte M1 zu entschlüsseln:

- **1** Auf der Darstellung wird der Krieg ausgeblendet; nur Uniformen und Gewehre deuten darauf hin
- **1** bewusster Widerspruch zwischen Bild und Text: Vorwürfe der Entente-Mächte sollen als Lüge aufgedeckt und der Lächerlichkeit preisgegeben werden
- **1** Postkarte richtet sich an deutsche Soldaten („Du gehörst einer ehrenvollen Armee an"); soll einer Demoralisierung entgegenwirken
- **1** Adressaten sind auch deutsche Zivilisten, um Zuspruch zum Krieg und Opferbereitschaft zu erhöhen
- **2** Postkarte zeigt eine gestellte Szene
- **3** Unter belgischen Opfern waren auch Frauen und Kinder
- **3** Weite Teile Belgiens wurden zerstört
- **3** Betrachter wird aufgefordert, den Aussagen der Entente-Mächte keinen Glauben zu schenken
- **3** Durch gestellte und stark beschönigende Szene wird Realität verfälscht

Mit den Arbeitsschritten und den Informationen aus M1 könntest du die Postkarte etwa so entschlüsseln:

Die deutsche Postkarte von 1915 ist ein gestelltes Foto: Vier Soldaten machen Pause unter freiem Himmel. Sie sind fröhlich, ihre Gewehre haben sie abgestellt. Eine Frau und zwei kleine Kinder sind hinzugekommen. Ein Mädchen streichelt einem der Soldaten die Wange, ein anderer scheint dem Jungen etwas zu schenken. Der Titel „Deutsche Barbaren" steht in Anführungsstrichen.

Seit Kriegsbeginn wurden Deutschland von seinen Gegnern barbarische Verbrechen und eine grausame Kriegsführung vorgeworfen. Besonders der Marsch durch das neutrale Belgien und Übergriffe auf Zivilisten wurden angeprangert und gegen Deutschland gerichtet. Die Postkarte gibt mit der Bildunterschrift vor, die „Wahrheit" über das Verhalten deutscher Soldaten in besetzten Gebieten zu zeigen: Sie seien friedlich, kulturvoll und so harmlos, dass Frauen und Kinder sich ihnen vertrauensvoll nähern und sich sogar beschenken lassen. Die Postkarte vermittelt deutschen Soldaten, dass sie einer ehrenvollen, sogar vom Feind respektierten Armee angehören. Besonders richtet sie sich aber an deutsche Zivilisten, um die Wirkung der Anklagen gegen Deutschland zu entkräften. Dies soll den Glauben an den Sinn des Krieges und die Opferbereitschaft fördern.

Kriegspropaganda erkennen

2 Begriffsklärung „Feindesland": Land eines Kriegsgegners

2 Begriffsklärung „Barbaren": in diesem Zusammenhang rohe, unzivilisierte, brutale Menschen

2 „Barbaren": Vorwurf der Entente-Mächte gegen Deutschland

2 „Feindesland" im historischen Bezug: Einmarsch in Belgien, Schlieffen-Plan

2 Identifikationsmöglichkeiten: Söhne, Väter, Brüder

1 Soldaten verschiedenen Alters, Frauen und Kinder

1 fürsorgliche Soldaten in sauberen Uniformen

1 Kinder vertrauen den Soldaten

1 Idylle, Ruhe, unzerstörte Landschaft

2 familiärer Eindruck

2 Betonung der Freundlichkeit der deutschen Soldaten

1 Waffen stehen unbenutzt

1 Kaffeepause

M 1 „Deutsche Barbaren"
Deutsche Postkarte aus dem Jahr 1915

M 2 „Verpflegung im Felde"
Deutsche Postkarte von 1915/16
Die Postkarte zeigt deutsche Soldaten an der Westfront.

Propaganda
(von lat. propagare: erweitern, verbreiten): Die gezielte, systematische Verbreitung von politischen Ideen, Weltanschauungen oder Meinungen. Bei politischer Propaganda geht es auch um die Manipulation von Meinungen und Einstellungen. Deshalb hat der Begriff Propaganda einen deutlich negativen Beigeschmack und wird häufig mit Diktaturen in Verbindung gebracht.

Jetzt bist du dran:
1. Analysiere die Propaganda-Postkarte (M2). Orientiere dich am Schema links.
2. Erkläre mithilfe der Definition rechts, warum es sich bei M2 um Propaganda handelt.
3. Vergleiche M1 und M2. Leite daraus allgemeine Regeln für die Bildpropaganda im Ersten Weltkrieg ab.
4. Gestalte die Reaktion eines Frontsoldaten, der die Postkarte (M1 oder M2) sieht.

Vom europäischen Krieg zum Weltkrieg

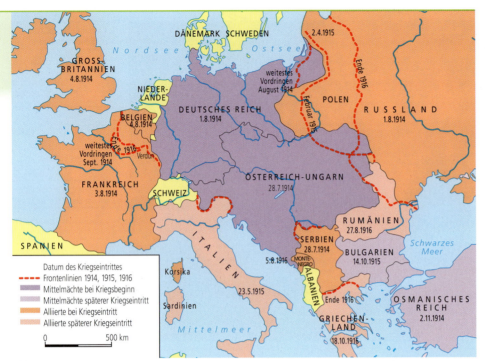

M 1 Die Kriegslage um 1916

Gründe für den Eintritt in den Krieg

Am 6. April 1917 erklärten die Vereinigten Staaten von Amerika aber doch dem Deutschen Reich den Krieg, aus dem dadurch ein **Weltkrieg** wurde. Die offizielle Begründung war der uneingeschränkte U-Bootkrieg der Deutschen. Das Deutsche Reich wollte durch ihn den Nachschub an Rohstoffen, Waffen und Lebensmitteln für die Kriegsgegner unmöglich machen. Nachdem in Russland der Zar in der Oktoberrevolution[1] gestürzt worden war, befürchtete die amerikanische Regierung einen Sieg des Deutschen Reiches und seiner Verbündeten. Die US-Armee sollte deshalb nun die eigenen Handelsinteressen verteidigen und dabei undemokratische Staaten bekämpfen.

Vor dem Kriegseintritt der USA

Das Entsetzen und die Empörung in den Vereinigten Staaten von Amerika waren im März 1915 groß. Ein deutsches U-Boot hatte die „Lusitania", einen britischen Luxusdampfer, versenkt. 1 198 Passagiere starben, darunter 124 Amerikaner.

Die USA trauerten nicht nur um die eigenen Landsleute, sondern auch um die toten Briten. Viele Amerikaner fühlten sich Großbritannien besonders verbunden. Es war der wichtigste Handelspartner der USA, hatte dieselbe Sprache und war ebenfalls eine Demokratie. Der amerikanische Präsident Wilson und viele führende Politiker hielten das Deutsche Reich hingegen für militaristisch und politisch rückständig.

Bis 1917 gewährten amerikanische Banken den Alliierten hohe Kredite, damit davon Nahrungsmittel, neue Waffen und Munition gekauft werden konnten. In den Krieg wollten die Amerikaner zunächst nicht hineingezogen werden. Außerdem sympathisierten auch viele US-Bürger mit den Mittelmächten, unter anderem die deutschstämmigen Einwanderer.

Die USA entscheiden den Krieg

An der Westfront tobte ein zermürbender und sehr verlustreicher Stellungskrieg. Auch im Osten waren die Frontlinien erstarrt. Nach ihrem Kriegseintritt verstärkten die Vereinigten Staaten die Alliierten nicht nur mit ihren insgesamt zwei Millionen Soldaten, sondern auch mit ihrem großen Nachschub an Kriegsmaterial. Sie waren mittlerweile die größte Industrienation der Welt.

Obwohl 1917 das Russische Reich aus dem Krieg ausgeschieden war, konnte das Deutsche Reich gegen die große Übermacht nicht bestehen, die deutschen Reserven waren zusehends erschöpft. Die Oberste Heeresleitung gestand jedoch erst im Herbst 1918 gegenüber der Regierung ein, dass die Niederlage der deutschen Truppen unmittelbar bevorstand. Der Oberbefehlshaber der Truppen, Paul von Hindenburg, verlangte von der Regierung, den Krieg zu beenden und bei den USA um Waffenstillstandsverhandlungen zu ersuchen.

[1] Siehe hierzu S. 126 f.

Imperialismus und Erster Weltkrieg

M 2 Werben für die Kriegserklärung
Am 2. April 1917 bittet der amerikanische Präsident die Abgeordneten im Senat und im Repräsentantenhaus um Zustimmung zur Kriegserklärung gegen das Deutsche Reich:

Die Welt muss sicher gemacht werden für die Demokratie. Wir haben keine selbstischen Ziele, denen wir dienen. Wir verlangen nach keiner Eroberung, keiner Herrschaft.
5 Wir sind lediglich einer der Vorkämpfer für die Rechte der Menschheit.
Es ist eine fürchterliche Sache, dieses große friedfertige Volk in den Krieg zu führen, in den schrecklichsten und verheerendsten aller Kriege,
10 in dem die Zivilisation selbst auf dem Spiele zu stehen scheint. Aber das Recht ist wertvoller als der Friede, und wir werden für die Dinge kämpfen, die wir stets unserem Herzen zunächst getragen haben – für die Demokratie, für das Recht jener,
15 die der Autokratie unterworfen sind, für ein Mitspracherecht bei ihrer Regierung, für die Rechte und Freiheiten kleiner Nationen, für eine allgemeine Herrschaft des Rechts durch ein Konzert der freien Völker, das allen Nationen Frieden und Si-
20 cherheit bringen und die Welt selbst endlich frei machen wird.

Erich Angermann, Der Aufstieg der Vereinigten Staaten von Amerika. Innen- und außenpolitische Entwicklung 1914-1957, Stuttgart o. J., S. 7 f.

M 3 „Für Recht und Ordnung in der Welt"
US-Minister David F. Houston beschreibt 1926 in seinen Erinnerungen die Überlegungen im Kabinett vor der Kriegserklärung an Deutschland im Frühjahr 1917:

Wir konnten Deutschland nicht erlauben, uns zu beherrschen oder Eng-
5 land abzuschneiden und dann Frankreich niederzuwerfen. Wir würden die nächsten auf seiner
10 Liste sein. Wenn es England niederwarf, würden wir allein für Recht und Ordnung in der Welt stehen. Deutschland würde eine erniedrigende Kapitulation von England fordern. Es würde seine Flotte verlangen und
15 seine Kolonien und riesige Entschädigungen beanspruchen. Es würde sich zur Herrin der Welt aufschwingen, und seine Arroganz und Grausamkeit würden keine Grenzen mehr kennen.

Peter Schäfer, Alltag in den Vereinigten Staaten. Von der Kolonialzeit bis zur Gegenwart, Graz/Wien/Köln 1998, S. 313 f.

M 4 Titelbild einer italienischen Wochenzeitschrift
Zeichnung von A. Beltrame, 1917
Ein US-Amerikaner führt andere Soldaten der Alliierten aus mehreren Nationen (u. a. aus Großbritannien und Frankreich) an. Den gemeinsamen Feind, das Deutsche Reich, stellt die Gestalt mit Pickelhaube im Hintergrund dar.

---

1. Beschreibe den Kriegsverlauf bis 1916 anhand der Karte (M1).
2. Erläutere, inwiefern sich der Kriegseintritt der USA von dem der anderen beteiligten Nationen unterscheidet (Darstellungstext).
3. Erörtert die Rolle der Moral bei der Kriegsentscheidung (M2 - M4).
4. Im März 1915 veröffentlicht die amerikanische Zeitschrift „Appeal to Reason" folgenden Text zum möglichen Kriegseintritt der USA: „Wenn Sie den Krieg lieben, ziehen Sie einen Graben in Ihrem Garten, füllen Sie ihn halb mit Wasser, kriechen Sie hinein und bleiben Sie dort einen Tag oder zwei, ohne etwas zu essen; bestellen Sie sich weiter einen Geisteskranken, damit er mit ein paar Revolvern und einem Maschinengewehr auf Sie schieße, dann haben Sie etwas, das gerade so gut ist und Ihrem Land eine Menge Geld spart." Erkläre, wie der Text gemeint ist, und bewerte ihn.
5. Analysiere das Bild (M4).

Russland um 1900

M 1 Suppenküche für Arbeitslose in St. Petersburg
Foto vor 1914

Internettipp:
Über das Leben im Russland der späten Zarenzeit informiert Code 31043-23.

Großmacht mit Schwächen
Das Russische Reich umfasste um 1900 etwa ein Sechstel der Erde und hatte 178 Millionen Einwohner aus über hundert Völkern. Aber das Land war rückständig. Politisch, da der Zar immer noch autokratisch, also ohne Mitwirkung einer Stände- oder Volksvertretung regierte. Gesellschaftlich, da der Adel Privilegien wie den Zugang zu den höchsten Stellen in Regierung, Verwaltung und Militär genoss, der größte Grundbesitzer war und auf seinen riesigen Ländereien einen Großteil der Bevölkerung in Leibeigenschaft hielt. Und wirtschaftlich, da die Landwirtschaft immer noch den größten Bereich der Wirtschaft darstellte. Nur in wenigen Großstädten gab es Industriezentren.

Wachsende Spannungen
Die ungleiche Verteilung von politischen Mitwirkungsrechten, Ansehen, Besitz, Wohlstand und Bildung führte zu immer stärkeren Spannungen. Eine schwere militärische Niederlage im Krieg gegen Japan 1905 schwächte das Ansehen des Zaren in den Augen der unzufriedenen Bevölkerung zusätzlich. Die Folge war eine Revolution: Zum ersten Mal in der Geschichte Russlands erhoben sich Teile der Ober- und Unterschichten gemeinsam gegen die Selbstherrschaft (Autokratie) des Zaren. Dieser ließ die Unruhen blutig niederschlagen. Als Zugeständnis berief er zwar eine Volksvertretung ein. Deren Einfluss blieb allerdings gering. Der Zar regierte weiter fast unumschränkt.
Im Untergrund brodelte es aber weiter: Die wenigen Reformen beseitigten die sozialen Probleme nicht.

Der Weg in den Ersten Weltkrieg
Als 1914 der Erste Weltkrieg begann, hofften der Zar und seine Regierung, die Herrschaft durch einen siegreichen Krieg wieder stabilisieren zu können. Auch in Teilen der Bevölkerung war die patriotische Begeisterung groß. Zehntausende Menschen gingen unter der Parole „Für Glaube, Zar und Vaterland" auf die Straßen. Nur wenige warnten vor den Folgen des Krieges für das Land. Doch schon bald zeigte sich, dass Russland finanziell, wirtschaftlich und militärisch überfordert war. Die russischen Truppen erlitten dramatische Niederlagen, die Lebensmittelversorgung wurde zusehends schlechter, und das Geld verlor immer mehr an Wert. Die russische Bevölkerung litt besonders schwer unter Hunger und Elend. Das führte dazu, dass sich ab 1915 die Stimmung gegen den Krieg und gegen die zaristische Autokratie anheizte.

Imperialismus und Erster Weltkrieg

M 2 Zar und Untertan

Der US-Amerikaner George Kennan stellt 1887/88 in einem Aufsatz folgende Vergleiche an:

Um die außergewöhnliche Strenge der Gesetze zum Schutze der geheiligten Person, der Würde und der aller-
5 höchsten Autorität des Zaren voll ermessen zu können, braucht man sie nur mit den [...] Gesetzen zum Schutz der persönlichen Rechte und Eh-
10 re von Privatpersonen zu vergleichen.
Aus einem solchen Vergleich ergibt sich, dass die Beschädigung eines Porträts [...] oder anderen Darstellungen des Zaren ein schwereres Verbre-
15 chen ist als ein tätlicher Angriff auf eine Privatperson, durch den diese beide Augen, die Zunge, einen Arm, ein Bein oder das Gehör verliert. [...] In einer Rede oder einem Buch die Unverletzlichkeit der Rechte oder Privilegien der allerhöchsten
20 Autorität zu bestreiten oder anzuzweifeln, ist eine Straftat, die ebenso schwer wiegt wie die Vergewaltigung einer Frau.

Richard Pipes, Russland vor der Revolution. Staat und Gesellschaft im Zarenreich, München 1977, S. 317 (übersetzt von Christian Spiel)

M 3 Blick in die Zukunft

Sergej J. Graf Witte prägt um die Jahrhundertwende die russische Finanz- und Wirtschaftspolitik. Im Oktober 1905 legt er dem Zaren eine Denkschrift vor, in der er schreibt:

Der historische Fortschritt ist unaufhaltsam. Entweder wird die bürgerliche Freiheit durch Reformen verwirklicht oder durch eine Revolution. Im zweiten Fall aber wird diese Freiheit erst spät aus
5 dem Aschenhaufen eines zerstörten tausendjährigen geschichtlichen Daseins entstehen. Die russische Revolution, sinnlos und erbarmungslos, wird alles wegfegen, alles in Trümmer schlagen. In welcher Form Russland aus dieser beispiello-
10 sen Prüfung hervorgehen wird – das übersteigt unser Darstellungsvermögen. Aber die Schrecken der russischen Revolution werden alles übertreffen, wovon die Geschichte berichtet. Es ist möglich, dass durch ausländische Einmischung das
15 Reich in Stücke gerissen wird. Man wird versuchen, die Ideale des theoretischen Sozialismus zu verwirklichen; diese Versuche werden umsonst sein, aber dennoch von einschneidender Wirkung. Sie werden die Familie zerstören, das religi-
20 öse Leben vernichten, das Eigentum beseitigen und alle Rechtsgrundlagen untergraben.

Wladimir von Korostowetz, Graf Witte, der Steuermann in der Not, Berlin 1929, S. 229 und 16

M 4 „Die Wolgatreidler"

Ölgemälde von Ilja J. Repin, 1870

Treideln wird das Ziehen von Schiffen genannt. Der Maler Repin wollte seine Bilder möglichst realistisch zeichnen, mit ihnen gleichzeitig aber auch soziale Missstände aufzeigen.

---

1. Arbeite heraus, warum sich Russland um 1900 in einer Krise befand (Darstellungstext).
2. Vergleiche das politische System des zaristischen Russland mit dem des Deutschen Reiches (Darstellungstext).
3. Arbeite die politischen und gesellschaftlichen Auswirkungen der Strafgesetze (M2) heraus.
4. Beschreibe die im Gemälde (M4) dargestellten Männer. Charakterisiere die Art und Weise, wie der Maler auf das Elend der Wolgatreidler hinweist.
5. Erläutere, welche Gefahren Witte sieht (M3). Beende seine Denkschrift mit eigenen Worten. Beginne mit „Die Staatsgewalt ...".

Die Oktoberrevolution

M 1 Denkmalsturz
Foto von 1917
Nach der Oktoberrevolution wurden die Standbilder von Zaren geschleift, wie hier das Denkmal von Zar Alexander III. in Moskau.

[1] Bolschewiki: der kommunistische Flügel der russischen Arbeiterpartei. Sie lehnten eine parlamentarische Demokratie ab und wollten durch die Herrschaft ihrer Partei den Staat und die Gesellschaft grundlegend verändern.
[2] Siehe S. 62 f.

Februarrevolution 1917

Russland war nach drei Jahren Krieg politisch, wirtschaftlich und militärisch erschöpft. Im Februar 1917 demonstrierten Frauen in der Hauptstadt Petrograd (ehemals St. Petersburg) gegen Krieg und Hunger. Es kam zum Generalstreik und zu Straßenkämpfen mit über 1 300 Toten. Am 2. März 1917 dankte Zar Nikolaus II. ab. Die Provisorische Regierung wollte eine parlamentarische Republik aufbauen. Zugleich hatten jedoch sogenannte Räte (Sowjets) als Vertreter der Arbeiter und Soldaten in Petrograd und den Fabrikstädten großen Einfluss auf die Bevölkerung.
Arbeiter besetzten Fabriken, Bauern nahmen adlige Güter mit Gewalt in Besitz. Die Provisorische Regierung führte den Krieg weiter, um Gebietsverluste zu verhindern.

Oktoberrevolution 1917

Doch die Regierung verlor das Vertrauen der Bevölkerung. Am 25. Oktober 1917 (nach dem in Westeuropa gültigen Kalender am 7. November) begann in Petrograd ein Aufstand der Bolschewiki[1]: die **Oktoberrevolution**. Sie bildeten eine neue Regierung, deren Vorsitz ihr Führer, Wladimir I. Lenin übernahm. Lenin glaubte an den **Kommunis**mus[2] und an eine Weltrevolution in allen Krieg führenden Staaten. Die neue Regierung beschloss die Enteignung der Großgrundbesitzer und Sozialisierung (Verstaatlichung) des Bodens, die Einführung des Acht-Stunden-Tages und die Gleichberechtigung der Frauen.
Sie beendete außerdem den Krieg, um weiteren Rückhalt in der kriegsmüden Bevölkerung zu bekommen und die Herrschaft im ganzen Land durchzusetzen. Die Regierung der Bolschewiki musste sich in Brest-Litowsk einem deutschen Friedensdiktat unterwerfen. Russland verlor dadurch ein Viertel seiner Bevölkerung, 75 Prozent seiner Eisen- und Stahlindustrie sowie Gebiete mit wertvollen Rohstoffen.

„Alle Macht den Räten"

Doch die Mehrheit der Bevölkerung, Anhänger der Zarenherrschaft, Militärs, Enteignete, Demokraten, gemäßigte Revolutionäre und sogar viele Bauern und Arbeiter, lehnte die Ziele der Bolschewiki und ihrer Sowjets ab. Die Folge war ein Bürgerkrieg, der Millionen Tote forderte und in dem sich die Bolschewiki durch Terror und Gewalt, aber auch aufgrund ihrer Entschlossenheit und ihres planmäßigen Vorgehens behaupteten. Schritt für Schritt setzten sie ihr kommunistisches Programm durch: Sie enteigneten jetzt auch Kleinfirmen und zwangen die Bauern zu immer neuen Abgaben, sie hoben die Pressefreiheit auf und verboten alle anderen politischen Organisationen ebenso wie abweichende Meinungen in der Kommunistischen Partei Russlands. Russland wurde damit zu einer Einparteiendiktatur.
Mit dem Sieg der Bolschewiki war auch der Kampf der meisten nichtrussischen Völker um Unabhängigkeit gescheitert. Sie wurden Ende 1922 unter Führung Russlands zur Union der Sozialistischen Sowjetrepubliken (UdSSR) zusammengeschlossen.

Imperialismus und Erster Weltkrieg

M 2 „Alle Macht den Sowjets!"
Aus Lenins Revolutionsprogramm, formuliert in den „Aprilthesen" vom 4. April 1917:

1. In unserer Stellung zum Krieg [...] auch nicht die geringsten Zugeständnisse an Vaterlandsverteidigung [...]
2. Die Eigenart der gegenwärtigen Lage in Russland besteht im Übergang von der ersten Etappe der Revolution, die [...] der Bourgeoisie[1] die Macht gab, zur zweiten Etappe der Revolution, die die Macht in die Hände des Proletariats und der ärmsten Schichten der Bauernschaft legen muss. [...]
3. Keinerlei Unterstützung der Provisorischen Regierung [...].
5. Keine parlamentarische Republik, [...] sondern eine Republik der Sowjets der Arbeiter-, Landarbeiter- und Bauerndeputierten im ganzen Lande von unten bis oben. Abschaffung der Polizei, der Armee, der Beamtenschaft [...].
6. Beschlagnahmung der gesamten Ländereien der Gutsbesitzer. Nationalisierung des gesamten Bodens im Lande [...].

Oskar Anweiler, Die Russische Revolution 1905-1921, Stuttgart 1971, S. 37f.

M 3 Lenins Ankunft in Petrograd
Foto vom 3. April 1917

Die deutsche Reichsregierung hatte Wladimir I. Lenin, dem Führer der Bolschewiki, die Rückkehr aus dem Exil in der Schweiz nach Russland ermöglicht. Sie wollte dadurch die russische Regierung schwächen. Nach achttägiger Zugreise über Deutschland, Schweden und Finnland erreichte Lenin Petrograd. Einen Tag später veröffentlichte er seine „Aprilthesen".

[1] Bourgeoisie: Bezeichnung für die reichen Bürger. Ursprünglich werden damit die Eigentümer der industriellen Produktionsmittel bezeichnet (Fabriken, Maschinen u. a.)

---

1. Nenne Unterschiede zwischen Februarrevolution und Oktoberrevolution (Darstellungstext).
2. Erkläre, warum ein großer Teil der Bevölkerung davor zurückschreckte, gegen den Zaren gewaltsam vorzugehen.
3. Lenins Haltung gegen die Provisorische Regierung war den deutschen Behörden bekannt. Spielt in einem Rollenspiel folgende Szene: Zwei hohe Beamte sollen die Reichsregierung bei der Frage beraten, ob Lenin unterstützt werden soll. Der eine Berater ist dagegen, der andere dafür. Welche Gründe könnten sie vorbringen?
4. Gestaltet eine Szene, in der ein Propagandaredner den Analphabeten auf dem Land Lenins Aprilthesen (M2) erläutert und zur Revolution im Sinne Lenins aufruft. Stellt dar, wie sich die Bauern dazu verhalten.
5. Analysiere die Auszüge aus Lenins Revolutionsprogramm (M2):
   a) Nenne in Stichpunkten, wie Lenin und die Bolschewiki die Machtübernahme planen.
   b) Beschreibe die Maßnahmen, mit denen die Unterstützung der Bevölkerung gewonnen werden soll.
   c) Bewerte folgende These zu den Punkten 5 und 6: Die Maßnahmen dienen in erster Linie Lenin und seinen Anhängern zur Sicherung ihrer Macht.
6. Erkläre, warum die Oktoberrevolution besonders bedeutsam ist für den weiteren Verlauf der Geschichte.

Wohin soll es gehen?

M 1 „Gen[osse] Lenin reinigt die Erde vom Unrat."
Plakat von Viktor Deni, 1920
Das Plakat interpretiert einen Gedanken von Karl Marx. Er schrieb 1844: „Nur in einer Revolution kann die stürzende Klasse dahin kommen, sich den ganzen alten Dreck vom Hals zu schaffen."

Ein Jahr mit Folgen

Das Kriegsjahr 1917 war zweifellos ein „Epochenjahr" und eine historische Zäsur: Durch den Eintritt der USA in den Krieg war dieser praktisch entschieden. Darüber hinaus traten die USA erstmals in ihrer Geschichte außerhalb ihres Kontinents als Ordnungs- und Weltmacht, aber auch als führende Industriemacht in Erscheinung.

Gleichzeitig wurde in Russland durch die bolschewistische Oktoberrevolution auf der Grundlage der Lehre des Kommunismus eine völlig neue Staats-, Regierungs-, Gesellschafts- und Wirtschaftsordnung aufgebaut. Sie stand im völligen Gegensatz zu den Verhältnissen in allen anderen Staaten der Welt. Und obwohl Russland bzw. die daraus hervorgegangene UdSSR zu den Verliererstaaten gehörte, musste man künftig mit diesem Staat allein wegen seiner Größe, Bevölkerungszahl, Lage und seinem Rohstoffvorkommen rechnen.

Zwei Werteordnungen

Jede der beiden großen Mächte USA und UdSSR stand für eine Weltanschauung und ein politisches Programm. Die UdSSR war gekennzeichnet durch Verstaatlichung von Betrieben, Landwirtschaft und Banken, durch Planwirtschaft und Diktatur der Kommunistischen Partei. Der Einzelne und seine Rechte waren dem „Kollektiv", den Interessen der Arbeiter- und Bauernklasse, untergeordnet. Und wie diese Interessen aussahen, legte allein die Partei fest.

Im Gegensatz dazu nahmen die USA für sich in Anspruch, dass dort Menschen- und Bürgerrechte, Demokratie, Freiheit, Meinungs- und Interessenvielfalt sowie die individuelle Entfaltung des Einzelnen möglich wären (**Liberalismus**). Ihre Wirtschaft beruhte auf dem Privateigentum und auf der freien Marktwirtschaft.

Zwei Führungsansprüche

Beide Staaten beanspruchten aber auch eine Führungsrolle in ihrer unmittelbaren Nachbarschaft und sogar weltweit. Die Kommunisten der UdSSR waren fest davon überzeugt, dass die Revolution in Russland nur der Anfang einer kommunistischen Weltrevolution war. Zu diesem Zweck gründete Lenin schon 1919 die Kommunistische Internationale. In ihr schlossen sich alle sozialistischen und kommunistischen Parteien weltweit unter Führung der Kommunistischen Partei der UdSSR zusammen.

Die USA verwiesen hingegen auf ihre Tradition als Vorkämpfer für die Freiheit seit ihrem Unabhängigkeitskrieg, der Verdrängung europäischer Kolonialmächte aus Amerika und der Abschaffung der Sklaverei. In den Ersten Weltkrieg waren sie, laut Präsident Wilson, eingetreten, „to make the world safe for democracy". Und so war auch künftig zu erwarten, dass die USA für die Erhaltung oder Verbreitung der Demokratie weltweit eintreten und eine Art „**Demokratieexport**" betreiben würden. Auf diese Weise war durch die Ereignisse des Jahres 1917 eine Konkurrenz oder gar Rivalität angelegt, die in der Tat das gesamte 20. Jh. prägen sollte.

Liberalismus   Demokratieexport

Imperialismus und Erster Weltkrieg

M 2 „Die Welt muss sicher gemacht werden für die Demokratie"

Am 2. April 1917 spricht sich der amerikanische Präsident Woodrow Wilson vor dem Kongress für eine Kriegserklärung an das Deutsche Reich aus:
Neutralität ist nicht länger durchführbar oder wünschenswert, wo es um den Frieden der Welt und die Freiheit ihrer Völker geht […]. Wir stehen am Anfang eines Zeitalters, in dem man darauf beharren wird, dass die gleichen Maßstäbe für das Verhalten und für die Verantwortlichkeit für getanes Unrecht von den Nationen und ihren Regierungen beobachtet werden sollen, die von den einzelnen Bürgern zivilisierter Staaten befolgt werden. […]
Wir sind froh, jetzt, da wir die Tatsachen ohne einen Schleier trügerischen Scheins sehen, dass wir so für den schließlichen Frieden der Welt und für die Befreiung ihrer Völker, die deutschen Völker eingeschlossen, kämpfen: für die Rechte der Nationen, groß und klein, und das Vorrecht der Menschen allüberall, sich ihre Weise des Lebens und des Gehorsams auszusuchen. Die Welt muss sicher gemacht werden für die Demokratie. Ihr Friede muss auf den erprobten Grundlagen politischer Freiheit errichtet werden.

Helmut Schambeck, Helmut Widder und Marcus Bergmann (Hrsg.), Dokumente zur Geschichte der Vereinigten Staaten von Amerika, Berlin ²2007, S. 434 f.

M 3 War 1917 ein Wendejahr?

1998 beantwortet der Historiker Hagen Schulze die Frage so:
Das Jahr 1917 war ein Wendejahr Europas, ja der Weltgeschichte, auch wenn das erst später ganz klar werden sollte. Amerika und Sowjetrussland betrieben Weltrevolution, jede Seite auf ihre Weise. Die Friedensparole der Bolschewiki, die in Russland ihre Wirkung getan hatte, sollte diese Wirkung nun auch in der übrigen Welt entfalten und den Weg zur kommunistischen Weltrevolution ebnen.
[…]
Die Entschlossenheit Lenins, der Welt eine neue Ordnung zu geben, fand ihre Entsprechung in den Visionen des Präsidenten Wilson. Der Präsident der USA war davon überzeugt, dass sein Land eine Mission in der Welt besaß. Das galt vor allem für Europa, von dessen verderblicher, korrupter, absolutistischer Herrschaft sich Amerika einst losgerissen hatte. Jetzt, so sah es Wilson, war die Zeit gekommen, die sittlichen und politischen Ideale des „amerikanischen Traums" nach Europa zurückzutragen und den Mutterkontinent wie überhaupt die Welt „safe for democracy" zu machen.

Hagen Schulze, Phoenix Europa. Die Moderne. Von 1740 bis heute, Berlin 1998, S. 334 f.

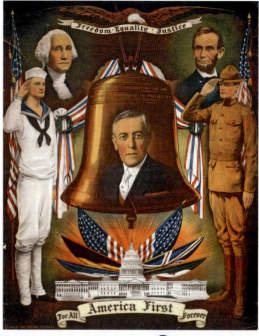

M 4 „America first" Plakat von 1918
Auf der Glocke, der berühmten „Liberty Bell", steht die Inschrift: „Proclaim liberty throughout all the land, order of the assembly of the province of P(hiladelphia)."

---

1. Überprüfe, ob das Bild (M1) den Gedanken von Karl Marx angemessen wiedergibt. Berücksichtige dabei auch den Verlauf der Oktoberrevolution (vgl. S. 126).
2. Arbeite die Gründe und Ziele heraus, die Wilson für den Kriegseintritt der USA angibt (M2).
3. Analysiere, mit welchen Mitteln auf dem Plakat (M4) für den Kriegseinsatz „geworben" wird.
4. Arbeite die Gründe heraus, die der Historiker Hagen Schulze anführt (M3), um 1917 als „Wendejahr" zu bezeichnen.
5. Welche anderen „Wende-" oder „Epochenjahre" aus dem 15., 16. und 18. Jh. kennst du? Begründe deine Auswahl.

3 Novemberrevolution in Deutschland und Kriegsende

M 1 „End of the war!" Titelseite der New York Times vom 11. November 1918

Brot und Frieden

Seit dem Herbst 1917 und der Oktoberrevolution in Russland demonstrierten auch in Deutschland und Österreich immer mehr Menschen gegen die schlechte Lebensmittelversorgung und für Friedensverhandlungen. Zugleich stieg die Zahl der Soldaten, die sich weigerten, sinnlosen Befehlen zu gehorchen. Im Februar 1918 gingen in Berlin und anderen Industriezentren des Reiches mehr als eine Million Menschen auf die Straße und forderten Brot und Frieden.

Spätes Eingeständnis und Reformen

Die militärische Lage verschlechterte sich trotz des Friedensvertrages mit Russland: Die Alliierten hatten mehr Soldaten und eine bessere Ausrüstung. Trotzdem räumte die Oberste Heeresleitung die Niederlage erst im September 1918 ein. Um die Verantwortung für die Folgen der Niederlage von sich abzuwälzen, überließ sie es einer neu zu ernennenden Regierung, die Verhandlungen über einen Waffenstillstand zu führen.

Diese Regierung wurde im Oktober aus Vertretern von SPD, Zentrum und liberaler Fortschrittspartei gebildet. Eine Verfassungsreform schränkte die Macht des Kaisers ein: Der Reichskanzler benötigte künftig das Vertrauen des Reichstags, ohne dessen Zustimmung weder ein Krieg erklärt noch ein Frieden geschlossen werden konnte. Das Deutsche Reich war jetzt eine parlamentarische Monarchie.

Kriegsende und Sturz der Imperien

Trotz der aussichtslosen militärischen Lage sollten deutsche Kriegsschiffe wieder in den Kampf auslaufen. Doch diesmal verweigerten die Matrosen den Gehorsam. Ihr Widerstand war Anfang November das Zeichen für viele weitere Meutereien und Streiks im ganzen Reich. Nach russischem Vorbild wurden in vielen Städten Arbeiter- und Bauernräte gebildet, die die Macht übernahmen. In den folgenden Tagen traten in allen deutschen Staaten die Monarchen zurück.

Die revolutionäre Welle erreichte auch die Reichshauptstadt Berlin. Fast gleichzeitig trafen die Waffenstillstandsbedingungen der Alliierten ein. In dieser kritischen Lage verkündete der Reichskanzler am 9. November 1918 eigenmächtig den Rücktritt des Kaisers. Er übergab außerdem sein Amt Friedrich Ebert, dem Vorsitzenden der SPD.

Um einen Angriff der Alliierten zu verhindern, kapitulierte das Deutsche Reich bedingungslos und am 11. November 1918 unterzeichnete ein Vertreter der Reichsregierung den Waffenstillstandsvertrag. Schon zuvor hatten Österreich und seine Bundesgenossen Waffenstillstandsverträge mit den Alliierten abgeschlossen. Auch in diesen Staaten wurde die Monarchie abgeschafft. Damit war der Erste Weltkrieg zu Ende. Er hatte nicht nur Tod, Verwundung und Not über Millionen Menschen gebracht, sondern auch zum Sturz der autoritären monarchischen **Imperien** Mittel- und Osteuropas geführt.

Imperialismus und Erster Weltkrieg

M 2 „Wir neiden Deutschland nicht seine Größe …"

Am Ende einer Rede an den amerikanischen Kongress am 8. Januar 1918 wendet sich US-Präsident Woodrow Wilson an die Deutschen und sagt:

Wir wünschen lediglich, dass es einen Platz der Gleichrangigkeit (a place of equality) unter den Völkern der Welt, der neuen Welt, in der wir jetzt leben, einnimmt und nicht einen dominierenden
5 Platz (a place of mastery). Wir maßen uns auch nicht an, Deutschland eine Auswechslung oder Änderung seiner Institutionen anzuraten. Doch es ist, offen gesagt, notwendig, und zwar notwendig im Sinn einer Vorbedingung für vernünftige
10 Verhandlungen zwischen uns und Deutschland, dass wir wissen, für wen seine Vertreter sprechen – für die Mehrheit des Reichstages oder für die Militärpartei und die Männer, deren Credo imperiale Herrschaft ist.

Heinrich August Winkler, Geschichte des Westens. Die Zeit der Weltkriege 1914-1945, München 2011, S. 86

M 3 „Furchtbar und entsetzlich!"

Oberst Albrecht von Thaer berichtet in seinem Tagebuch, wie sein Vorgesetzter, Generalstabschef Erich Ludendorff, am 1. Oktober 1918 vor den Offizieren der Obersten Heeresleitung (O.H.L.) die Lage beurteilt:

Er sagte ungefähr Folgendes: Er sei verpflichtet, uns zu sagen, dass unsere militärische Lage furchtbar ernst sei. Täglich könne unsere Westfront durchbrochen werden. Er habe darüber in
5 den letzten Tagen Sr. M.[1] zu berichten gehabt. Zum 1. Mal sei der O.H.L. von Sr. M. bzw. vom Reichskanzler die Frage vorgelegt worden, was sie und das Heer noch zu leisten imstande seien. Er habe im Einvernehmen mit dem Generalfeldmar-
10 schall[2] geantwortet:

„Die O.H.L. und das deutsche Heer seien am Ende; der Krieg sei nicht nur nicht mehr zu gewinnen, vielmehr stehe die endgültige Niederlage wohl unvermeidbar bevor. […] Auf die Truppen
15 sei kein Verlass mehr. […] So sei vorauszusehen, dass dem Feinde schon in nächster Zeit mithilfe der kampffreudigen Amerikaner ein großer Sieg, ein Durchbruch in ganz großem Stile gelingen werde, dann werde dieses Westheer den letzten
20 Halt verlieren und in voller Auflösung zurückfluten über den Rhein und werde die Revolution nach Deutschland tragen.

Diese Katastrophe müsse unbedingt vermieden werden. Aus den angeführten Gründen dürfe
25 man sich nun nicht mehr schlagen lassen. Deshalb habe die O.H.L. von Sr. M. und dem Kanzler gefordert, dass ohne jeden Verzug der Antrag auf Herbeiführung eines Waffenstillstandes gestellt würde bei dem Präsidenten Wilson von Amerika
30 zwecks Herbeiführung eines Friedens […]. Ich habe […] S. M. gebeten, jetzt auch diejenigen Kreise an die Regierung zu bringen, denen wir es in der Hauptsache zu verdanken haben, dass wir so weit gekommen sind. […] Die sollen nun den Frieden
35 schließen, der jetzt geschlossen werden muss. Sie sollen die Suppe essen, die sie uns eingebrockt haben!"

Gerhard A. Ritter/Susanne Miller (Hrsg.), Die deutsche Revolution 1918-1919. Dokumente, Frankfurt a. M. ²1983, S. 25 f.

M 4 „Der Kaiser hat abgedankt"

Titelseite der „2. Extraausgabe" des sozialdemokratischen „Vorwärts" vom 9. November 1918

[1] Sr. M.: Seiner Majestät [Kaiser Wilhelm II.]
[2] Gemeint ist Paul von Hindenburg.

---

1. Stelle dar, was Wilson von Deutschland erwartet (M2).
2. Nenne Gründe dafür, dass der Erlass (M4) schnell veröffentlicht wurde.
3. Bewerte die Aussage über die neue Regierung in den Zeilen 31-37 (M3).
4. Erläutere, wie sich die Oberste Heeresleitung der Verantwortung für die Niederlage zu entziehen versucht (M3).
5. Arbeite heraus, wie die Oberste Heeresleitung die Lage beurteilt (M3). Welche Gründe werden genannt?

- 14-Punkte-Plan des US-Präsidenten Wilson
- Russland scheidet aus dem Krieg aus
- 13.10.: Waffenstillstandsgesuch der neuen deutschen Regierung
- Die deutsche Oberste Heeresleitung muss Niederlage eingestehen
- Beginn der Revolution in Deutschland
- 9.11.: erzwungene Abdankung Wilhelms II.; im ganzen Dt. Reich danken die Monarchen ab

1918 | Februar | Mai | August | November | 1919

Novemberrevolution in Baden und Württemberg

M 1 „Das große Reinemachen" Titelbild der Zeitschrift „Der wahre Jacob", Stuttgart, Januar 1919
Die Bildunterschrift lautet: „Das Schreien hilft euch nicht, Ihr müsst fort, um dem Neuen Platz zu machen!"

Das Ende der Monarchie in Baden

Auch an der „Heimatfront" im Südwesten des Deutschen Reiches litten die Menschen unter den Folgen des Krieges. Verbitterung und Friedenssehnsucht machten sich breit. So war es in Baden schon vor Herbst 1918 zu einzelnen Streiks und Protesten gekommen. Doch erst ab dem 8. November gründeten sich, ausgehend von Lahr im Schwarzwald und Offenburg, Arbeiter- und Soldatenräte.
Sie wurden zu einer Konkurrenz für die Regierung in Karlsruhe, der Hauptstadt des Großherzogtums. Dort hatte der Bürgermeister die Initiative ergriffen und aus Vertretern von Parteien, Stadtrat und Stadtverwaltung einen „Wohlfahrtsausschuss" gebildet, der schließlich mit Unterstützung durch den örtlichen Arbeiter- und Soldatenrat zur „Vorläufigen Volksregierung" für Baden wurde. Sie rief am 14. November die Republik aus. Am 22. November verzichtete der Großherzog auf den Thron.

Räterepublik oder demokratische Republik?

In der Zwischenzeit luden die Arbeiter- und Soldatenräte des Landes für den 21. November zu einer „Landesversammlung aller Räte" ein. Sie beanspruchte als „Vorparlament" ein Mitspracherecht bei allen künftigen wichtigen Entscheidungen.
Die Landesversammlung verlor aber an Bedeutung, als die Vorläufige Volksregierung in Karlsruhe die Wahl zu einer badischen Verfassunggebenden Nationalversammlung für den Januar ansetzte und durchführte. Die Verfassunggebende Versammlung erarbeitete ungestört eine demokratische Verfassung für die Republik Baden, die im April durch eine Volksabstimmung gebilligt wurde. Daraufhin lösten sich die Arbeiter- und Soldatenräte in Baden auf.

Aufstand in Württemberg

In Stuttgart erreichten die demokratiefreundlichen Parteien SPD, Zentrum und Nationalliberale schon am 6. November den Rücktritt eines Teils des königlichen Kabinetts. Da aber danach Mitglieder von USPD und Spartakus-Bund[1] verhaftet wurden, drängte nun auch die SPD auf das endgültige Ende der Monarchie.
Gemeinsam mit den Arbeiter- und Soldatenräten, der USPD und den Gewerkschaften bildete sie nach der Ausrufung der Republik eine provisorische Regierung, während König Wilhelm I. Stuttgart verließ. Er trat aber erst am 30. November 1918, als letzter deutscher Monarch, offiziell zurück. Sein Zögern verhinderte nicht, dass im Januar 1919 auch in Württemberg, wie in Baden und im Reich, eine Verfassunggebende Landesversammlung gewählt wurde. Die Wahl ergab eine Mehrheit für die SPD, die mit Wilhelm Boos den ersten demokratisch gewählten Ministerpräsidenten des Landes stellte. Mit der Verabschiedung der Verfassung im April hatte auch Württemberg den Übergang von der Monarchie zur Republik vollzogen.
Er war nicht ohne Schwierigkeiten, aber ohne Blutvergießen und Gewalt vonstattengegangen.

---
[1] Vgl. S. 134/136.

M 2 Der Kaiser hat abgedankt

Die „Neue Badische Landeszeitung" kommentiert am 9. November 1918 die Abdankung des Kaisers:

Die Spannung ist gelöst. Der Kaiser hat abgedankt. […] Nun ist die Entscheidung gefallen. Die Abdankung ist Tatsache. Was notwendig war, ist geschehen. Jetzt darf man hoffen, dass sich die weitere Bewegung zur Aufrichtung des Volksstaats in Ruhe und Ordnung vollzieht. Die Leitung der Massen hat die feste Absicht, keine Anarchie einreißen zu lassen. Es muss Einigkeit und Geschlossenheit des Landes erhalten, es muss vor allem die Ernährung gesichert bleiben. Jeder von uns hat die Pflicht, den Übergang in die neue Zeit durch besonnenes Verhalten erleichtern zu helfen. […] Das deutsche Volk hat sein volles Selbstbestimmungsrecht erhalten. Wir begrüßen mit großer Freude die Ankündigung des gegenwärtigen Reichskanzlers, der noch zur Überleitung der Geschäfte in die neuen Formen staatlichen Lebens im Amt bleibt, dass sofort eine allgemeine deutsche Nationalversammlung in allgemeinen Wahlen gewählt werden soll, welche die künftige Verfassung des Deutschen Reiches, die vielleicht auch für Deutsch-Österreich gelten wird, zu beschließen hat. Wahrscheinlich wird an die Spitze der neuen Reichsregierung der Vorsitzende der sozialdemokratischen Partei, der Abg[eordnete] Ebert, treten. Die Masse des Volkes hätte damit die Regierung in der Hand. Das ist in der gegenwärtigen Lage das Gegebene. Wir dürfen annehmen, dass der Waffenstillstand in kurzer Zeit abgeschlossen sein wird. Der Friede steht dann in baldiger Aussicht. Welche Regierung und welche Staatsform das neue Deutschland auch immer haben wird, wir sind gewiss, dass das deutsche Volk nicht vernichtet werden und nicht untergehen kann, wenn es die hohe politische Reife beweist, die es in dieser Stunde zeigen muss.

Neue Badische Landeszeitung. Abend-Ausgabe vom 9. November 1918 (Stadtarchiv Mannheim)

M 3 Eine sozialdemokratische Kundgebung in Mannheim

Die „Neue Badische Landeszeitung" berichtet am 9. November 1918:

Die am 8. November 1918 im großen Saale des „Rodensteiner" versammelten zirka 250 Vertrauensleute der sozialdemokratischen Partei Mannheims geben der bestimmten Erwartung Ausdruck, dass mit der inneren Demokratisierung in Baden jetzt unverzüglich Ernst gemacht wird und dass die zurzeit im Amt befindlichen Minister, die derselben innerlich widerstreben, schleunigst einer wirklichen Volksregierung Platz machen. […] Vorher referierte der Reichstagsabgeordnete Oskar Geck[1] über die augenblicklichen Aufgaben der Arbeiterschaft. Er gab einen Überblick über die bereits erzielten Reformen bei dem in Bildung begriffenen Volksstaat. […] Er verlangte die rasche Parlamentarisierung, Einführung des Stimmrechts der Frauen, Abschaffung der 1. Kammer und die sofortige Einberufung des Landtags. Die deutsche Volksregierung habe jetzt die Aufgaben, den Krieg zu liquidieren. Bei der Demobilisierung und allen künftigen Aufgaben sei strenge Selbstzucht und Besonnenheit der Massen unbedingt erforderlich. Der Redner forderte zum Schluss die Abdankung des Kaisers.

Neue Badische Landeszeitung. Abend-Ausgabe vom 9. November 1918 (Stadtarchiv Mannheim)

M 4 Soldatenkundgebung in Stuttgart

Foto vom 9. November 1918

In der Rotebühlkaserne werden Waffen verteilt.

[1] Oskar Geck (1867-1928) trat 1892 in die SPD ein, von 1905 bis 1928 war er Stadtverordneter in Mannheim und von 1914 bis 1928 Mitglied im Reichstag.

---

1. Beschreibe, wie die Abdankung des Kaisers kommentiert wird (M2).
2. Erläutere, was damit gemeint ist, dass das deutsche Volk „hohe politische Reife" beweisen soll (M2).
3. Nenne die Ziele der Mannheimer Sozialdemokraten (M3).
4. Recherchiere, ob sich Arbeiter- und Soldatenräte auch in deinem Schul- oder Wohnort bildeten.

Welche Republik?

M 1 Zweimal Friedrich Ebert. Karikatur eines unbekannten Zeichners, um 1923

Zweimal Republik

Die Spaltung der SPD wurde deutlich, als am 9. November 1918 in Berlin zweimal die Republik ausgerufen wurde: zuerst vom gemäßigten Sozialdemokraten Philipp Scheidemann die „Deutsche Republik" und rund zwei Stunden später von Karl Liebknecht, einem Sprecher des Spartakus-Bundes und Mitglied der USPD, die „Freie Sozialistische Republik Deutschland".

Doch fürs Erste gelang es Ebert am 10. November, die USPD zur Mitarbeit in einer gemeinsamen Übergangsregierung zu gewinnen, die sich „Rat der Volksbeauftragten" nannte. Der Rat hatte die schwere Aufgabe, den Krieg zu beenden, einen Bürgerkrieg wie in Russland und den Zusammenbruch der Wirtschaft zu verhindern, die Rückkehr der Kriegsteilnehmer und die Umstellung von der Kriegs- zur Friedenswirtschaft in die Wege zu leiten.

Lauter Kompromisse

Die Übergangsregierung wollte unbedingt erreichen, dass es nach dem Weltkrieg im Land friedlich blieb. Damit die Verwaltung des Staates auch weiterhin funktionierte, beließ sie kaiserliche Offiziere, Richter, Beamte und die bisherigen Fachminister als „Gehilfen" in ihren Ämtern. Sie arbeitete mit der Führung des kaiserlichen Heeres zusammen, damit die Kriegsteilnehmer geordnet zurückkehrten. Die Heeresführung befürchtete wiederum eine radikale Revolution. In einer geheimen Absprache mit Ebert am 10. November versprach sie der Regierung militärische Hilfe gegen eine Revolution, wie sie der Spartakus-Bund wollte.

Die Unternehmer erkannten die Gewerkschaften als Vertretung der Arbeiterschaft an und wollten künftig mit ihnen zusammenarbeiten. Die Gewerkschaften erreichten nach Verhandlungen mit der Regierung am 15. November unter anderem, dass es künftig nur noch einen Acht-Stunden-Arbeitstag geben sollte. Dafür verzichteten sie auf ein sozialistisches System, bei dem die Unternehmer ihr Eigentum verloren hätten.

Die Spaltung der SPD

Friedrich Ebert war Reichskanzler geworden, weil sein Vorgänger Max von Baden der Meinung war, dass die Masse der Arbeiter und Bauern hinter seiner Partei, der SPD, stünde. Aber innerhalb der SPD gab es verschiedene Strömungen. Die Mehrheit wollte neben Frieden eine demokratische Republik und Verbesserung von Arbeits- und Lebensbedingungen der „kleinen Leute" durch Reformen. Das war einer Minderheit zu wenig. Sie hatte sich schon im April 1917 als Unabhängige SPD (USPD) von der dann Mehrheits-SPD (MSPD oder einfach SPD) genannten Partei abgespalten. Manche ihrer Mitglieder forderten eine Enteignung von Fabrik- und Großgrundbesitzern sowie der Banken. Eine radikalere Gruppe innerhalb der USPD, die sich nach dem Anführer eines römischen Sklavenaufstandes „Spartakus-Bund" nannte, war sowohl gegen Monarchie als auch Demokratie und wollte ein kommunistisches Rätesystem nach dem Vorbild der russischen Bolschewiki – notfalls auch durch eine gewaltsame Revolution – einführen.

Imperialismus und Erster Weltkrieg

M 2 „Es lebe die deutsche Republik!"
Der SPD-Politiker Philipp Scheidemann wendet sich am 9. November 1918 mit einer Rede an die Menschen vor dem Reichstagsgebäude. Ein Journalist hat die Rede aufgezeichnet und 1919 veröffentlicht:

Das deutsche Volk hat auf der ganzen Linie gesiegt. Das alte Morsche ist zusammengebrochen; der Militarismus ist erledigt. Die Hohenzollern haben abgedankt! Es lebe die deutsche Republik!
5 Der Abgeordnete Ebert ist zum Reichskanzler ausgerufen worden. Ebert ist damit beauftragt worden, eine neue Regierung zusammenzustellen. Dieser Regierung werden alle sozialistischen Parteien angehören. Jetzt besteht unsere Aufgabe
10 darin, diesen glänzenden Sieg [...] des deutschen Volkes nicht beschmutzen zu lassen, und deshalb bitte ich Sie, sorgen Sie dafür, dass keine Störung der Sicherheit eintrete! Wir müssen stolz sein können, in alle Zukunft auf diesen Tag! Nichts
15 darf existieren, was man uns später wird vorwerfen können! Ruhe, Ordnung und Sicherheit, das ist das, was wir jetzt brauchen! [...] Sorgen Sie dafür, dass die neue deutsche Republik, die wir errichten werden, nicht durch irgendetwas gefähr-
20 det werde! Es lebe die deutsche Republik!

Gerhard A. Ritter/Susanne Miller (Hrsg.), Die deutsche Revolution 1918-1919. Dokumente, Frankfurt a. M. ²1983, S. 77 f.

M 3 „Der Tag der Revolution ist gekommen"
Zwei Stunden nach Scheidemann (M2) ergreift der Führer der Spartakisten, Karl Liebknecht, das Wort. Er spricht vom Berliner Stadtschloss zur Bevölkerung.

Der Tag der Revolution ist gekommen. Wir haben den Frieden erzwungen. [...] Das Alte ist nicht mehr. Die Herrschaft der Hohenzollern, die in
5 diesem Schloss jahrhundertelang gewohnt haben, ist vorüber. In dieser Stunde proklamieren wir die freie sozialistische Republik Deutschlands. [...] Der
10 Tag der Freiheit ist angebrochen. Nie wieder wird ein Hohenzoller diesen Platz betreten. Vor 70 Jahren stand hier am selben
15 Ort Friedrich Wilhelm IV. und musste vor dem Zug der auf den Barrikaden Berlins für die Sache der Freiheit Gefallenen, vor
20 den fünfzig blutüberströmten Leichnamen, seine Mütze abnehmen. [...] Parteigenossen, ich proklamiere die freie sozialistische Republik Deutschland, die alle Stämme um-
25 fassen soll, in der es keine Knechte mehr geben wird, in der jeder ehrliche Arbeiter den ehrlichen Lohn seiner Arbeit finden wird. Die Herrschaft des Kapitalismus, der Europa in ein Leichenfeld verwandelt hat, ist gebrochen. [...] Wir müssen
30 alle Kräfte anspannen, um die Regierung der Arbeiter und Soldaten aufzubauen und eine neue staatliche Ordnung des Proletariats zu schaffen, eine Ordnung des Friedens, des Glücks und der Freiheit unserer deutschen Brüder und unserer
35 Brüder in der ganzen Welt. Wir reichen ihnen die Hände und rufen sie zur Vollendung der Weltrevolution auf.

Gerhard A. Ritter/Susanne Miller (Hrsg.), Die deutsche Revolution 1918 - 1919, a. a. O., S. 78 f.

M 4 Philipp Scheidemann ruft die Republik von einem Balkon des Reichstags aus
Foto von Emil Greiser vom 9. November 1918 (nachträglich gestellte Szene)

▶ **Geschichte In Clips:** Zur Ausrufung der Republik siehe Code 31043-24.

Internettipp: Informationen über Philipp Scheidemann und Karl Liebknecht findest du unter Code 31043-25.

---

1. *Partnerarbeit:* Arbeitet aus den Reden Scheidemanns und Liebknechts arbeitsteilig die politischen Ziele heraus (M2 und M3). Erklärt eure Ergebnisse anschließend eurem Partner.
2. Überprüfe Karl Liebknechts Erklärung (M3) auf Elemente und Forderungen, die auch in der heutigen Politik eine Rolle spielen.
3. Auf der Karikatur (M1) ist zweimal Friedrich Ebert zu sehen: links vor einer Arbeitermenge, rechts zusammen mit dem Weltkriegsgeneral Paul von Hindenburg. Erläutere die Aussageabsicht und gestalte eine Überschrift.

1916	1917	1918	1919	1920

- Die USPD spaltet sich von der SPD ab
- SPD und USPD bilden „Rat der Volksbeauftragten" als Übergangsregierung
- Friedrich Ebert wird Reichskanzler
- Ausrufung der Republik in Berlin
- Arbeiter- und Soldatenräte bilden sich
- Einberufung einer Verfassunggebenden Nationalversammlung

Geht die Revolution weiter?

M 1 Straßenkämpfe in Berlin
Foto, Januar 1919
Barrikaden der Spartakisten.

Welche Art von Demokratie?
Alle wichtigen Entscheidungen über die Umgestaltung Deutschlands fällte im Dezember der unter Leitung des Rates der Volksbeauftragten tagende „Erste allgemeine Kongress der Arbeiter- und Soldatenräte" in Berlin. Er entschied mit großer Mehrheit, dass Deutschland keine **Rätedemokratie** werden solle. Daher setzte er für den 19. Januar 1919 die Wahl einer Nationalversammlung fest, die die Verfassung für eine **parlamentarische Demokratie** ausarbeiten sollte. Darüber hinaus beschloss er die unverzügliche Verstaatlichung aller „hierfür reifen" Industrien sowie die Kontrolle des Militärs durch das Parlament.

Wachsende Spannungen zwischen SPD und USPD
Da die SPD-Mitglieder im Rat der Volksbeauftragten die Umsetzung der beiden zuletzt genannten Beschlüsse verzögerten, kam es zu Spannungen mit der USPD und zu Protesten und Streiks. Gegen eine Demonstration vor der Reichskanzlei ließ Friedrich Ebert Soldaten aufmarschieren. Daraufhin verließ die USPD den Rat der Volksbeauftragten. Ende Dezember 1918 gründeten die Spartakus-Gruppe und weitere Anhänger des Rätesystems die Kommunistische Partei Deutschlands (KPD).

Der „Spartakus-Aufstand"
Ihrer wachsenden Unzufriedenheit machten Spartakus-Anhänger im Januar 1919 Luft: Mit einem Aufstand wollten sie den Rat der Volksbeauftragten stürzen und die Wahl der Nationalversammlung verhindern. Doch die SPD-Führung rief erneut das Militär zur Hilfe und ließ es auch zu, dass Freiwilligenverbände aus ehemaligen Frontsoldaten, sogenannte Freikorps, mit Waffengewalt eingriffen und Jagd auf Kommunisten machten: Sie ermordeten auch Rosa Luxemburg und Karl Liebknecht, zwei führende Köpfe der KPD. Die blutige Niederschlagung des Spartakus-Aufstandes und weiterer Streiks und Rätebewegungen in mehreren deutschen Ländern überschattete die Wahl zur Nationalversammlung. Wie unsicher die Lage war, zeigt die Tatsache, dass die Versammlung dann nicht in Berlin tagte, sondern in die ruhigere „Provinz" nach Weimar auswich.

Verrat an den sozialistischen Zielen?
Die Zusammenarbeit der Übergangsregierung mit den „**alten Eliten**", also den alten Führungsspitzen im Militär, in der Verwaltung und in der Wirtschaft trug der SPD innerhalb der Linken den Vorwurf des Verrats an den Zielen der Arbeiterschaft ein. Dagegen betonte die Führung der Sozialdemokraten, dass es ihr durch diese Politik gelungen sei,
- einen Bürgerkrieg und damit ein militärisches Eingreifen der Alliierten zu unterbinden,
- Hunger abzuwenden,
- den Zerfall des Reiches zu verhindern und
- die Wahl zur Nationalversammlung zu sichern.

M 2 Wer stellt den Volkswillen fest?

Auf dem „Allgemeinen Kongress der Arbeiter- und Soldatenräte" vom Dezember 1918 sagt der SPD-Politiker Max Cohen-Reuß:

Nun gibt es aber, wie die Dinge sich bisher entwickelt haben, eine Voraussetzung, damit wir wieder produktionsfähig werden. Das ist nur möglich, wenn unser staatlicher
5 Mechanismus, der einigermaßen in Unordnung geraten ist, wieder richtig funktioniert, wenn wir eine Zentralgewalt im Reiche bekommen, die in der Lage ist, den inneren und äußeren Zerfall des Reiches
10 aufzuhalten. Nur eine starke Zentralgewalt ist in der Lage, die auseinanderstrebenden Teile des Reichs wieder an das Reich zu fesseln; nur sie kann dafür sorgen, dass die Glieder im Inneren wieder zu einem richti-
15 gen Zusammenarbeiten gelangen. Aber eine starke Zentralgewalt kann nur dann sicheren Halt und eine starke moralische Autorität haben, wenn sie auf dem festen und breiten Fundament des allgemeinen Volks-
20 willens aufgebaut ist. Es kann keine Zentralgewalt mit starker Autorität, die sich die nötige Beachtung im Innern und im Auslande sichert, geben, wenn sie nicht von der überwiegenden Mehrheit des deutschen Volkes getragen ist. […]
25 Es gibt nach meiner festen Überzeugung nur ein einziges Organ, das diesen Volkswillen feststellen kann: Das ist die allgemeine deutsche Nationalversammlung, zu der jeder Deutsche, gleichviel ob Mann oder Frau, in allen den Gebieten, die zu
30 Deutschland gehören wollen, wählen kann. […] Nur noch ein paar Worte über die A.- und S.-Räte an sich und ihre gegenwärtige und zukünftige Stellung. […] Man wird zu der Erkenntnis kommen, dass ohne die A.- und S.-Räte in den ersten
35 Tagen wahrscheinlich schon die Katastrophe hereingebrochen wäre. (Sehr richtig!) Nur die A.- und S.-Räte sind es gewesen, die die Ordnung aufrechterhalten konnten und die so viel Autorität besaßen, dass nicht alles drunter und drüber
40 ging; und ebenso wie man zugeben muss, dass sie manche Geldmittel verschwendet haben – aber wie wäre das in so ungeordneten Zuständen anders möglich! –, so haben die A.- und S.-Räte auch Milliarden von deutschem Volksvermögen
45 gerettet. (Sehr richtig!) Ich meine also, die A.- und S.-Räte hatten ihre Berechtigung und werden ihre Berechtigung auch weiter haben. Nur, glaube ich, müssen sie an der Zentralstelle, die die Verfassung des deutschen Reiches schaffen wird, der
50 Nationalversammlung Platz machen.

Dieter Schneider/Rudolf Kuda, Arbeiterräte in der Novemberrevolution. Ideen, Wirkungen, Dokumente, Frankfurt a. M. 1968, S. 128 f.

M 3 „Schließt Euch fest zusammen…" Plakat von 1918/19

---

1. Arbeite heraus, welche Bedeutung Cohen-Reuß den Räten zumisst (M2).
2. Erläutere den Unterschied zwischen einer parlamentarischen Demokratie und einer Rätedemokratie.
3. Erörtert die Frage, wer in einem Staat über die Verfassung entscheiden soll: Parlamentarier, Räte oder alle Wahlberechtigten?
4. Analysiere das Plakat (M3). Aus welchem politischen Lager stammt es?

3 Das weiß ich – das kann ich!

Am Anfang dieses Kapitels steht die Leitfrage:
Beginnt mit dem Imperialismus und dem Ersten Weltkrieg eine neue Epoche?
Mit den Arbeitsfragen zu den fünf Kategorien auf S. 98 f. kannst du sie nun beantworten:

Herrschaft
Um 1900 waren die großen europäischen Länder wie Großbritannien, Russland oder Deutschland zumeist Monarchien. Sie versuchten durch den Erwerb von Kolonien große Reiche (Imperien) zu bilden und lieferten sich dabei einen regelrechten Wettkampf. Nach dem Ersten Weltkrieg nahm die Zahl der Monarchien deutlich ab. Aus großen Reichen wie dem habsburgischen Österreich-Ungarn oder dem Osmanischen Reich entstanden zahlreiche neue Nationalstaaten. Nach dem Ersten Weltkrieg musste umgedacht werden: Wie sollte in Zukunft Herrschaft begründet und gestaltet werden? Mit der Oktoberrevolution 1917 wurde in Russland auf der Grundlage der Lehre des Kommunismus eine völlig neue Staats-, Regierungs-, Gesellschafts- und Wirtschaftsordnung aufgebaut. Sie stand im Gegensatz zur kapitalistischen Ordnung der USA, die für sich in Anspruch nahm, dass dort Menschen- und Bürgerrechte, Demokratie, Freiheit, Meinungs- und Interessenvielfalt sowie die individuelle Entfaltung des Einzelnen möglich wären (Liberalismus).

Gesellschaft
Auch wenn die meisten Staaten des späten 19. Jh. von Monarchen regiert wurden, hatte das Bürgertum durch die Industrialisierung an Selbstbewusstsein gewonnen. Es war zur bestimmenden Bevölkerungsschicht geworden.
Im Ersten Weltkrieg wird erstmals der Begriff der „Heimatfront" geprägt, da die Unterstützung der Bevölkerung zuhause immer wichtiger wird für die Fortführung eines Krieges. Die Schrecken des Krieges sind bald allgegenwärtig.

Wirtschaft
Um 1900 hatte bereits die zweite große Industrialisierungswelle stattgefunden: Chemie, Elektrotechnik und Maschinenbau hießen die neuen Leitsektoren – vor allem in Deutschland. Die Schattenseiten der sich rasch entwickelnden Technik zeigen sich im Ersten Weltkrieg: Der technische Fortschritt führte zu wahren Materialschlachten. Maschinengewehr, Giftgas und Panzer ermöglichen massenhaftes Töten.

Kultur
Der Imperialismus als politische Ideologie breitete sich zum Ende des 19. Jh. aus. Die rücksichtslose Haltung der imperialistischen Mächte gegenüber den Ureinwohnern der eroberten Gebiete war geprägt von Rassismus. Begründet wurde diese Politik mit den pseudowissenschaftlichen Ansichten des Sozialdarwinismus.
Die Jahre vor dem Beginn des Ersten Weltkrieges wurden geprägt vom Geist des Radikalnationalismus. Konkurrenzdenken und Feindbilder bestimmten die Beziehungen zwischen den Staaten. Das Wohl der eigenen Nation wurde über das der anderen gestellt und sollte notfalls auch mit Waffengewalt durchgesetzt werden.

Vernetzung
Im Zeitalter des Imperialismus wetteiferten die Kolonialmächte darum, möglichst große Reiche (Imperien) zu bilden. Die Konkurrenz um Gebiete in fremden Ländern wurde noch verschärft durch einen zunehmenden Rüstungswettlauf und die rücksichtslose Bündnispolitik vor dem Ersten Weltkrieg.

---

1. Partnerarbeit: Wählt eine Kategorie aus und erläutert euch gegenseitig einen für euch wesentlichen Aspekt ausführlich an einem Beispiel.
2. Der Erste Weltkrieg gilt heute für viele Historiker als die „Urkatastrophe Europas". Nenne Gründe für diese Beurteilung.
3. Erörtert die Frage: „Was hat die heutige Regierung der Bundesrepublik Deutschland mit dem Herero-Aufstand zu tun?"

Kompetenz-Test
Einen Fragebogen, mit dem du überprüfen kannst, was du schon erklären kannst und was du noch üben solltest, findest du unter Code 31043-26.

Imperialismus und Erster Weltkrieg

M 1 Der Hafen von Yokohama
Kolorierter Holzschnitt, 1872
Das Bild zeigt den Hafen von Yokohama, Japan, in dem westliche Kriegsschiffe sowie japanische Segelschiffe vor Anker liegen.

M 2 Ein Soldat gibt Feuer
Foto entstanden an der Westfront 1918
Ein in Gefangenschaft geratener deutscher Soldat gibt einem verwundeten englischen Soldaten Feuer.

1. Japan – mögliche Kolonie oder angehende Kolonialmacht? Nachdem sich Japan über zwei Jahrhunderte gegenüber dem Westen abgeschottet hat, erzwingen amerikanische Kriegsschiffe im Jahr 1859 eine Öffnung des Landes. Alles deutet darauf hin, dass Japan von einer westlichen Macht (oder von mehreren) kolonialisiert wird. Doch es kommt anders.
   a) Beschreibe das Bild (M1) möglichst genau.
   b) Informiere dich in der Bibliothek oder im Internet über die „Meiji-Restauration". Arbeite die wichtigsten Informationen auf weniger als einer Heftseite heraus.
   c) In den Jahren 1904/05 fand ein Krieg zwischen Russland und Japan statt. Die japanische Armee siegte klar, wobei die Marine den größten Teil zum Erfolg beisteuerte. Zum ersten Mal in der Neuzeit besiegte somit eine nichteuropäische Armee eine europäische. Entwickle mögliche Gründe für diesen Erfolg.

2. Ein unmenschlicher Krieg? Während des Ersten Weltkrieges kam es in Gefechtspausen, an Feiertagen oder auch bei Gefangennahme immer wieder zu Szenen wie in M2 zwischen „verfeindeten" Soldaten.
   a) Beschreibe die in M2 dargestellte Situation. Welche Rückschlüsse kannst du daraus ziehen?
   b) Der Erste Weltkrieg wird geprägt durch „Materialschlachten". Informiere dich im Internet (z. B. bpb.de) über die „Schlacht von Verdun", ebenso über die Mengen an Munition und Waffen, welche für diese Schlacht eingesetzt wurden, sowie über die Opferzahlen. Beurteile anschließend, inwiefern man von einem unmenschlichen Krieg sprechen kann.

4 Europa in der Zwischenkriegszeit

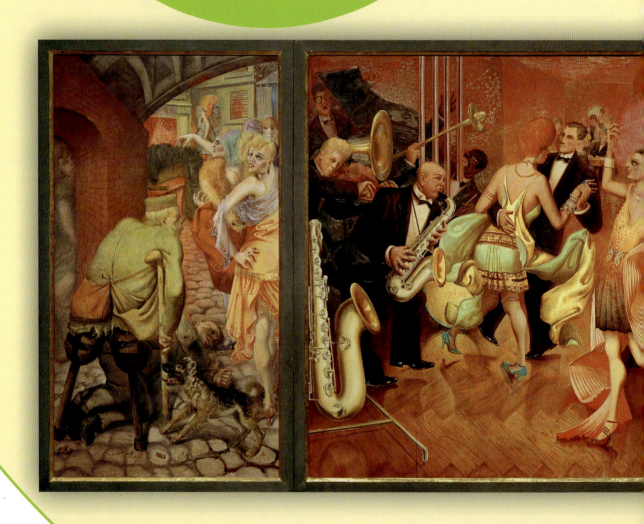

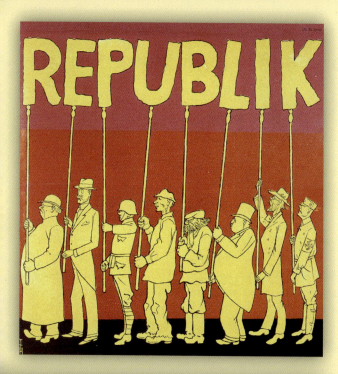

M 1 „Sie tragen die Buchstaben der Firma – aber wer trägt den Geist?" Karikatur von Thomas Theodor Heine aus der satirischen Zeitschrift „Simplicissimus", 21. März 1927

Die Jahre nach dem Ersten Weltkrieg glichen in den Augen vieler Menschen einem „Tanz auf dem Vulkan". Der Historiker Ian Kershaw bezeichnet die Zeit der beiden Weltkriege und die Zwischenkriegszeit als „Höllensturz". Ein anderer Historiker, Philipp Blom, beschreibt sie als die „zerrissenen Jahre": eine Zeit zwischen Demokratie und Diktatur, neuen Hoffnungen und tiefen Enttäuschungen, Lebenslust und Selbstzerstörung. Das Gemälde von Otto Dix verbildlicht diese Zerrissenheit, die sich auch in der Politik schwerwiegend auswirken sollte.

M 2 „Großstadt"
Gemälde von Otto Dix, 1927/28
Mischtechnik auf Holz

Das Gemälde „Großstadt" ist übrigens im Kunstmuseum der Stadt Stuttgart am Schlossplatz ausgestellt.
Beschreibe, wie der Maler Otto Dix das Leben in den zwanziger Jahren gesehen hat. Wie verdeutlicht er den „Tanz auf dem Vulkan"?

4 Fragen an … Europa in der Zwischenkriegszeit

Der Waffenstillstand vom 11. November 1918 läutete für Europa eine neue Zeit ein. Bereits in den letzten Kriegstagen hatte sich das Deutsche Reich stark verändert. Am 9. November 1918 war in Berlin die Republik ausgerufen worden. Das Kaiserreich gehörte nun der Vergangenheit an.

Ähnlich starke Umbrüche gab es in vielen Ländern in Europa. Das Vielvölkerreich Österreich-Ungarn zerfiel und eine Vielzahl an neuen Staaten entstand. Die alten Monarchien und die konservativen Kräfte schienen mit dem Ende des Weltkrieges überwunden zu sein. Die neu entstandenen Staaten gaben sich demokratische Verfassungen.

Doch für viele Menschen kamen die Umbrüche zu plötzlich. Sie fühlten sich als Verlierer des Krieges und waren durch die Veränderungen überfordert. Die psychologischen Folgen des Krieges, die schwierige wirtschaftliche Lage und die Unsicherheit über die eigene Zukunft führten dazu, dass viele Menschen das Vertrauen in die neuen demokratischen Institutionen schnell verloren und sich radikalen Positionen zuwandten.

Davon profitierte der sogenannte Faschismus: Immer mehr Menschen in ganz Europa zog diese antidemokratische und extrem nationalistische Ideologie in den Bann. In Deutschland vertraten die Nationalsozialisten faschistische Vorstellungen und bereiteten 1933 der Demokratie ein Ende. Schließlich stürzten sie ganz Europa in den Zweiten Weltkrieg.

In diesem Kapitel erfährst du, welche Chancen der Neuanfang nach dem Ersten Weltkrieg bot und warum viele Demokratien in Europa trotzdem scheiterten.

Leitfragen Inwiefern kann man die Zwischenkriegsjahre als zerrissene Jahre bezeichnen?
Warum überlebte die neue Demokratie nicht?

In Deutschland entstand nach dem Ersten Weltkrieg erstmals eine Demokratie, allerdings mit schweren Startbedingungen. Viele Menschen trauten der neuen politischen Ordnung nicht zu, die Probleme ihrer Zeit zu lösen.

Die Wirtschaft war durch die Folgen des Ersten Weltkrieges belastet. Die Inflation stürzte viele Menschen in bittere Not: Sie verloren ihre gesamten Ersparnisse. Später verunsicherten extrem hohe, durch die Weltwirtschaftskrise verursachte Arbeitslosigkeitsraten die Menschen zusätzlich.

Entwickelt Fragen an Europa in der Zwischenkriegszeit und ordnet sie den fünf „Frage-Bereichen" (Kategorien) zu. ▶

 Herrschaft
…
…

 Wirtschaft
…
…

Deutsches Kaiserreich | Weimarer Republik

31. Oktober 1922: Mussolini ital. Ministerpräsident

1915 — 1920

9. November 1918: Die Deutsche Republik wird ausgerufen
28. Juni 1919: Der Versailler Vertrag legt die Nachkriegsordnung fest
1923: Krisenjahr der Weimarer Republik mit „Ruhrkampf", Inflation, Währungsreform und Hitler-Putsch

Fragen an … Europa in der Zwischenkriegszeit

M Die Weimarer Republik von 1918 bis 1933

Obwohl die Demokratie mehr Freiheiten und in den Großstädten eine kulturelle Blüte mit sich brachte, blieben große Teile der Bevölkerung weiter in antidemokratischem Denken verwurzelt. Auch in der politischen Kultur zeigte sich eine Zerrissenheit und Verrohung.

Die Zwischenkriegszeit war in Europa eine Zeit starker Veränderungen und großer Gegensätze. Viele Menschen in Deutschland sehnten sich nach den alten Strukturen und einem „starken Mann" zurück. Die alten Eliten des Kaiserreichs standen der Demokratie skeptisch oder sogar offen ablehnend gegenüber.

Die neugeschaffene Einrichtung des „Völkerbundes" sollte Konflikte zwischen den Staaten in Zukunft friedlich regeln und so einen weiteren blutigen Krieg vermeiden.

Kultur
…
…

Gesellschaft
…
…

Vernetzung
…
…

Weltwirtschaftskrise

1927: Stalin sowjetischer Diktator | 1930 | Präsidialkabinette (1930–1933) | 30. Januar 1933: Reichspräsident Hindenburg ernennt Hitler zum Reichskanzler | 1935

143

Eine neue Weltordnung?

M 1 „The League of Nations"
US-Amerikanische Postkarte zum Völkerbund, New York 1920

Verändern 14 Punkte die Welt?

Der Erste Weltkrieg war eine Katastrophe von bis dahin ungekanntem Ausmaß. Politiker in allen Verlierer- und Siegerstaaten standen nun nicht nur vor der Frage, wie ein Frieden geschlossen werden konnte. Es galt auch zu überlegen, nach welchen Regeln künftig Staaten untereinander Politik treiben sollten. Einige überlegten auch, wie Kriege verhindert werden könnten. Zu ihnen gehörte der amerikanische Präsident Woodrow Wilson. Er legte im Januar 1918 in einer Rede vor dem Kongress ein **14 Punkte** umfassendes Programm vor. Es sollte die Grundlage für einen dauerhaften Frieden in Europa schaffen und zur **Demokratisierung** möglichst vieler Staaten beitragen. Voraussetzung dafür war nach Wilsons Ansicht, dass alle Staaten die Freiheit der Weltmeere und des Handels akzeptierten, sich auf eine Rüstungsbegrenzung verständigten und nach dem Grundsatz handelten, dass jede Nation ihr Schicksal in freier Selbstbestimmung entscheiden könne (**Selbstbestimmungsrecht der Völker**).

„Vereinigung der Nationen"

Statt wie bislang ihre Interessen mit Gewalt durchzusetzen, sollten die Staaten einer neu zu gründenden „Vereinigung der Nationen" beitreten, die die „Unabhängigkeit und territoriale Unverletzlichkeit" der Mitglieder als eine Art Schiedsrichter garantierte. Wilsons 14 Punkte waren ein völlig neues Instrument zur Friedenssicherung. Sie waren aber auch die Antwort der USA auf die Oktoberrevolution in Russland und der erste Versuch, die drohende Gefahr einer kommunistischen Weltrevolution einzudämmen.

Der Völkerbund

Nach dem Ersten Weltkrieg setzte Wilson 1919 seine Idee des Völkerbundes bei den Friedensverhandlungen durch. Anfang 1920 nahm der Völkerbund seine Arbeit in Genf auf. Streitfälle zwischen den Staaten sollten vor die Vereinigung oder ein internationales Schiedsgericht gebracht und friedlich beigelegt werden. Gegen Friedensstörer sah die Satzung der Weltorganisation gemeinsame politische und wirtschaftliche Zwangsmaßnahmen (Sanktionen) vor.

Der Völkerbund war zunächst aber nur ein Zusammenschluss der **Siegermächte**, denn Deutschland und seine ehemaligen Verbündeten blieben ebenso ausgeschlossen wie das kommunistische Russland. Geschwächt wurde er dadurch, dass die USA ihm gar nicht angehörten. Der Senat hatte dem Beitritt die Zustimmung verweigert, weil das Land sich nicht länger in europäische Streitigkeiten einmischen sollte. Sowjetrussland trat nicht sofort bei, um nicht als einzige kommunistische Macht ständig überstimmt zu werden; es schloss sich erst 1934 der Organisation an.

Europa in der Zwischenkriegszeit

M 2 „Übergewichtig"
Karikatur aus der britischen Zeitschrift „Punch", 26. März 1919
US-Präsident Wilson: „Hier ist dein Olivenzweig. Nun mach dich an die Arbeit!" – Taube: „Ich will ja gern allen gefällig sein, aber ist das nicht etwas zu viel?"
Olivenzweig und Taube sind Symbole des Friedens.
„League of Nations": „Völkerbund".

M 3 „Revolution der Außenpolitik"?
Zur Tragweite der Völkerbundsidee schreiben zwei Historiker:

Zweifellos ist der Versuch, mit der Schaffung des Völkerbunds ein weltweites System kollektiver Sicherheit zu errichten, als die eigentlich weiterweisende Idee der Friedenskonferenz anzusehen. Aber die neue Institution entpuppte sich doch rasch als ein schwaches und problematisches Gebilde, das die großen Erwartungen nur zu einem kleinen Teil erfüllte [...].
Jene „Revolution der Außenpolitik", welche die Errichtung des Völkerbunds nach dem Willen Wilsons und der Anhänger der Völkerbundsidee bewirken sollte, fand nicht statt. Auch nach 1918 verlief die Außenpolitik ganz überwiegend in den Bahnen nationalstaatlicher Mächtepolitik und einer sie abstützenden [...] Bündnispolitik wie vor 1914. Die Überwindung des Krieges als eines Mittels der Politik – das, was Millionen von Menschen am Ende des Weltkrieges erstrebten und was mit der Schaffung des Völkerbunds wenigstens ansatzweise versucht wurde – ist nicht gelungen.

Eberhard Kolb und Dirk Schumann, Die Weimarer Republik, München ⁸2013, S. 27

M 4 Auszug aus Wilsons 14 Punkten
Im Januar 1918 legt der amerikanische Präsident Wilson dem Kongress folgendes Programm vor:

I. Offene Friedensverträge; Abschaffung der Geheimdiplomatie. [...]
III. Aufhebung aller wirtschaftlichen Schranken.
IV. Rüstungsbegrenzung [...].
V. Unparteiische Regelung aller kolonialen Ansprüche.
VI. Räumung des gesamten russischen Gebietes von fremden Truppen.
VII. Wiederherstellung Belgiens.
VIII. Räumung und Wiederherstellung Frankreichs; Rückgabe von Elsass-Lothringen. [...]
X. Gewährung einer selbstständigen Entwicklung der Völker Österreich-Ungarns. [...]
XII. Der türkische Teil des gegenwärtigen Osmanischen Reiches soll souverän werden, den anderen Nationalitäten, die sich noch unter türkischer Herrschaft befinden, soll eine eigenständige Entwicklung ermöglicht werden [...].
XIII. Errichtung eines unabhängigen polnischen Staates, dem ein freier und sicherer Zugang zum Meer gewährleistet werden sollte.
XIV. Bildung einer Vereinigung der Nationen, die allen Staaten in gleicher Weise Unabhängigkeit und territoriale Unverletzlichkeit garantiert.

Zusammenfassung der Artikel nach: Günter Moltmann, Die Vereinigten Staaten von Amerika von 1917 bis zur Gegenwart, Paderborn 1987, S. 9

---

1. Arbeite die Ziele des amerikanischen Präsidenten aus seinem Programm heraus (M4).
2. Analysiere die Karikatur (M2) und bewerte die Haltung des Zeichners.
3. Beurteile Präsident Wilsons Völkerbund-Projekt (Darstellungstext, M1 - M4).
4. Informiere dich über die Nachfolgeorganisation des Völkerbundes, die noch heute existiert.

Internettipp:
Zur Nachfolgeorganisation des Völkerbundes siehe Code 31043-27.

- Januar 1918: Wilsons 14-Punkte-Programm
- 1920: Der Völkerbund nimmt seine Arbeit auf.
- Pariser Friedenskonferenz

Die Neuordnung Europas

M 1 „European baby show"
Karikatur von Burt Randolph Thomas, 1919
Babyshows waren damals beliebte Veranstaltungen, auf denen neutrale Schiedsrichter das süßeste Baby auswählten. Auf den Babyleibchen steht „enemy claims" (dt. Forderungen der Kriegsgegner), „English claims" (dt. Forderungen der Briten) usw. Der Mann stellt Woodrow Wilson dar. Auf seiner Krawatte ist das Wort „judge" (dt. Richter) zu lesen.

Die Pariser Friedenskonferenz
Die Friedenskonferenz wurde am 18. Januar 1919, dem Jahrestag der Gründung des Deutschen Reiches, in Versailles eröffnet. Vertreter aus 32 Staaten sollten den Weltkrieg völkerrechtlich beenden und eine Nachkriegsordnung festlegen. Die wichtigsten Entscheidungen fielen im Kreis der „Großen Drei": der USA, Großbritanniens und Frankreichs. Während der amerikanische Präsident seine 14 Punkte und das Selbstbestimmungsrecht der Völker in den Vordergrund stellte, bemühten sich Großbritannien und Frankreich, ihre Machtinteressen und ihr Sicherheitsbedürfnis durchzusetzen.
Vertreter Sowjetrusslands und der Verliererstaaten wurden nicht zu den Verhandlungen zugelassen. Die Siegermächte handelten die Verträge unter sich aus und ließen den Verlierern erst spät die Möglichkeit zu einer Stellungnahme, nicht jedoch zu inhaltlichen Veränderungen. Da diese keine härteren Reaktionen riskieren wollten, blieb ihnen nichts anderes, als die Verträge zwischen Juni und November 1919 zu unterzeichnen.

Neue Landkarte – alte Probleme
Die Friedensverträge mit Österreich, Bulgarien, Ungarn und dem Osmanischen Reich veränderten die Landkarte Ost-, Mittel- und Südosteuropas. Die Regelungen orientierten sich nicht allein am Selbstbestimmungsrecht der Völker, sondern berücksichtigten auch militärstrategische Gesichtspunkte. So wurde zum Beispiel Österreich untersagt, sich dem Deutschen Reich anzuschließen, obwohl beide Staaten das wünschten.
Darüber hinaus gab es in den **Nachfolgestaaten**, die auf dem Gebiet des ehemaligen Österreichisch-Ungarischen und Osmanischen Reiches neu gegründet worden waren, weiterhin nationale und religiöse Unterschiede. So wurden in der Tschechoslowakei verschiedene Ethnien (Volksgruppen) wie Tschechen, Slowaken und Mähren zusammengefasst. Dort gab es – wie in den von Österreich an Italien abgetretenen Regionen Südtirol und Trentino und im neu gegründeten Polen – außerdem größere deutsche Minderheiten.

Schwierige Voraussetzungen
Noch viel stärker machte sich das Problem der **ethnischen Minderheiten** im Nachfolgestaat Jugoslawien bemerkbar. Hier lebten unter anderem Slowenen, Kroaten und Albaner als Minderheiten neben der serbischen Mehrheit. Diese gehörte obendrein der christlich orthodoxen Kirche an, während die genannten ethnischen Minderheiten entweder römisch-katholisch oder muslimisch waren.
Nationale und religiöse Konflikte ließen daher nicht lange auf sich warten. Sie stellten die neu gegründeten jungen Nationalstaaten und die dort nach dem Sturz der Monarchien eingeführten Demokratien vor schwierige Aufgaben.

Nachfolgestaat · ethnische Minderheiten

Europa in der Zwischenkriegszeit

M 2 Die europäischen Staaten nach 1918
Jugoslawien (Südslawien) hieß bis 1929 „Königreich der Serben, Kroaten und Slowenen".

M 3 Warum 1919 Versailles?

Der französische Außenminister Stephen Pichon rechtfertigt am 31. Oktober 1918 die Wahl von Versailles als Tagungsort mit den Worten:

Auf unserem Territorium, in Versailles, vor den Toren unserer Hauptstadt, hat Deutschland den Grundstein für seine Weltherrschaft gelegt, die es durch die Vernichtung der Freiheit der Völker
5 ausbaute. Solle sich nicht dort, gleichsam als Sinnbild des Triumphes der Gerechtigkeit, der Kongress versammeln, dessen wichtigster Grundsatz das freie Recht der Völker auf Selbstbestimmung sein wird?

Raymond Poincaré, der französische Präsident, sagt bei der Eröffnung der Friedenskonferenz am 18. Januar 1919:

10 Vor 48 Jahren, genau auf den Tag, am 18. Januar 1871, wurde das Deutsche Reich von einer Invasionsarmee im Schloss von Versailles ausgerufen. Es empfing seine erste Weihe durch den Raub zweier franz. Provinzen. Es war somit befleckt
15 schon in seinem Ursprung und durch den Fehler seiner Gründer trug es in sich den Todeskeim. In Ungerechtigkeit geboren, hat es in Schmach geendet. Sie sind versammelt, um das Übel gutzumachen, das es angerichtet hat, und um seine
20 Wiederkehr zu verhüten. Sie halten in Ihren Händen die Zukunft der Welt.

Jean-Claude Allain, Das Schloss von Versailles, in: Horst Möller/Jacques Morizet (Hrsg.), Franzosen und Deutsche. Orte der gemeinsamen Geschichte, München 1996, S. 65 und 74

---

1. Nenne die nach 1918 neu oder wieder gegründeten Staaten (M2).
2. Arbeite heraus, welche Probleme sich aus der Friedensordnung ergaben (Darstellungstext).
3. Erörtert die Gründe für die neuen Grenzziehungen und mögliche daraus resultierende Folgen (Darstellungstext, M2).
4. Überprüfe, welche Forderungen aus Wilsons 14 Punkten in den Friedensverträgen umgesetzt wurden (Darstellung, M4 auf S. 145).
5. Erkläre, warum Versailles als Schauplatz für die Eröffnung der Friedenskonferenz gewählt wurde (M3).

- Januar 1918: Wilsons 14-Punkte-Programm
- 18.01.1919: Beginn der Friedenskonferenz in Versailles
- 1920: Der Völkerbund nimmt seine Arbeit auf.
- Juni bis November 1919: Unterzeichnung der Friedensverträge

Der Versailler Vertrag: Frieden auf Dauer?

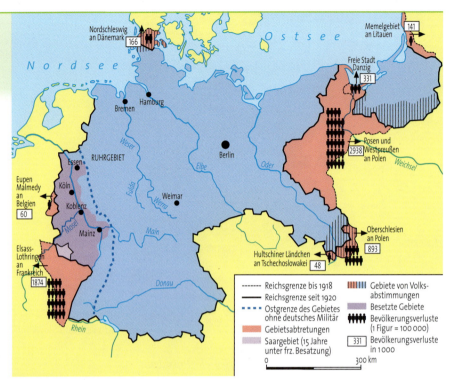

M 1 Deutsche Gebiets- und Bevölkerungsverluste nach dem Friedensvertrag von Versailles

- Weder linksrheinisch noch 50 Kilometer östlich des Rheins durften deutsche Soldaten stationiert werden.
- Alliierte Truppen sollten für mindestens 15 Jahre die Gebiete besetzen und die Einhaltung der Bestimmungen kontrollieren.
- Die allgemeine Wehrpflicht wurde abgeschafft, das Heer durfte höchstens 100 000 und die Marine maximal 15 000 Berufssoldaten umfassen.
- Die Luftwaffe wurde verboten und der Besitz von U-Booten, Panzern und Gaswaffen untersagt.
- Für die Kriegsschäden sollten Wiedergutmachungen (Reparationen) in noch nicht festgelegter Höhe gezahlt werden.

Was die Sieger diktierten

Am 7. Mai 1919 wurden der deutschen Delegation die Friedensbedingungen mitgeteilt. Die Bestimmungen des Vertrages mit seinen 440 Artikeln gingen über die Regelungen des Waffenstillstandes vom November 1918 hinaus. Sie riefen in Deutschland Empörung hervor und lösten eine Regierungskrise aus: Die Regierung wollte den Vertrag nicht unterschreiben und erklärte ihren Rücktritt. Doch angesichts der aussichtslosen militärischen Lage, des Risikos eines Einmarsches alliierter Truppen und der Not im Lande stimmte eine Mehrheit der Abgeordneten für die bedingungslose Annahme des Vertrages.

Am 28. Juni 1919, fünf Jahre nach dem Attentat von Sarajewo, unterzeichneten die Vertreter der deutschen Regierung den Friedensvertrag im Spiegelsaal von Versailles, obwohl er einschneidende Bestimmungen enthielt:

- Im Westen, Osten und Norden des Reiches waren Gebiete abzutreten, außerdem mussten alle Kolonien aufgegeben werden.

Die „Schmach von Versailles"

Die meisten Deutschen lehnten den **Versailler Vertrag** ab. Die Kritiker des „Diktatfriedens" vergaßen aber, mit welchen Zielen Politiker, Militärs und Industrielle den Krieg geführt hatten und wie sie vermutlich im Falle eines Sieges mit den Verlierern umgegangen wären. Und sie verdrängten die harten Bedingungen, die die deutsche Regierung noch im März 1918 Sowjetrussland im Frieden von Brest-Litowsk auferlegt hatte.

Auch die Alliierten trugen zur Verbitterung bei: Sie erkannten nicht an, dass die nun Deutschland regierenden Parteien den Krieg nicht gewollt hatten. Als besondere Schmach empfanden viele Deutsche den Artikel 231 des Vertrages. Dieser **Kriegsschuldartikel**, der die rechtliche Grundlage der Reparationen bildete, machte Deutschland und seine Verbündeten allein für den Kriegsausbruch verantwortlich.

Europa in der Zwischenkriegszeit

M 2 Es konnte schlimmer kommen
Ein deutscher Historiker beurteilt im Jahre 2000 den Vertrag:

Versailles war hart. Aber kaum jemand in Deutschland machte sich bewusst, dass alles noch viel schlimmer hätte kommen können. Das Reich blieb erhalten und das Rheinland ein Teil
5 Deutschlands. Deutschland war nach wie vor […] die wirtschaftlich stärkste Macht Europas. In gewisser Weise hatte sich die außenpolitische Lage Deutschlands gegenüber der Zeit vor 1914 sogar verbessert: Der Konflikt zwischen den Westmäch-
10 ten und Sowjetrussland bedeutete, dass Deutschland keinen Grund mehr hatte, sich „eingekreist" zu fühlen. Und schon in Versailles waren die ersten Risse zwischen den westlichen Verbündeten, Frankreich auf der einen, England und den Verei-
15 nigten Staaten auf der anderen Seite, sichtbar geworden. […] Deutschland hatte gute Aussichten, wieder zur europäischen Großmacht aufzusteigen.

Heinrich August Winkler, Deutsche Geschichte vom Ende des Alten Reiches bis zum Untergang der Weimarer Republik, Sonderausgabe, Bonn 2000, S. 402

M 3 Chancen für Deutschland?
Der Historiker Peter Longerich geht 1995 auf die Chancen des Friedensvertrages ein:

Positiv zu verbuchen war, dass trotz erheblicher Gebietsverluste die Reichseinheit erhalten geblieben war, was nach der verheerenden Niederlage keineswegs als selbstverständlich hatte angenom-
5 men werden können. Zweitens stand Deutschland nicht mehr der geschlossenen Front der Kriegsgegner gegenüber: Im Gegenteil ergab sich die Chance, die tiefen Gegensätze, die nach der bolschewistischen Revolution zwischen Russland
10 und den westlichen Siegermächten herrschten, zugunsten der deutschen Politik zu nutzen; und nach der Ablehnung der Ratifizierung des Versailler Vertrages durch das amerikanische Repräsentantenhaus und dem Abschluss eines deutsch-
15 amerikanischen Friedensvertrages 1921 spielten die USA eher die Rolle eines Mittlers denn eines Siegers. Drittens eröffneten sich für die deutsche Außenpolitik vielfältige Möglichkeiten, gegenüber dem von Finnland bis Jugoslawien reichenden
20 Gürtel kleiner, neu geschaffener Staaten eine Führungsrolle zu übernehmen. Viertens sprach der Zeitfaktor für eine allmähliche Lockerung der harten und diskriminierenden Friedensbestimmungen, etwa hinsichtlich der Bewaffnung und
25 der Reparationen. Die mittel- und langfristigen Perspektiven der deutschen Politik sahen demnach keineswegs nur düster aus – vor allem wenn man sie mit der Sackgasse verglich, in die die wilheminische „Weltpolitik" 1914 geführt hatte.

Peter Longerich, Deutschland 1918-1933. Die Weimarer Republik, Hannover 1995, S. 100

M 4 „Die Friedensglocke der Entente"
Titelbild der Satire-Zeitschrift „Kladderadatsch" vom 1. Juni 1919, Zeichnung von Oskar Garvens
Die unten abgebildeten Personen sind Premierminister David Lloyd George (Großbritannien), Präsident Georges Clemenceau (Frankreich) und Präsident Woodrow Wilson (USA).

---

1. Analysiere die Karikatur (M4) und arbeite heraus, inwiefern es sich um eine deutsche Sichtweise handelt.
2. Arbeite die Aussagen der Karte (M1) zu den Vertragsbestimmungen heraus.
3. Erkläre, worin Peter Longerich die Chancen des Versailler Vertrages sieht (M3).
4. Erläutere die Aussage des Historikers: „Alles hätte noch viel schlimmer kommen können" (M2, Z. 2f.). Beurteile seine Argumentation.
5. Gestalte eine Stellungnahme von deutscher Seite, in der du darlegst, warum die Friedensbedingungen aus deiner Sicht unannehmbar sind.

- 18.1.1919: Beginn der Friedenskonferenz in Versailles
- 7.5.1919: Übergabe der Friedensbedingungen an die deutsche Delegation
- 23.6.1919: alliiertes Ultimatum zur Vertragsannahme
- 28.6.1919: Unterzeichnung des Friedensvertrages durch die deutsche Delegation

Faschismus in Europa: Das Beispiel Italien

M 1 Der „Duce" spricht
Foto von 1935
Mussolini in Rom vor Mitgliedern der faschistischen Kampfbünde, den „Schwarzhemden".
Das Foto entstand nach dem Überfall auf Abessinien 1935: Im Hintergrund ist eine Statue des römischen Kaisers Augustus zu sehen.

Eine neue Bewegung entsteht

Nicht nur in Deutschland riefen die Friedensverträge einen Sturm der Empörung hervor. Obwohl Italien zu den Siegermächten gehört hatte, konnte es nur einen Bruchteil seiner Gebietsforderungen im Vertrag durchsetzen.
Eine neue Bewegung nutzte die Wut und nationale Enttäuschung vieler Italiener für ihre Ziele: In Norditalien entstanden die „Bünde des Kampfes" (ital. „Fasci di combattimento"). Zu ihren Anhängern gehörten ehemalige Frontkämpfer. Ihr Zeichen war das Rutenbündel (lat. fasces). Es symbolisierte im alten Rom die Amts- und Strafgewalt der Magistrate. Der Anführer des 1919 in Mailand gegründeten Kampfbundes, Benito Mussolini, war vor dem Krieg in der Sozialistischen Partei. Weil er den Kriegseintritt Italiens an der Seite der Alliierten forderte, schloss die Partei ihn 1914 aus. Im August 1919 legte Mussolini das erste Programm der Faschisten vor. Es enthielt sozialistische und nationalistische Ziele.
Die Faschisten versprachen Schutz vor der „roten Revolution" und einen „starken Staat". Industrielle, Grundbesitzer, Kaufleute und Handwerker schlossen sich ihnen an. Die Mitgliederzahlen der faschistischen Bewegung stiegen schnell: Ende 1919 waren 870 Personen in 31 Kampfbünden organisiert, zwei Jahre später 250 000 in 834 Organisationen.

Mit Gewalt

Italien war seit 1861 eine parlamentarische Monarchie. Als im Mai 1921 vorzeitig neue Parlamentswahlen stattfanden, konnten die Faschisten 35 von 535 Mandaten gewinnen. Mussolini zog als Fraktionsführer ins Parlament. Die Partei erkannte ihn als ihren „Führer" (ital. Duce) an.
Im Oktober 1922 verlangte in Neapel eine faschistische Massenversammlung, durch einen „Marsch auf Rom" die Macht mit Gewalt zu ergreifen. Daraufhin zogen am 28. Oktober 20 000 bewaffnete Faschisten in einem Sternmarsch los. Aufgrund des Drucks beauftragte der König Mussolini mit der Bildung einer neuen Regierung. Mussolini selbst wurde Ministerpräsident.

Der „Duce" regiert

Mussolinis erster Regierung gehörten Nationalisten, Rechtsliberale und Politiker der Volkspartei an. Von 14 Ministern waren nur vier Faschisten. Trotzdem gelang es dem „Duce", eine **Diktatur** zu errichten, ohne das Königshaus zu beseitigen.
König, Papst und Industrie unterstützten Mussolini aus Furcht vor Sozialisten und Kommunisten. Ende 1923 akzeptierten die Mehrheit der Abgeordneten und der König ein neues Wahlgesetz, das der stärksten Partei zwei Drittel aller Sitze im Parlament einräumte.
Nach 1925 wurden die Pressefreiheit aufgehoben und oppositionelle Organisationen und Gewerkschaften aufgelöst, ihre Führer verfolgt, verhaftet und ermordet. Das Parlament gestattete dem Regierungschef, Entscheidungen mit Gesetzeskraft ohne und gegen den König zu erlassen. Der Erfolg der Faschisten hing mit dem wirtschaftlichen Aufstieg zusammen. Die Auswirkungen der 1929 einsetzenden Weltwirtschaftskrise (Arbeitslosigkeit und Firmenzusammenbrüche) milderte seine Regierung durch Arbeitsbeschaffungsmaßnahmen, Einkommenssenkung und Eingliederung gefährdeter Unternehmen in staatliche Gesellschaften.
Mussolini erinnerte an das antike römische Weltreich und wollte Italien wieder zu einem Imperium machen. Im Oktober 1935 begann er einen brutalen Krieg gegen Abessinien (heute Äthiopien). Nach dessen Eroberung forderte er Italiens Vorherrschaft (Hegemonie) über den gesamten Mittelmeerraum.

Europa in der Zwischenkriegszeit

M 2 „Mussolini hat immer Recht"
Der „Duce" (dt.: „Führer") erlässt die folgenden „zehn Gebote". Sie werden auf Plakaten und in Zeitungen veröffentlicht:

1. Der Faschist, besonders der Milizsoldat[1], darf nicht an den ewigen Frieden glauben.
2. Strafen sind immer verdient.
3. Auch der Wachtposten vor einem Benzinfass dient dem Vaterland.
4. Der Kamerad ist dein Bruder: 1. weil er mit dir lebt, 2. weil er denkt und fühlt wie du.
5. Gewehr und Patronentasche sollen nicht während der Ruhezeit vernachlässigt, sondern für den Krieg bereitgehalten werden.
6. Sag niemals: Die Regierung zahlt's; denn du selbst bist es, der zahlt, und die Regierung hast du selbst gewollt und du trägst ihre Uniform.
7. Gehorsam ist der Gott der Heere; ohne ihn ist kein Soldat denkbar, wohl aber Unordnung und Niederlagen.
8. Mussolini hat immer Recht!
9. Der Freiwillige hat keine Vorrechte, wenn er nicht gehorcht.
10. Eines muss dir über allem stehen: das Leben des Duce.

Günter Schönbrunn (Bearb.), Weltkriege und Revolutionen 1914 - 1945, München ³1979, S. 153

M 3 „Die historischen Ziele Italiens"
Mussolini sagt am 18. März 1934:

Die historischen Ziele Italiens haben zwei Namen: Asien und Afrika. Der Süden und der Osten bedeuten Hauptpunkte für das Interesse und das Wollen der Italiener. Im Norden ist wenig oder nichts zu machen, im Westen auch nichts, auch nicht in Europa und jenseits des Ozeans. Die genannten Ziele finden ihre Rechtfertigung in der Geografie und in der Geschichte. Von allen westlichen Großmächten Europas liegt Italien Afrika und Asien am nächsten. Niemand verkenne die Tragweite dieses jahrhundertealten Zieles, das ich der heutigen und den kommenden Generationen Italiens aufgebe. Es handelt sich [...] um eine natürliche Expansion, die zur Zusammenarbeit zwischen Italien und den Nationen des Nahen und Fernen Ostens führen muss. Es handelt sich um eine Aktion, die die noch ungeheuren Kräfte und Schätze beider Kontinente zur Geltung bringen soll, hauptsächlich, was Afrika anbelangt, um sie mehr in den Kreislauf der Weltzivilisation zu bringen. Italien kann dies tun. Sein Platz am Mittelländischen Meer, das seine historische Vermittlerrolle zwischen Orient und Okzident wieder aufnimmt, gibt ihm hierzu das Recht und legt ihm sogar die Pflicht dazu auf.

Wanda Kampmann, Der Faschismus in Italien, Stuttgart 1976, S. 38

M 4 Der „Duce" kommt
Foto von 1939
Mitglieder der faschistischen Jugendorganisation (Balilla), in die ab 1931 alle Jugendlichen vom sechsten bis zum 20. Lebensjahr eintreten mussten, haben in Verres (Piemont) Aufstellung genommen.

[1] Milizsoldat: hier Mitglied der bewaffneten Kampfbünde der Faschisten

---

1. Charakterisiere die typischen Merkmale des Faschismus (Darstellungstext).
2. Arbeite heraus, was den Beginn der faschistischen Herrschaft in Italien begünstigte (Darstellungstext).
3. Gestalte eine Kritik an den „zehn Geboten" (M2).
4. Analysiere das Foto (M1) im Hinblick auf die beabsichtigte Aussage und Wirkung.
5. Beschreibe das Foto (M4). Inwiefern drückt es einen Personenkult aus?
6. Charakterisiere Mussolinis „historische Ziele" (M3) und bewerte die politischen Folgen.

Internettipps:
- Zum sogenannten „Marsch auf Rom" der italienischen Faschisten 1922 siehe Code 31043-28.
- Zum italienischen Faschismus siehe Code 31043-29.

- Gründung des faschistischen Kampfbundes unter Mussolini (1920)
- im Auftrag des ital. Königs bildet Mussolini eine Regierung; Errichtung einer faschistischen Diktatur
- Aufhebung der Pressefreiheit
- Krieg Italiens gegen Abessinien (Äthiopien)

Die Weimarer Verfassung

M 1 „Arbeiter, Bürger, Bauern, Soldaten aller Stämme Deutschlands: Vereinigt euch zur Nationalversammlung" Plakat von Caesar Klein für die Wahlen zur Nationalversammlung 1919

„Die Staatsgewalt geht vom Volk aus"
Als der Versailler Vertrag Ende Juni 1919 unterschrieben wurde, besaß das Deutsche Reich bereits eine demokratisch gewählte Volksvertretung. Ende Juli 1919 verabschiedete die Verfassunggebende Nationalversammlung die Weimarer Verfassung. Sie machte das Deutsche Reich zur **Republik** und legte die Regeln für die parlamentarische **Demokratie** fest. Männer und Frauen über 20 Jahren erhielten das Recht, in allgemeinen, geheimen, unmittelbaren, gleichen Wahlen alle vier Jahre die Abgeordneten des Reichstages und alle sieben Jahre den Reichspräsidenten zu wählen. Durch Volksbegehren und Volksentscheide (Plebiszite) wurde das politische Mitspracherecht der Bürgerinnen und Bürger gestärkt. Zudem enthielt die **Reichsverfassung** einen umfangreichen Katalog von Grundrechten.

Die Ordnung des Staates
Die wichtigste Einrichtung des Reiches war der Reichstag. Er war der Gesetzgeber. Darüber hinaus sollte er die Reichsregierung kontrollieren. Durch ein einfaches Misstrauensvotum konnte er sowohl den Reichskanzler als auch die Reichsminister zum Rücktritt zwingen.

Internettipp:
Zur Verfassung der Weimarer Republik siehe Code 31043-30.

Eine besondere Bedeutung hatte auch der Reichspräsident. Er bildete ein starkes Gegengewicht zum Reichstag, ähnlich dem des Kaisers in der Verfassung von 1871. Als Staatsoberhaupt vertrat er das Reich völkerrechtlich, ernannte die Reichsbeamten und Offiziere und besaß den Oberbefehl über die Reichswehr. Außerdem hatte er das Recht, den Reichstag aufzulösen. Bei einem Staatsnotstand durfte er zum Schutze der Republik durch Notverordnungen „die zur Wiederherstellung der öffentlichen Sicherheit und Ordnung nötigen Maßnahmen treffen". Dazu konnte er vorübergehend Grundrechte außer Kraft setzen und sogar auf das Militär zurückgreifen. Alle Anordnungen des Reichspräsidenten musste aber der Reichskanzler oder der zuständige Reichsminister unterschreiben. Dies sollte den Reichspräsidenten an die Politik der Reichsregierung binden.

Die Republik war wie das Kaiserreich ein Bundesstaat. Die Interessen der 18 Länder vertrat der Reichsrat. Er konnte gegen Reichsgesetze ein aufschiebendes Veto einlegen. Die Rechte der Bundesländer waren im Vergleich zum Kaiserreich aber eingeschränkt worden.

Gleichberechtigung der Juden
Die Weimarer Reichsverfassung verankerte die Gleichberechtigung der 564 000 deutschen Juden (Stand: 1925). Sie verbot jede Diskriminierung aus religiösen Gründen im öffentlichen Dienst und hob die bereits 1871 festgelegte Unabhängigkeit der bürgerlichen Rechte vom religiösen Bekenntnis hervor. Außerdem wurde den 1 611 jüdischen Gemeinden im Reich (Stand: 1932) der Status von „Kirchen" zugesprochen.

Republik   Demokratie   Reichsverfassung

Europa in der Zwischenkriegszeit

M 2 Grundrechte für alle

Artikel der Verfassung zu unantastbaren Menschenrechten:

Art. 109: Alle Deutschen sind vor dem Gesetz gleich.

Art. 114: Freiheit der Person.

Art. 118: Freie Meinungsäußerung durch Wort, Schrift, Druck, Bild oder in sonstiger Weise. Eine Zensur findet nicht statt.

Art. 123: Recht, sich [...] friedlich und unbewaffnet zu versammeln.

Art. 124: Recht, [...] Vereine oder Gesellschaften zu gründen.

Art. 135: Volle Glaubens- und Gewissensfreiheit, ungestörte Religionsausübung.

Freiheit der Vereinigung zu Religionsgesellschaften.

Art. 153: Das Eigentum wird gewährleistet.

Artikel der Verfassung zu sozialen Rechten:

Art. 109: Männer und Frauen haben grundsätzlich dieselben staatsbürgerlichen Rechte und Pflichten.

Art. 119: Schutz des Staates für Ehe, Familie und Mutterschaft, Gleichberechtigung der Geschlechter in der Ehe. Fürsorge für kinderreiche Familien.

Art. 121: Gesetzliche Gleichstellung von ehelichen und unehelichen Kindern.

Art. 122: Schutz der Jugend gegen Ausbeutung und Verwahrlosung.

Art. 153: Beschränkung der Freiheit des Eigentums zum Wohle der Allgemeinheit.

Art. 163: Sittliche Pflicht zur Arbeit. Recht auf notwendigen Unterhalt bei [...] Arbeitslosigkeit.

Verfassung des Deutschen Reiches vom 11. August 1919

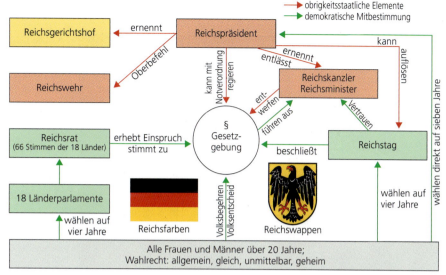

M 3 Die eingebaute Abschaffung der Verfassung – Artikel 48

Art. 48: Der Reichspräsident kann, wenn im Deutschen Reiche die öffentliche Sicherheit und Ordnung erheblich gestört oder gefährdet wird, die zur Wiederherstellung der öffentlichen Sicherheit und Ordnung nötigen Maßnahmen treffen [...]. Zu diesem Zweck darf er vorübergehend die in den Artikeln 114, 115, 117, 118, 123, 124 und 153 festgesetzten Grundrechte ganz oder zum Teil außer Kraft setzen.

Verfassung des Deutschen Reiches vom 11. August 1919

M 4 Die Verfassung der Weimarer Republik

„Das Deutsche Reich ist eine Republik. Die Staatsgewalt geht vom Volke aus." (Art. 1)

---

1. Beschreibe die Bildelemente des Plakates (M1) und erläutere die Aussageabsicht.
2. Analysiere mithilfe des Verfassungsschemas (M4) und des Artikels 48 der Verfassung (M3), welche Rechte die verschiedenen Verfassungsorgane hatten. Beispiel: Die Wahlberechtigten wählen ...
3. Beurteile die Machtverteilung zwischen Reichstag, Reichspräsident und Volk (Darstellungstext, M4).
4. Erläutere, inwiefern es problematisch ist, dass der Reichspräsident den Reichstag auflösen (M4) und einige Grundrechte außer Kraft setzen kann (M3).

1918
- 09.11.: Friedrich Ebert wird Reichskanzler; Ausrufung der Republik
- 10.11.: SPD und USPD bilden „Rat der Volksbeauftragten" als Übergangsregierung

1919
- Wahl zur Verfassunggebenden Nationalversammlung
- 11./13.02.: Wahl Friedrich Eberts zum Reichspräsidenten, Philipp Scheidemann wird Reichskanzler
- Verabschiedung der Verfassung

1920

Parteien – Träger der Demokratie?

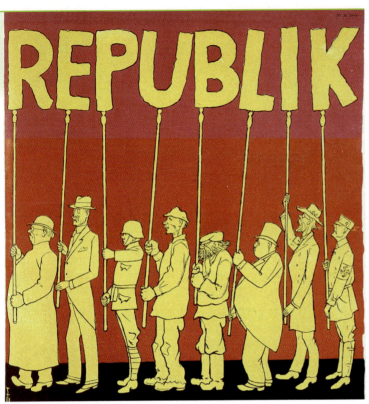

M 1 „Sie tragen die Buchstaben der Firma – aber wer trägt den Geist?" Karikatur von Thomas Theodor Heine aus der satirischen Zeitschrift „Simplicissimus", 21. März 1927

Internettipp:
Zur Entwicklung des Parteiensystems in der Weimarer Republik siehe Code 31043-31.

Parteien und ihre Wähler

Die Einführung des Verhältniswahlrechts gab auch kleineren Parteien die Chance auf Sitze im Parlament. Die Bildung von Mehrheiten wurde dadurch aber erschwert, was die Stabilität der Regierungen gefährdete. Was charakterisierte die Parteien?

- Die KPD war eine Arbeiterpartei. Sie lehnte die parlamentarische Demokratie strikt ab und wollte in Deutschland ein Rätesystem einführen.
- Die SPD trat ebenfalls für die Interessen der Arbeiter ein, stand aber fest auf dem Boden der parlamentarischen Republik. Sie hatte lange die größte Wählerschaft.
- Das Zentrum war eine demokratische Partei, die von Katholiken aus unterschiedlichen gesellschaftlichen Gruppen gewählt wurde.
- Die Deutsche Demokratische Partei (DDP) hatte ein linksliberales, fortschrittliches Profil. Sie fand ihre Wähler im gebildeten Bürgertum.
- Die rechtsliberale Deutsche Volkspartei (DVP) war national ausgerichtet und trat für freie wirtschaftliche Betätigung ein.
- Die Deutschnationale Volkspartei (DNVP) sammelte konservative, monarchistische Wähler. Sie orientierte sich am untergegangenen Kaiserreich und lehnte die Republik ab.
- Die Nationalsozialistische Deutsche Arbeiterpartei (**NSDAP**) war anfangs noch unbedeutend. Sie gehörte dem sogenannten völkischen Lager an, das die repräsentative Demokratie kompromisslos bekämpfte und nationalistische, rechtsradikale Vorstellungen vertrat.

Regierungsbildung

Die Sozialdemokraten hatten bei den Wahlen zur Nationalversammlung die meisten Stimmen, aber nicht die erhoffte absolute Mehrheit gewonnen. Wegen der Unruhen in Berlin waren die Abgeordneten am 6. Februar 1919 im Nationaltheater in Weimar zusammengetreten. Die Stadt in Thüringen gab der ersten deutschen Republik den Namen.
Die Nationalversammlung wählte den Sozialdemokraten Friedrich Ebert zum Reichspräsidenten. Er beauftragte seinen Parteifreund Philipp Scheidemann mit der Bildung einer Regierung. Sie bestand aus SPD, Zentrum und DDP. Diese „**Weimarer Koalition**" hatte mit 76,1 Prozent der Wählerstimmen die große Mehrheit des Volkes hinter sich.
Schon in der folgenden Wahl büßten die staatstragenden Parteien aber viele Stimmen ein. Die „Weimarer Koalition" zerbrach und konnte danach nur noch einmal die Regierungsverantwortung übernehmen. Meistens regierte jetzt der „Bürgerblock" aus Zentrum, DDP und DVP. Diese Koalition hatte aber keine Mehrheit im Reichstag und war auf die Tolerierung durch andere Parteien angewiesen.

Mangelnde Kompromissfähigkeit

Die Parteien im Reichstag konnten sich selten auf Kompromisse einigen. Es gab mehr Grundsatzdebatten als praktische Lösungen. Regierungskoalitionen lösten sich schnell auf. Denn wie im Kaiserreich verstanden sich die Parteien oft ausschließlich als Interessensvertreter ihrer Wähler. Im Reichstag saßen außerdem nicht nur demokratische Parteien, die für die Republik eintraten. Sobald diese Gegner die Mehrheit erlangten, wurde das Parlament handlungsunfähig.

Europa in der Zwischenkriegszeit

M 2 **Wahlergebnisse zur Nationalversammlung 1919 und zu den Reichstagen 1920 - 1933**

Die Programme der Parteien werden auf S. 154 erläutert. – Zur USPD siehe S. 134. – Die Bayerische Volkspartei (BVP) war die Schwesterpartei des Zentrums, das in Bayern nicht antrat.

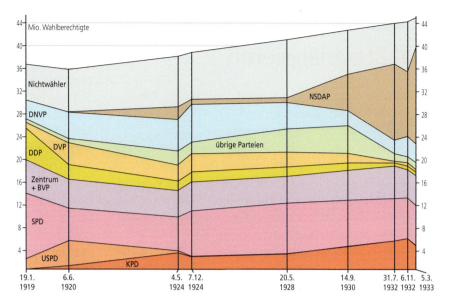

M 3 Mangelnde Kompromissfähigkeit

Ein Historiker beschreibt eine wesentliche Schwäche des Parteiensystems:

Die Parteien, in der konstitutionellen Monarchie [des Kaiserreiches] von der Regierungsmacht ferngehalten, waren bis 1918 nicht gezwungen gewesen, unter Eingehung von Kompromissen regierungsfähige Mehrheiten zu bilden. An dem in der konstitutionellen Ära entwickelten politischen Selbstverständnis und der damals geübten politischen Praxis hielten die Parteien auch nach 1918 in starkem Maße fest, obwohl ihre Funktion sich in der parlamentarischen Demokratie grundlegend gewandelt hatte. [...]. Die Scheu, als Partei Regierungsverantwortung zu tragen, Kompromisse einzugehen und dadurch eventuell die eigene Klientel[1] zu enttäuschen, war meist stärker als die Bereitschaft, [...] stabile Mehrheiten zustande zu bringen.

Eberhard Kolb, Deutschland 1918-1933. Eine Geschichte der Weimarer Republik, München 2010, S. 111 f.

M 4 „Überstimmen statt erschießen"

Im Reichstag sitzen nicht nur Anhänger der Republik. Nach seinem gescheiterten Putsch (siehe S. 158) erklärt Adolf Hitler:

Wenn ich meine Tätigkeit wieder aufnehme, werde ich eine neue Politik befolgen müssen. Statt die Macht mit Waffengewalt zu erobern, werden wir zum Verdruss der katholischen und marxistischen Abgeordneten unsere Nasen in den Reichstag stecken. Zwar mag es länger dauern, sie zu überstimmen als sie zu erschießen, am Ende aber wird uns ihre eigene Verfassung den Erfolg zuschieben. Jeder legale Vorgang ist langsam [...], doch werden wir früher oder später die Mehrheit haben – und damit Deutschland.

Joachim Fest, Das Gesicht des Dritten Reiches, München 1963, S. 45

Internettipp:
Informationen über Friedrich Ebert findest du unter Code 31043-32.

[1] Klientel: Anhängerschaft

---

1. Arbeite heraus, welche Parteien verfassungsfeindlich waren (Darstellungstext).
2. In der Bundesrepublik Deutschland verhindert ein Gesetz, dass Parteien mit weniger als fünf Prozent der abgegebenen Stimmen ins Parlament einziehen. Beurteile, ob diese Klausel heute noch sinnvoll ist.
3. Beschreibe die Entwicklung des Wählerverhaltens im Verlauf der Weimarer Republik (M2).
4. Erläutere, warum das Erbe des Kaiserreiches für die Republik schädlich war (M3).
5. Gib wieder, welche Folgen Hitler aus seinem gescheiterten Putsch zog (M4).
6. Ordne die Figuren in M1 den Parteien zu. Arbeite die Aussage der Karikatur heraus.

Plakate analysieren

Die Weimarer Republik war die Blütezeit des politischen Plakates. Nach Einführung des allgemeinen Wahlrechts 1919 durften alle Erwachsenen politisch mitbestimmen. Von den Parteien wurden sie heftig umworben. Elektronische Medien gab es nicht – für die Vermittlung politischer Botschaften war das Plakat daher nicht zu überbieten. Es war ein einflussreicher Blickfang im Straßenbild. Anfangs dominierten Plakate mit reinen Texten. Bald wurden die Wähler aber auch durch geschickte Bild-Text-Kombinationen emotional angesprochen. Plakatgestalter griffen auf Erfahrungen in der Werbung zur Kaiserzeit zurück. Das Medium „Plakat" wurde von Verteidigern und Gegnern der Republik gleichermaßen genutzt.

Zur Entschlüsselung von Propaganda auf Plakaten kannst du nach folgendem Leitfaden vorgehen:

1. Beschreibung
- Wer ist Urheber, wer Auftraggeber des Plakates?
- Welche Personen, Figuren oder Gegenstände sind zu erkennen?
- Wie sind sie dargestellt? Welche Handlungen sind erkennbar?
- In welchem Größenverhältnis stehen die einzelnen Bildteile zueinander?
- Wie lautet der Text auf dem Plakat?

2. a) Erklärung Text
- In welcher Beziehung stehen Text- und Bildelemente?
- Welche Aussage vermittelt der Text? (Information, Argument, Appell, Parole, Anklage etc.)
- Welcher historische Sachverhalt wird angesprochen?

b) Erklärung Bild
- Wofür stehen die eingesetzten Symbole?
- Was bedeutet die gewählte Perspektive?
- Welche Wirkung wird durch die gewählten Farben erreicht?

3. Historische Beurteilung
- An wen (welche Zielgruppe) richtet sich das Plakat?
- Welche Botschaft vermittelt das Plakat dem Betrachter?
- Welche Absicht verfolgt das Plakat?
- In welchem historischen Zusammenhang steht das Plakat?
- Welche politischen oder gesellschaftlichen Einstellungen lässt das Plakat erkennen?
- Entspricht die Darstellung den Tatsachen?

Mithilfe des Leitfadens kannst du M1 so analysieren:

Die „Vereinigung zur Bekämpfung des Bolschewismus" richtet sich mit diesem Plakat an die Wähler zur Nationalversammlung 1919. Es entstand nach dem Ersten Weltkrieg, als Spartakus-Bund/KPD und gemäßigte Sozialisten ihre unterschiedlichen Ziele verwirklichen wollten.

Zwei Gestalten stehen einander gegenüber: Der Mann links wirkt aggressiv. Seine Kleidung und Haare sind ungepflegt und abstoßend, er macht einen bedrohlichen Schritt nach vorn. Die schwarze Farbe kennzeichnet ihn negativ. In der linken Hand hält er einen Dolch, in der rechten eine Bombe – zwei Symbole für gewaltsamen Umsturz. Landschaft und Himmel auf dieser Bildhälfte sind bedrohlich dunkel.

Dem Revolutionär stellt sich eine überdimensionale Frauengestalt entgegen. Ihre Flügel weisen sie als Friedensengel aus, der Palmzweig kündet von ihrem Sieg. Milde, edle Gesichtszüge und die warmen Farben Orange und Gelb heben sie positiv hervor. Sie schützt eine Menschenmenge, die das deutsche Volk verkörpert. Hinter dem Engel stehen eine Frau und ein Kriegsinvalide, was die Harmlosigkeit und Schutzbedürftigkeit der Menschen ausdrückt. Die vorherrschende Helligkeit auf der rechten Seite deutet Unschuld und Hoffnung an.

Der Text des Plakates steht links oben. Die Parole: „Bolschewismus bringt Krieg, Arbeitslosigkeit und Hungersnot" kommentiert das Bild. Darunter folgen in kleinerer Schrift Angaben zum Auftraggeber.

Das Plakat nimmt Teil am Kampf um die Neuordnung Deutschlands nach Ende des Kaiserreiches. Der Attentäter verkörpert den Spartakus-Bund oder die KPD, die für eine Räteherrschaft nach sowjetischem Vorbild („Bolschewismus" im Text) eintraten. Dagegen hält der Friedensengel in der linken Hand eine Schriftrolle mit der Aufschrift „Nationalversammlung". Er repräsentiert also das politische Ziel der SPD, eine demokratische Republik nach dem Mehrheitswillen der Deutschen.

Das Plakat warnt den Betrachter eindringlich vor der Gefahr des Kommunismus. Als dessen Konsequenz werden Mord und Gewalt vorhergesagt. Zur „Rettung Deutschlands" wird eine demokratische Nationalversammlung gefordert.

Plakate analysieren

M 1 „Bolschewismus bringt Krieg, Arbeitslosigkeit und Hungersnot"
Plakat, W. Schnackenberg, 1918

- Dunkler Himmel und unwirtliche Landschaft vermitteln negativen Eindruck. Die linke Seite ist die Seite „des Bösen".
- aggressiv blickender Revolutionär in Angriffshaltung; ungepflegte Haar- und Barttracht; faltige, zerrissene Kleidung; einheitliches Schwarz zur negativen Kennzeichnung
- Bombe und Dolch: stereotype Attribute eines Revolutionärs – mit solchen Waffen wurden kaum wirkliche Attentate verübt.
- Auftraggeber des Plakates
- Adresse des Auftraggebers
- Ein heller Himmel und eine helle Landschaft vermitteln einen positiven Eindruck. Die rechte Seite ist die Seite „des Guten".
- überdimensionaler Friedensengel mit schützender Geste: durch erhabene Mimik und exklusive, warme Farbgebung positiv gekennzeichnet
- Aufschrift „Nationalversammlung" verweist auf die Demokratie als gewünschte Staatsform
- Zweig einer Palme: Siegessymbol
- Menschenmenge: deutsches Volk; als harmlos und schutzbedürftig dargestellt (z. B. das Paar Frau / kriegsversehrter Mann), durch hellen Farbton positiv gekennzeichnet

M 2 „Was will Spartakus?"
Plakat der KPD (Spartakus-Bund) von 1919

- Das mehrköpfige Ungeheuer Hydra entstammt der griechischen Mythologie. Verliert es einen Kopf, wachsen zwei neue nach. Dem unerschrockenen Helden Herkules gelang es dennoch, sie zu besiegen.
- Junker: adliger Großgrundbesitzer
- Dieser Kopf steht für einen Geistlichen (Priesterkragen).

Jetzt bist du dran:

1. Analysiere M2 mithilfe des Leitfadens auf der linken Seite.
2. Blättere noch einmal zum Kapitel „Geht die Revolution weiter?" (S. 136 f.). Gestalte dann eine Stellungnahme zum Plakat (M1) aus der Sicht von Rosa Luxemburg.
3. Erörtert Unterschiede und Gemeinsamkeiten zwischen politischen Plakaten zur Zeit der Weimarer Republik (siehe auch S. 152, 159 und 173) und solchen aus unserer Zeit.

Internettipp:
Weitere politische Plakate der Weimarer Republik findest du unter Code 31043-33.

Republik unter Druck

M 1 Straßensperre in Berlin
Foto (Ausschnitt) während des Kapp-Lüttwitz-Putsches vom 13. bis zum 17. März 1920 in Berlin

▶ Geschichte In Clips: Zum Hitler-Putsch siehe Code 31043-34.

Neubeginn mit einer „Geschichtslüge"

Im November 1918 verbreiteten rechtsradikale Zeitungen die angebliche Bemerkung eines britischen Generals, die deutsche Armee sei durch Streiks und Unruhen in der Heimat zur Kapitulation gezwungen und damit „von hinten erdolcht" worden. Die beiden Generäle Erich Ludendorff und Paul von Hindenburg gründeten darauf eine Verschwörungstheorie: Das deutsche Heer sei „im Felde unbesiegt" geblieben und habe erst durch oppositionelle Zivilisten aus der Heimat einen „Dolchstoß von hinten" erhalten.

Viele Deutsche glaubten diese „Geschichtslüge" und beschimpften die Politiker der Republik als „Novemberverbrecher" und „Volksverräter". Damit diente die **„Dolchstoßlegende"** vor allem deutschnationalen, völkischen und anderen rechtsextremen Gruppen und Parteien zur Propaganda.

Umsturzversuch von rechts

Schon 1919 kam **antidemokratisches Denken** offen zum Vorschein: Rechtsradikale Offiziere und Freikorpsführer planten unter der Leitung des Verwaltungsbeamten Wolfgang Kapp und des Generals Walther Freiherr von Lüttwitz einen Putsch (gewaltsame Machtübernahme). Freikorps besetzten am 13. März 1920 das Berliner Regierungsviertel. Die Reichswehrführung verweigerte der Regierung den militärischen Schutz. Reichspräsident Ebert und die Regierung forderten daher die Bevölkerung zum Widerstand auf. Die Gewerkschaften erklärten den Generalstreik. Arbeiter, Angestellte und Beamte befolgten ihn. Wenige Tage später flohen Kapp und seine Komplizen ins Ausland.

Aufstände von links

Im Ruhrgebiet, in Thüringen und Sachsen wollten linksradikale Arbeiter 1923 mit Gewalt eine Räterepublik durchsetzen. Die Regierung ließ den Aufstand niederschlagen – von Reichswehr und Freikorps. Die Führung der Reichswehr war nur bereit, gegen die Bedrohung von links zu kämpfen.

Rechtsradikaler Terror

Wegen der Unruhen und der Not nach dem Krieg ersehnten viele wieder den Glanz der „guten alten Zeit". Die **alten Eliten** des Kaiserreiches in Militär, Verwaltung und Justiz fühlten sich als Verlierer des Umbruchs und waren erfüllt von Ablehnung gegen die Demokratie. Konservative, nationalistische, antisemitische und rechtsradikale Politiker und Journalisten hetzten gegen die Vertreter der neuen Staatsordnung. Terroristische Geheimbünde ehemaliger Front- und Freikorpsoffiziere ließen schließlich Taten folgen. Sie ermordeten zahlreiche Anhänger der Republik.

1923 – Gewalt auf allen Seiten

Vor allem das Jahr 1923 war von Unruhen geprägt.[1] Gegner der Republik versuchten, die Krisenstimmung für ihre Absichten zu nutzen:

- Die reichsfeindliche bayerische Landesregierung plante zusammen mit der bayerischen Reichswehrführung und rechtsradikalen Gruppen, Bayern vom Reich zu lösen und die Reichsregierung durch einen „Marsch auf Berlin" zu stürzen.
- Separatisten im Rheinland, in Rheinhessen und der Pfalz wollten mit französischer Hilfe Staaten gründen, die vom Deutschen Reich unabhängig sind. Dies scheiterte am Widerstand der Bevölkerung.
- **Adolf Hitler**, der „Führer" der rechtsradikalen NSDAP, wollte der bayerischen Regierung zuvorkommen. Am 9. November versuchte er mit dem Weltkriegsgeneral Erich Ludendorff, in München die Macht an sich zu reißen. Die Polizei schlug den schlecht organisierten Putschversuch nieder.

[1] Siehe dazu auch S. 160.

„Dolchstoßlegende" · antidemokratisches Denken · alte Eliten · Adolf Hitler

Europa in der Zwischenkriegszeit

M 2 Nur ein Spottlied?
Bei Studentenverbindungen und Freikorps ist 1921 dieses Lied beliebt:

Wenn einst der Kaiser kommen wird,
schlagen wir zum Krüppel den Wirth[1],
knallen die Gewehre, tack, tack, tack,
aufs schwarze[2] und auf das rote Pack[3].
Haut immer feste auf den Wirth!
Haut seinen Schädel, dass er klirrt!
Knallt ab den Walther Rathenau[4],
die gottverfluchte Judensau.

Schwarzwälder Volkswacht, 4. Juli 1921

M 3 Aus dem Strafgesetzbuch der Bundesrepublik Deutschland
Den Tatbestand einer Volksverhetzung definiert § 130 Absatz 1 des Strafgesetzbuches:

Wer in einer Weise, die geeignet ist, den öffentlichen Frieden zu stören, gegen eine nationale, rassische, religiöse oder durch ihre ethnische Herkunft bestimmte Gruppe, gegen Teile der Bevölkerung oder gegen einen Einzelnen wegen seiner Zugehörigkeit zu einer vorbezeichneten Gruppe oder zu einem Teil der Bevölkerung zum Hass aufstachelt, zu Gewalt- oder Willkürmaßnahmen auffordert oder die Menschenwürde anderer dadurch angreift, dass er eine vorbezeichnete Gruppe, Teile der Bevölkerung oder einen Einzelnen wegen seiner Zugehörigkeit zu einer vorbezeichneten Gruppe oder zu einem Teil der Bevölkerung beschimpft, böswillig verächtlich macht oder verleumdet, wird mit Freiheitsstrafe von drei Monaten bis zu fünf Jahren bestraft.

www.gesetze-im-internet.de/stgb/__130.html [04.04.18]

Der Schuss, der Rathenau gefällt,
kam wieder von der Rechten.
Er zeigt der ganzen weiten Welt
Grell, wie vom Blitzlicht aufgehellt,

Das Spiel von dunklen Mächten:
Es galt der Schutz der Republik,
Die sie mit Schurken-Politik
Zu gern zu Falle brächten.

M 4 Mordopfer 1921/22
Zeichnung und Gedicht (Auszug) aus der sozialdemokratischen Zeitschrift „Der wahre Jacob", 14. Juli 1922
Auf den Särgen stehen die Namen der Politiker, die von Rechtsradikalen umgebracht wurden.

---

[1] Joseph Wirth (Zentrum, 1879-1956): 1921/22 Reichskanzler, 1920-1922, 1929-1931 Reichsminister
[2] Zentrumspartei
[3] SPD, USPD, KPD
[4] Walther Rathenau (DDP, 1867-1922): 1921 Wiederaufbauminister, 1922 Außenminister. Verfolgte das Ziel, die Friedensvereinbarungen bis an die Grenze des Möglichen zu erfüllen, um ihre Unerfüllbarkeit zu beweisen.

M 5 „Wählt deutschnational"
Wahlplakat der DNVP (Deutschnationale Volkspartei) von 1924
Die DNVP nutzt die Dolchstoßlegende für ihre Propaganda. Zu den politischen Parteien in der Weimarer Republik und ihren Ausrichtungen siehe S. 154.

---

1. Analysiere Zeichnung und Gedicht (M2, M4).
2. Erläutere die Zielsetzung des Plakates (M5). Beurteile die Wirkung von Text und Bild.
3. Begründe, warum die „Dolchstoßlegende" ein dankbares Motiv für die Gegner der Weimarer Republik war.
4. Überprüfe, ob Paragraf 130 des heutigen Strafgesetzbuches (M3) gegen die hier dargestellten Bedrohungen der Weimarer Republik hilfreich gewesen wäre.
5. Erörtere, inwiefern der Paragraf gegen Volksverhetzung heute wirksam ist.

- 1918
- 1919 • Entstehung und Verbreitung der „Dolchstoßlegende"
- 1920 • der sog. Kapp-Putsch scheitert
- 1921
- 1922
- 1923 • Höhepunkt einer Reihe von linksradikalen Aufständen und separatistischer Bestrebungen Der Hitler-Putsch in München scheitert
- 1924
- 1925

Bettelarme Millionäre – Inflation und soziale Konflikte

M 1 Briefmarken aus dem Inflationsjahr 1923
Zwei Millionen Mark betrug das Porto für Inlandsbriefe – aber nur vom 1. bis 9. Oktober!

Internettipp:
Zur Inflation in Deutschland 1919 bis 1923 siehe Code 31043-35.

Wer trägt die Kosten für den Krieg?
Die kaiserliche Regierung hatte den Krieg nicht durch Steuern finanziert, sondern durch Kriegsanleihen, also durch Kredite von Banken, Firmen und Privatpersonen. Als ein Regierungsbeamter 1916 gefragt wurde, wer denn die Kriegsanleihen zurückzahlen solle, antwortete er: „Unsere besiegten Gegner."

Nach der Niederlage aber musste das Reich die Schulden selbst bezahlen. Dafür druckte der Staat Geld. Den Empfängern nützte das Geld aber wenig, denn es gab kaum Waren. Weil Sachgüter knapp waren und viele Menschen sie mit ihrem Geld kaufen wollten, stiegen die Preise. Es kam zu einer **Inflation**, also zu einer anhaltenden Entwertung des Geldes.

„Ruhrkampf"
Im Januar 1923 beschuldigte die französische Regierung Deutschland, Reparationslieferungen seien nicht erfüllt worden. Französische und belgische Truppen besetzten das Ruhrgebiet. Die Reichsregierung rief die Bevölkerung zu Ungehorsam und Arbeitsverweigerung auf. Arbeiter, Angestellte, Beamte und Unternehmer leisteten „passiven Widerstand". Das Reich unterstützte die Streikenden finanziell. Im wichtigsten Industriegebiet Deutschlands wurde nicht mehr produziert. So fehlten Kohle und andere Waren. Im September 1923 brach die Regierung den „Ruhrkampf" ab, weil das Land erschöpft war.

Galoppierende Inflation
Nachdem durch den „Ruhrkampf" die Staatsausgaben zusätzlich gestiegen waren, ließ die Reichsbank Banknoten mit immer höheren Wertangaben drucken. Es gab immer mehr Geld, aber es war immer weniger wert. Schließlich druckten auch Städte, Kreise und Firmen eigene Banknoten, weil die staatlichen Druckereien nicht mehr mitkamen. Die Inflation war vollkommen außer Kontrolle geraten. Löhne, Gehälter und Renten wurden täglich ausgezahlt. Die Preise stiegen so schnell, dass man am nächsten Tag kaum noch etwas für seinen Lohn von gestern kaufen konnte (galoppierende Inflation).

Verlierer und Gewinner der Inflation
Wer Geld gespart hatte, verlor sein Vermögen. Besitzern von Devisen (ausländisches Geld), Grundstücken, Gebäuden, Fabriken und Warenvorräten aber ging es gut. Wer Kredite aufgenommen hatte, konnte die Schulden nach kurzer Zeit mit entwertetem Geld zurückzahlen. Auch der Staat war die Schulden für die Kriegsanleihen los. Die Reparationszahlungen mussten aber mit Devisen geleistet werden. Die Schulden bei den Siegermächten blieben deshalb bestehen.

Währungsreform
Am 15. November 1923 verkleinerte die Regierung die Geldmenge auf ein Billionstel: Eine Billion Mark wurde mit einer Rentenmark (seit 1924 Reichsmark) gleichgesetzt. Die Wirtschaft erholte sich. Die Verlierer von Inflation und Währungsreform fühlten sich bestohlen und betrogen. Sie legten ihre Verluste der Republik zur Last.

Europa in der Zwischenkriegszeit

M 2 Das Elend der Bevölkerung
In einem Roman berichtet Lion Feuchtwanger (1884 - 1959) über den Jahresanfang 1923:

Auf dem Lande zwar saß man schuldenfrei, lebte mit der zunehmenden Inflation immer üppiger; immer mehr Bauern hielten sich Automobile und Rennrösser. In den Städten aber stieg der Hunger. Das Brot wurde gesundheitsschädlich wie im Krieg.[1] [...] In den Schulen saßen die Kinder ohne Frühstück, wurden ohnmächtig während des Unterrichts. Tuberkulose[2] griff um sich [...]. Die Säuglingssterblichkeit stieg. Die jungen Mütter, gezwungen zur Berufsarbeit, mussten darauf verzichten, ihre Kinder zu stillen. Wieder dienten muffige Höhlen als Wohnungen, Zeitungspapier als Wäscheersatz, Pappschachteln als Kinderbetten. Es war ein kalter Winter. An der Ruhr bedeckte sich immer weiter das Land mit hochgeschichteter Kohle [...] und ein großer Teil Deutschlands fror in ungeheizten Räumen.

Lion Feuchtwanger, Erfolg. Drei Jahre Geschichte einer Provinz (1929), Frankfurt a. M. 1984, S. 595 f.

M 3 Ein Auto für 10 Pfennige
Der Schriftsteller Leonhard Frank (1882 - 1961) schreibt in seiner Autobiografie zum Jahr 1923:

Zu dieser Zeit überschlug die Mark sich Tag für Tag schneller in den Abgrund. Ein Bekannter Michaels hatte ein Jahr vorher ein neues Benz-Cabriolet gekauft, gegen einen Wechsel[3], fällig in einem Jahr, und ihn jetzt mit Inflationsmark eingelöst. Das neue Auto kostete ihn den Goldwert[4] von 10 Pfennigen – eine Zehnpfennigmarke. Die Sparkassenbücher von Millionen kleiner Leute, die jahrzehntelang Groschen zu Groschen gelegt hatten, für ihr Alter, waren zu Papier geworden. Die übergroße Not riss Tausende dieser beraubten hoffnungslosen Alten in den Selbstmord.

Leonhard Frank, Links wo das Herz ist, München 1963, S. 92 f.

M 4 Der amtliche Dollarkurs

1 Dollar kostete	Mark
Juli 1914	4,2
Januar 1919	8,9
Juli 1919	14,0
Januar 1920	64,8
Juli 1920	39,5
Januar 1921	64,9
Juli 1921	76,7
Januar 1922	191,8
Juli 1922	493,2
Januar 1923	1 972,0
Juli 1923	353 412,0
August 1923	4 620 455,0
September 1923	98 860 000,0
Oktober 1923	25 260 208 000,0
15. Nov. 1923	4 200 000 000 000,0 (4,2 Billionen)

M 5 Roggenbrotpreise in Kiel

Preis für 1 kg		Mark
1922	März	7,37
	Juni	8,42
	September	22,-
	Dezember	153,-
1923	Februar	1 121,-
	April	1 000,-
	Juni	2 745,-
	August	161 000,-
	Oktober	1 128 000 000,-
	November	202 000 000 000,-

Quellen zur Geschichte Schleswig-Holsteins, Teil III: Von 1920 bis zur staatlichen Neuordnung nach dem Zweiten Weltkrieg, Kiel ²1986, S. 19

Karlheinz Dederke, Reich und Republik. Deutschland 1917 - 1933, Stuttgart ⁸1996, S. 279

M 6 Zweitverwertung
Foto vom Herbst 1923
Kinder mit Flugdrachen, gebastelt aus wertlos gewordenen Banknoten.

---

[1] Im Ersten Weltkrieg wurde dem Brotmehl Kleie (ungenießbarer Abfall beim Mahlen) zugefügt, um das Brotgewicht zu erhöhen.
[2] Tuberkulose: Lungenkrankheit
[3] Wechsel: Zahlungsverpflichtung
[4] Goldwert: Wert der Mark vor 1914

---

1. Gestalte ein Schaubild zum Verlauf der Inflation in Deutschland 1918 - 1923 (Darstellungstext, M4).
2. Erläutere, welche Folgen die Inflation für die Bevölkerungsmehrheit hatte (Darstellungstext, M2, M4 und M5).
3. Erkläre, welche Bevölkerungsgruppen man als Gewinner und welche als Verlierer der Inflation bezeichnen kann (M3).
4. Begründe, warum es auch heute Gruppen in der Bevölkerung gibt, die Angst vor einer galoppierenden Inflation haben.

Die stabilen Jahre

M 1 „Deutschland und Russland. Ein Anfang"
Karikatur von Erich Schilling aus der Satire-Zeitschrift „Simplicissimus" vom 10. Mai 1922

Neuanfang in der Außenpolitik

Anfangs hatte das Deutsche Reich keine Bündnispartner mehr. Der bisher wichtigste Verbündete, Österreich, war mittlerweile nur noch ein kleiner Staat.
1922 und 1926 kam es zur Zusammenarbeit mit einem Staat, der international ebenfalls wenig Ansehen hatte: der kommunistischen Sowjetunion. Die beiden Kriegsverlierer vereinbarten diplomatische Beziehungen, gegenseitige Neutralität, Handelsbeziehungen und Verzicht auf Reparationen. Die Reichswehr produzierte und erprobte in der Sowjetunion heimlich moderne Waffen, die sie nach dem Versailler Vertrag nicht besitzen durfte.

Kriegsschulden und Reparationen

Im Weltkrieg hatten Frankreich und Großbritannien Lebensmittel und Waffen von den USA erhalten und sich dafür hoch verschuldet. Nach dem Sieg versuchten die Alliierten, das nötige Geld durch Reparationen vom Kriegsverlierer Deutschland zu erhalten. Aber die deutsche Wirtschaft musste sich selbst erst erholen, damit das Land die geforderte Geldmenge aufbringen konnte. Die anfangs unbeschränkten Zahlungen überforderten Deutschland. Der Plan des amerikanischen Bankiers Charles G. Dawes von 1924 nahm darauf Rücksicht: Bis 1929 erhielt das Deutsche Reich hohe Kredite. Diese halfen beim Wiederaufbau der Wirtschaft.

Verständigung mit den Westmächten

Das Kernproblem für eine europäische Friedensordnung war das Verhältnis zwischen Deutschland und der Siegermacht Frankreich. **Gustav Stresemann** (DVP), von 1923 bis zu seinem frühen Tod 1929 deutscher Außenminister, und auch sein französischer Kollege **Aristide Briand** bemühten sich um eine politische Annäherung beider Länder. Auf einer Konferenz im schweizerischen Locarno 1925 garantierte Deutschland die endgültige Anerkennung der Grenze zu Frankreich und Belgien. Gegenüber Polen und der Tschechoslowakei verzichtete Deutschland darauf, gewaltsam die Grenzen zu verändern. Das wollte es auf friedlichem Weg erreichen. 1926 wurde Deutschland in den Völkerbund aufgenommen.
Viele hofften, dass der Dawes-Plan und der Vertrag von Locarno die Grundlage wären für Abrüstung und eine neue friedliche Ordnung in Europa.

Olympische Spiele

Die Olympischen Spiele sind ein Beispiel dafür, wie sich das Ansehen Deutschlands in den 1920er-Jahren verbesserte. 1920 und 1924 war Deutschland noch ausgeschlossen gewesen. Seit 1928 durfte die deutsche Mannschaft wieder teilnehmen. 1931 wurden für 1936 die Sommerspiele nach Berlin und die Winterspiele nach Garmisch-Partenkirchen vergeben.

Europa in der Zwischenkriegszeit

M 2 Internationales Ansehen für die Weimarer Republik

Der Schriftsteller Thomas Mann beurteilt 1930 das Wirken Gustav Stresemanns:

Wenn in der großen Versammlung in Genf der Vorsitzende [...] den Namen des deutschen Außenministers nennt, Stille sich über den Saal breitet und der alte Briand, [...] der Engländer, der
5 Pole, der Italiener ihre Kopfhörer nehmen, um sich kein Wort von dem entgehen zu lassen, was der Vertreter des Deutschen Reiches der Welt zu sagen hat, – dann sieht und fühlt man die Veränderungen und Fortschritte [...]. Am Ende der Poli-
10 tik Stresemanns stand und steht die friedliche Revision des Versailler Vertrages mit bewusster Zustimmung Frankreichs und ein deutsch-französisches Bündnis als Fundament des friedlichen Aufbaus Europas.

Thomas Mann, Deutsche Ansprache, Berlin 1930, S. 27 ff.

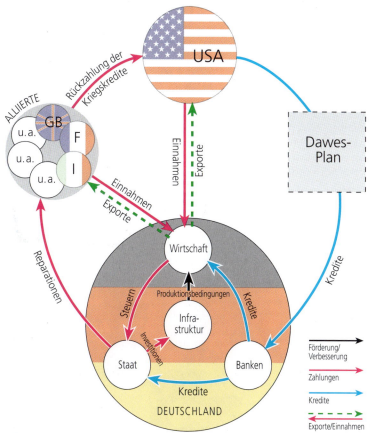

M 3 Deutschland im internationalen Wirtschaftskreislauf 1924 bis 1932

M 4 „Und nun den nächsten Schritt!"
Karikatur von David Low in der englischen Zeitung „Star" vom 1. Dezember 1925
Disarmament = Abrüstung

---

1. Analysiere M1 vor dem Hintergrund des „Neuanfangs in der Außenpolitik" (Darstellungstext).
2. Beschreibe mithilfe des Textes von Thomas Mann (M2), welches Ansehen Gustav Stresemann genoss.
3. Analysiere die Karikatur (M4). Setze sie in Beziehung zu dem Text von Thomas Mann (M2).
4. Setzt nacheinander Spielfiguren (z. B. „Mensch ärgere dich nicht") in die Kreise des Schaubildes M3 und erläutert euch gegenseitig die Rolle des jeweiligen „Mitspielers" im internationalen Wirtschafts- und Geldkreislauf.
5. Erörtert in zwei Gruppen die Folgen für die einzelnen „Figuren" und das ganze System (M3), falls
   a) die US-Kredite kurzfristig zurückgefordert werden,
   b) die einzelnen Staaten durch hohe Importzölle Einfuhren erschweren oder verhindern.

- Zusammenarbeit Deutschlands mit der Sowjetunion
- Annäherung zwischen Deutschland und Frankreich
- Dawes-Plan
- Aufnahme Deutschlands in den Völkerbund
- Vertrag von Locarno
- Deutschland darf wieder an Olympischen Spielen teilnehmen
- Vergabe der Olympischen Spiele 1936 an Deutschland (Berlin)

1920 — 1930 — 1940

Die „Neue Frau"?

M 1 „Frau in Rot" Werbeplakat von Edward Cucuel, 1927
Für das Plakat des in Berlin arbeitenden Künstlers Edward Cucuel stand die Mercedes-Werksfahrerin Ernes Merck Modell. Von 1922 bis 1927 war sie die einzige professionelle Rennfahrerin.

Rechtliche Gleichstellung – in Grenzen

Frauen erhielten 1919 das Wahlrecht. Endgültig wurden sie zum Studium an allen Universitäten zugelassen. Einschränkungen für Beamtinnen wurden aufgehoben, zum Beispiel die Vorschrift, dass Lehrerinnen nach der Eheschließung den Beruf aufgeben müssen. „Grundsätzliche" Gleichstellung hieß freilich, dass es noch zahlreiche Ausnahmen von der Gleichberechtigung gab. Bis 1977 durften Frauen in der Bundesrepublik nur dann berufstätig sein, wenn dies „mit ihren Pflichten in Ehe und Familie vereinbar" war.

Veränderte Berufswelt

Während des Krieges hatten Frauen in Fabriken, Büros und Verkehrsbetrieben viele Männer ersetzt, die zum Militär eingezogen worden waren. Auch nach Kriegsende stieg die Zahl der berufstätigen Frauen an. Die meisten Frauen arbeiteten als Helferinnen in Familienbetrieben, in der Landwirtschaft und in Fabriken. Immer weniger waren dagegen als Dienstmädchen in fremden Haushalten tätig. Mit der Vergrößerung und Rationalisierung der Fabriken wuchs der „Dienstleistungsbereich" mit Verwaltungs- und Büroarbeit weiter an.

Noch stärker als die Zahl der Fabrikarbeiterinnen nahm die Gruppe der weiblichen Angestellten zu, besonders in großen Städten. 1925 war ein Drittel aller Angestellten weiblich: Sekretärinnen, Telefonistinnen, Stenotypistinnen (Angestellte, die Kurzschrift beherrschten), Verkäuferinnen. Für viele Frauen bedeutete es einen sozialen Aufstieg, wenn sie sich nicht in Landwirtschaft oder Fabrik „die Hände schmutzig machen" mussten.

Neues Frauenbild – neuer Lebensstil

Viele Verkäuferinnen und Büroangestellte wollten so sein, wie Kinofilme, illustrierte Zeitschriften und die Werbung die „Neue Frau" darstellten: modern, wirtschaftlich unabhängig, selbstbewusst, gepflegt. Dieser Frauentyp nahm neue Freiheiten für sich in Anspruch. Auch die Mode war Zeichen des veränderten Selbstbildes: kurzer Rock, moderne Kurzhaarfrisur („Bubikopf"), Topfhut. Die „Neue Frau" bevorzugte ein jungenhaftes oder männliches Erscheinungsbild. Sie setzte sich über herkömmliche Moralvorstellungen hinweg, rauchte in der Öffentlichkeit und führte modische Tänze aus den USA auf. In der Werbung wurde die moderne Frau als schlank und sportlich dargestellt. Die Zahl der Frauen in Turn- und Sportvereinen verdoppelte sich.

Insgesamt war das Bild der „Neuen Frau" ein Ideal in der Großstadt, vor allem in Berlin. Außerdem galt es nur für Unverheiratete. Allgemein war es üblich, dass eine Angestellte sich nach ihrer Heirat ausschließlich um Haushalt, Mann und Kinder kümmerte.

Europa in der Zwischenkriegszeit

M 2 Traumberuf Büroangestellte?
Die Angestellte E. A. Klockenberg berichtet 1926 über ihre Arbeit:

Ich begann meine Tätigkeit als Maschinenschreiberin mit 17 Jahren in einem Abschriftenbüro, wo ich stundenlang Maschinendiktate schrieb und den Handabzugsapparat[1] bediente. Zu Beginn des dritten Jahres hatte ich derartige Schmerzen in den Fingern, Händen, Armen und Rücken, dass ich die Stellung aufgeben musste.

Ursula Nienhaus, Berufsstand weiblich, Berlin 1982, S. 25 f.

M 3 „Niedergang der Frau"
Der Wirtschaftswissenschaftler und Statistiker Richard Korherr, später Leiter des statistischen Amtes der SS, kritisiert 1929/30 moderne Entwicklungen:

Die Neuberliner Dame, emanzipiert, frei, auch in sexueller Beziehung, sinkt durch die gewollte Loslösung vom weiblichen Wesen immer tiefer herab. Sie ist nicht mehr Weib, kann aber auch nicht Mann sein. Ihre kulturelle und gesellschaftliche Stellung geht ständig zurück. […] Das Girl, die Junggesellin, die Konkubine[2], die bessere Dirne – die Hetäre[3] Roms –, die Ehedirne, die nicht mehr Mutter sein will: Das alles kündet einen Verfall, einen Niedergang der Frau an […].

Richard Korherr, Berlin. Die neue Weltstadt, in: Süddeutsche Monatshefte, Jg. XXVII (1929/30), S. 391 f.

M 4 Ein Rollenmodell?
Ein Historiker äußert Kritik:

[Die neue Frau] war ein modellierter Schönheitstyp, sehr attraktiv, ein Hauch von Luxus umgab sie, aber sie war untauglich für die Bewältigung harter Alltagsrealität. Kritiker empfinden sie noch heute als Karikatur emanzipierter Weiblichkeit.

Ulrich Kluge, Die Weimarer Republik, Paderborn 2006, S. 142

M 5 Die „Neue Frau" im Straßenverkehr
Foto aus den 1920er-Jahren

M 6 „Lotte am Scheidewege"
Karikatur in der Zeitschrift „Simplicissimus", 1925

[1] Handabzugsapparat: mechanisches Gerät zum Vervielfältigen von Textblättern
[2] Konkubine: Geliebte (abwertend gemeint)
[3] Hetäre: in der Antike: gebildete Geliebte; auch anderes Wort für Prostituierte

1. Beschreibe die rechtlichen und gesellschaftlichen Veränderungen für Frauen seit 1918 (Darstellungstext).
2. Arbeite heraus, wie sich die technische Entwicklung auf die Berufstätigkeit der Frauen auswirkte.
3. Erläutere Merkmale der „Neuen Frau" in den Bildern auf dieser Doppelseite. Erkläre, warum viele Frauen dieses Ideal erstrebenswert fanden. Diskutiert, ob es heute ähnliche Erscheinungen gibt.
4. Junge Leute streiten sich um 1928 mit älteren, deren Denken noch im Kaiserreich verwurzelt ist. Es geht um Veränderungen in Beruf, Privatleben und Selbstverständnis der Frauen. Stellt in einer Szene ein solches Streitgespräch nach.

Die große Krise

M 1 „Greatest crash in Wall Street's history"
Auslandsausgabe der Londoner „Daily Mail" von Freitag, 25. Oktober 1929
Die Wall Street in New York ist bis heute Sitz der wichtigsten amerikanischen Börse (Markt für Wertpapiere).
to crash: abstürzen
deluge: Sintflut
share: Aktie
avalanche: Lawine

▶ *Geschichte In Clips:* Zum US-Börsencrash von 1929 und der Politik des „New Deal" siehe Code 31043-36.

Überproduktion und Börsenkrise

Im Oktober 1929 brachen die Kurse an der amerikanischen Börse innerhalb weniger Tage um die Hälfte ein. Was war geschehen? In den Jahren zuvor hatten viele Amerikaner Unternehmensanteile (Aktien) gekauft, um von den Gewinnen zu profitieren. Das zusätzliche Geld investierten die Firmen zum großen Teil in neue Produktionsmaschinen. Das Angebot an Waren und Nahrungsmitteln wuchs aber stärker als die Nachfrage. Die Folge war eine Absatzkrise. Die Gewinne der Unternehmen gingen zurück.

Viele Anleger befürchteten nun, dass ihre Aktien an Wert verlieren könnten, und verkauften sie. Immer mehr Aktionäre gerieten in Panik und wollten ihre Wertpapiere um jeden Preis abstoßen. Die Aktienkurse an der Wall Street fielen ins Bodenlose. Unzählige Aktionäre verloren in kurzer Zeit ihr ganzes Vermögen. Überproduktionskrise und Börsenkrise verschärften sich gegenseitig. Fabriken und Farmen gingen in großer Zahl bankrott. Millionen Amerikaner wurden arbeitslos. Wegen der globalen Bedeutung der USA griff der wirtschaftliche Einbruch auch auf die anderen Industriestaaten über und wurde zu einer **Weltwirtschaftskrise**.

Die Krise erreicht Deutschland

Neben den Vereinigten Staaten traf die Krise Deutschland besonders hart. Seit dem Dawes-Plan von 1924[1] war das Land auf hohe amerikanische Kredite angewiesen. Dieser Geldstrom versiegte nun nicht nur; die USA forderten die Anleihen der vergangenen Jahre zurück. Zahlreichen Banken fehlte das Kapital, um deutschen Firmen Kredite zu gewähren. Das Resultat: Immer mehr Betriebe brachen zusammen und die Arbeitslosigkeit stieg. Von 1929 bis 1932 sanken die Produktion und das Volkseinkommen auf die Hälfte. Es entstand ein Teufelskreis, der immer stärker ins Elend führte.

Arbeitslosigkeit und Massenelend

1932 waren zeitweise über sechs Millionen Menschen ohne Beschäftigung. Die Arbeitslosen waren viel schlechter abgesichert als heute. Erst 1927 war eine Arbeitslosenversicherung eingeführt worden. Sie verfügte zu Beginn der Krise über Einlagen, die kurzfristig für höchstens 1,4 Millionen Erwerbslose ausreichten. Das bescheidene Arbeitslosengeld wurde höchstens zehn Monate lang ausgezahlt. Die meisten Menschen blieben aber länger ohne Arbeit. Sie waren deshalb auf Fürsorgehilfe in ihren Wohngemeinden angewiesen oder bekamen überhaupt nichts. Da die Regierung und die Gemeinden wegen der Krise höhere Ausgaben, aber geringere Einnahmen hatten, kürzten sie die Unterstützung der Arbeitslosen sogar noch. Unsicherheit und Verelendung, Obdachlosigkeit und Hunger gehörten zum Alltag in Deutschland.

---

[1] Siehe S. 162 und M3 auf S. 163.

Europa in der Zwischenkriegszeit

M 2 Arbeitslos
Foto aus Berlin, 1929
Menschen, die auf Plakaten ihre Arbeitskraft anboten, waren 1929 und 1930 in Großstädten keine Seltenheit.

M 3 Reaktionen auf die Wirtschaftskrise
Heinrich Windelen ist 1921 in Schlesien geboren worden. Sein Vater hat eine kleine Fabrik für Lederwaren.

Im Jahr 1929, nach dem schwarzen Freitag in Amerika, wurde es auch bei uns kritisch. Die Zinsen für Bankkredite stiegen steil an. Mein Vater wusste manchmal nicht, woher er das Geld neh-
5 men sollte. Einmal hatte er sogar unsere Spardosen leeren müssen, um einen fälligen Wechsel einlösen zu können. [...] Doch bei all unseren Sorgen – vielen ging es schlechter als uns.
[...] Unvergessen sind mir die Aufmärsche der
10 Arbeiter [...], die, von Kommunisten organisiert, an unserem Haus vorbeiführten. An der Spitze marschierte eine Kapelle, die die „Internationale"

M 4 Arbeitslosenschlange
im Hof des Arbeitsamtes Hannover
Foto von Walter Ballhause, Frühjahr 1932

[Kampflied der Arbeiterbewegung, das zur Revolution aufruft] schmetterte, dahinter mit hochge-
15 reckten Fäusten die Arbeiter. [...] Auf dem Ring [Marktplatz] war dann Kundgebung, anschließend [...] gab es eine Straßenschlacht mit den „Nazis".

Heinrich Windelen, Als die Weber „stempeln" gingen, in: Rudolf Pörtner (Hrsg.), Alltag in der Weimarer Republik. Kindheit und Jugend in unruhiger Zeit, München 1993, S. 476 - 485, hier S. 478 - 480

▸ *Geschichte In Clips:*
Zur Wirtschaftskrise im Deutschen Reich siehe Code 31043-37.

1. Erkläre die Begriffe „Überproduktion" und „Börsencrash".
2. Partnerarbeit: Arbeitet die Auswirkungen der Weltwirtschaftskrise heraus (M2 - M4).
3. Erläutere, welche Zusammenhänge es zwischen Wirtschaftsleben, privatem Leben und Fühlen sowie politischen Stimmungen und Entscheidungen in der Wirtschaftskrise gab und auch in heutigen Krisen noch geben kann.

- 1920: Beginn eines wirtschaftlichen Aufschwungs
- Einführung einer Arbeitslosenversicherung
- wirtschaftlicher Einbruch
- 24.10.: Börsenkrach an der Börse in New York („Schwarzer Freitag") verursacht eine Wirtschaftskrise
- über sechs Millionen Arbeitslose in Deutschland

4

Dem Ende entgegen

M 1 „Deutsche Zauber-Werke A. G." Karikatur von Karl Arnold in der Satire-Zeitschrift „Simplicissimus", 12. Februar 1933
Bildunterschrift: „Kein Grund zum Verzagen, solange noch Kanzler am laufenden Band produziert werden!" – Der Zauberer ist Reichspräsident Paul von Hindenburg; von den Kanzlern sind Schleicher (Zweiter von oben), Papen und Brüning identifizierbar.

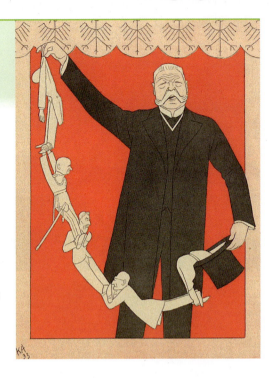

Von der parlamentarischen zur Präsidialregierung

Die seit 1928 tätige Regierung der Großen Koalition (SPD, DDP, Zentrum und DVP) war wegen der finanziellen Probleme infolge der Weltwirtschaftskrise zerstritten. Sie brach im März 1930 auseinander. Nun ergriff Paul von Hindenburg, der seit 1925 Reichspräsident war, die Initiative. Er wollte konservative Kräfte an die Regierung bringen. Hindenburg wartete nicht, bis sich der Reichstag auf einen neuen Kanzler verständigte, sondern berief eigenmächtig den Zentrumspolitiker Heinrich Brüning zum Regierungschef. Dieser ignorierte das Parlament und regierte mithilfe von Notverordnungen des Reichspräsidenten nach Artikel 48 der Reichsverfassung. Wenn der Reichstag diese Notverordnungen blockierte, löste der Kanzler ihn auf. Dabei stützte er sich auf eine weitere Vollmacht des Präsidenten (Artikel 25). Der Reichstag trat nun immer mehr in den Hintergrund.

Programm der Regierung Brüning

Die neue Regierung betrieb eine strenge Sparpolitik. Sie kürzte das Arbeitslosengeld sowie andere Staatsausgaben und erhöhte die Steuern. Damit verhinderte sie zwar eine neue Inflation, fachte die Wirtschaftskrise aber noch weiter an. Der als „Hungerkanzler" geschmähte Brüning nahm das bewusst in Kauf. Er wollte den Siegermächten des Weltkrieges beweisen, dass Deutschland finanziell völlig überfordert war. Das sollte zum Ende der Reparationszahlungen führen. Nach Brünings Entlassung im Mai 1932 versuchte es der Reichspräsident mit zwei weiteren Präsidialregierungen unter dem konservativen Franz von Papen (Juni bis Dezember 1932) und dem Reichswehrgeneral Kurt von Schleicher (Dezember 1932 bis Januar 1933). Auch sie scheiterten. Die Präsidialregierungen verbrauchten sich in immer rascherer Folge. Es gelang ihnen weder, die Wirtschaftskrise zu beenden, noch die konservativen nationalen und antidemokratischen Wähler für sich zu gewinnen.

Politische Radikalisierung

Die Reichstagswahl vom September 1930 stand bereits im Zeichen der Weltwirtschaftskrise. Sie wurde „Erbitterungswahl" genannt. Die Nationalsozialisten steigerten ihren Stimmenanteil von zwei auf über 18 Prozent und wurden über Nacht zu einer ernst zu nehmenden politischen Kraft. Auch die KPD gewann Sitze hinzu.

Als die NSDAP in der nächsten Reichstagswahl im Juli 1932 mit 37,4 Prozent der Stimmen zur stärksten Partei wurde, forderte Adolf Hitler das Kanzleramt für sich. Präsident Hindenburg zögerte aber noch; die NS-Bewegung und ihr „Führer" erschienen ihm als zu unberechenbar.

In der Öffentlichkeit standen sich uniformierte Kampfverbände der Parteien in offener Feindschaft gegenüber. Vor allem während der häufigen Wahlkämpfe lieferten sie sich blutige Saal- und Straßenschlachten, die Hunderte Tote forderten.

M 2 Funktionsweise des Präsidialsystems

Am 16. 7. 1930 lässt Kanzler Brüning im Reichstag über ein Gesetz zur Deckung des Reichshaushalts abstimmen, das eine strikte Sparpolitik vorsieht. Es folgt eine Kraftprobe mit dem Parlament:

Trotz Brünings Drohung mit Artikel 48 lehnte der Reichstag einen Teil der Deckungsvorlage mit 256:193 Stimmen ab. Das Kabinett beschloss daraufhin sofort, die gesamte Deckungsvorlage in
5 Form einer Notverordnung in Kraft zu setzen – es war das erste Mal, dass ein vom Reichstag abgelehnter Gesetzentwurf in eine Notverordnung umgewandelt wurde, was die herrschende Rechtslehre für unzulässig hielt.
10 Die SPD-Fraktion beantragte umgehend die Aufhebung dieser Notverordnung, und dieser Antrag fand am 18. Juli im Reichstag eine Mehrheit; 236 Abgeordnete (SPD, KPD, NSDAP, der größere Teil der DNVP) votierten für die Aufhebung, 221 dage-
15 gen. Daraufhin verkündete Brüning die Auflösung des Reichstages, und die durch Reichstagsbeschluss aufgehobene Notverordnung wurde wenige Tage später in einer verschärften Form erneut als Notverordnung erlassen.

Eberhard Kolb und Dirk Schumann, Die Weimarer Republik, München ⁸2013, S. 133

M 3 Umgestaltung der Verfassungspraxis

Das System der Präsidialkabinette ändert das Kräfteverhältnis von Regierung und Reichstag:

Jahr	Reichstags-sitzungen	Gesetze	Not-verordnungen
1930	94	98	5
1931	41	34	44
1932	13	5	66

Hans-Ulrich Wehler, Deutsche Gesellschaftsgeschichte, Bd. 4: Vom Beginn des Ersten Weltkriegs bis zur Gründung der beiden deutschen Staaten 1914-1949, München 2003, S. 519

M 4 „Der Reichstag wird eingesargt"
Collage des Grafikers John Heartfield für die KPD-nahe „Arbeiter Illustrierte Zeitung" vom 30. August 1932

M 5 Reichskanzler Franz von Papen: Ziele

In einer Rede vor bayerischen Industriellen führt Papen am 12. Oktober 1932 aus:

Wir wollen eine machtvolle und überparteiliche Staatsgewalt schaffen, die nicht als Spielball von den politischen und gesellschaftlichen Kräften hin- und hergetrieben wird, sondern über ihnen
5 unerschütterlich steht wie ein „rocher de bronce"[1]. Die Reform der Verfassung muss dafür sorgen, dass eine solche machtvolle und autoritäre Regierung in die richtige Verbindung mit dem Volke gebracht wird. [...]
10 Die Reichsregierung muss unabhängiger von den Parteien gestellt werden. Ihr Bestand darf nicht Zufallsmehrheiten ausgesetzt sein. Das Verhältnis zwischen Regierung und Volksvertretung muss so geregelt werden, dass die Regierung und
15 nicht das Parlament die Staatsgewalt handhabt.

Heinz Hürten (Hrsg.), Deutsche Geschichte in Quellen und Darstellungen, Bd. 9, Stuttgart 1995, Nr. 37, S. 132

[1] rocher de bronce: „eherner Fels"; Sinnbild für unerschütterliche Festigkeit

---

1. Erkläre, warum die gemeinsame Anwendung von Artikel 48 und Artikel 25 der Reichsverfassung dem Geist dieser Verfassung zuwiderlief.
2. Gestalte ein Schaubild mit den Überschriften „Kanzler Brüning" (links) und „Reichstag" (rechts). Trage in den beiden Spalten die in M2 genannten Schritte ein.

2. Beschreibe und erläutere die Karikatur (M4). Gestalte einen Kommentar aus der Sicht eines SPD-Abgeordneten.
3. Interpretiere die Zahlenangaben in M3.
4. Beurteile, was Papens Vorstellungen für das politische System in Deutschland bedeuteten (M5).

Der 30. Januar 1933 – Hitler wird Reichskanzler

M1 „Brautvorführung"
Karikatur vom Februar 1933 aus „Der Nebelspalter"
Germania befindet sich zwischen Franz von Papen und Alfred Hugenberg, einem Politiker der DNVP; als Unternehmer eines Medienkonzerns kontrollierte er einen großen Teil der deutschen Presse; im ersten Kabinett unter Hitler war er Minister für Wirtschaft, Landwirtschaft und Ernährung.
Als weitere Person ist Paul von Hindenburg (1847-1934) zu sehen, seit 1925 Reichspräsident in Deutschland.

Papens Einrahmungskonzept
Im Januar 1933 stimmte Hindenburg schließlich dem Vorschlag Franz von Papens zu: Hitler sollte Kanzler werden. Im Präsidialkabinett sollten allerdings nur drei Politiker der NSDAP, aber neun einflussreiche konservative Politiker vertreten sein. Den Kritikern seines Plans entgegnete Papen: „Was wollen Sie denn? Ich habe das Vertrauen Hindenburgs. In zwei Monaten haben wir Hitler in die Ecke gedrückt, dass er quietscht!" Er hoffte, wie viele andere Konservative auch, Hitler kontrollieren und für die eigenen Ziele einsetzen zu können.

Machtübergabe
Am 30. Januar 1933 ernannte Hindenburg Hitler zum Reichskanzler. Damit wurde Hitler – wie schon seine drei Amtsvorgänger – Chef eines Präsidialkabinetts, und wie sie kam er legal an die Macht. Durch den Amtseid war er der Weimarer Verfassung verpflichtet. Er konnte die Politik entscheidend mitgestalten, doch seine Partei besaß keine Mehrheit im Reichstag. Anders als seine Amtsvorgänger hatte er jedoch nie verheimlicht, dass er das demokratische System zerstören wollte.

Die NSDAP
Am Ende des Jahres 1932 schien die NSDAP kurz vor dem Ruin zu stehen. Hitlers Partei hatte nur noch wenig Geld zur Verfügung. Außerdem drohten ihr die Wähler wegzulaufen. Denn mit 33,1 Prozent hatte sie im November zwar wieder mehr Sitze als jede andere Partei im Reichstag errungen, aber zwei Millionen Wählerstimmen verloren.

Nationale Einheit
Reichspräsident Hindenburg wollte nach wie vor die national gesinnten, größtenteils antidemokratischen Parteien und Kräfte verbünden. Zu den Nationalsozialisten hatte er ein zwiespältiges Verhältnis. Einerseits war ihm diese junge nationale Bewegung sympathisch, andererseits wollte er sich von Hitler nicht die Führung in Deutschland streitig machen lassen. Zweimal schon waren Verhandlungen darüber gescheitert, ob Hitler Reichskanzler werden solle.

Aufmärsche und Feiern
Hitlers Anhänger feierten den Erfolg überschwänglich. In vielen deutschen Städten marschierten die „Braunhemden" – so wurden die SA-Truppen nach der Farbe ihrer Uniform genannt – noch am gleichen Abend in stundenlangen Fackelzügen durch die Straßen. Dies sollte zur Schau stellen, dass die deutsche Geschichte mit der Kanzlerschaft Hitlers eine entscheidende Wende nehmen würde.
Mit dem Begriff **„Machtergreifung"** wollten die Nationalsozialisten vermitteln, ihr Erfolg wäre das Resultat einer großen „nationalen Erhebung" aller Deutschen und Hitler habe die Macht aus eigener Kraft errungen.

Europa in der Zwischenkriegszeit

M 2 „Der 30. Januar 1933"
Gemälde von Arthur Kampf, 1938
Fackelzug durch das Brandenburger Tor anlässlich der „Machtergreifung" Hitlers

M 3 Jugendliche erleben den Januar 1933
Inge Scholl (1917-1998) ist die ältere Schwester von Hans und Sophie Scholl, die 1943 wegen Widerstands gegen Hitler hingerichtet worden sind. Sie schreibt nach dem Krieg ein Buch über ihre Geschwister.

An einem Morgen hörte ich auf der Schultreppe eine Klassenkameradin zur anderen sagen: „Jetzt ist Hitler an die Regierung gekommen." Und das Radio und alle Zeitungen verkündeten: „Nun wird
5 alles besser werden in Deutschland. Hitler hat das Ruder ergriffen."
Zum ersten Mal trat die Politik in unser Leben. Hans war damals [1933] 15 Jahre alt und Sophie 12. Wir hörten viel vom Vaterland reden, von Kame-
10 radschaft, Volksgemeinschaft und Heimatliebe. Das imponierte uns, und wir horchten begeistert auf, wenn wir in der Schule oder auf der Straße davon sprechen hörten. [Die Eltern Scholl waren Gegner Hitlers.] Denn unsere Heimat liebten wir
15 sehr, die Wälder, den Fluss und die alten, grauen Steinriegel, die sich zwischen den Obstwiesen und Weinbergen an den steilen Hängen emporzogen. Wir hatten den Geruch von Moos, von feuchter Erde und duftenden Äpfeln im Sinn, wenn wir an
20 unsere Heimat dachten. Und jeder Fußbreit war uns dort vertraut und lieb. Das Vaterland, was war es anderes als die größere Heimat all derer, die die gleiche Sprache sprachen und zum selben Volke gehörten. Wir liebten es und konnten kaum
25 sagen, warum. Man hatte ja bisher auch nicht viele Worte darüber gemacht. Aber jetzt wurde es groß und leuchtend an den Himmel geschrieben. Und Hitler, so hörten wir überall, Hitler wolle diesem Vaterland zu Größe, Glück und Wohlstand
30 verhelfen [...]. Wir fanden das gut und was immer wir dazu beitragen konnten, wollten wir tun.
Inge Scholl, Die weiße Rose, Frankfurt a. M. 1982, S. 13

---

1. Erläutere die Rolle von Hindenburg bei der Ernennung Hitlers zum Reichskanzler (Darstellungstext, M1, M4 auf S. 153).
2. Beschreibe wie die Geschwister Scholl die ersten Wochen 1933 erlebten (M3).
3. Vergleiche den Bericht von Inge Scholl (M3) mit dem Gemälde (M2).
4. Erkläre Papens Konzept der „Einrahmung" (Darstellungstext).
5. Für Hitlers Regierungsantritt gibt es unterschiedliche Bezeichnungen: Die Nationalsozialisten bezeichneten ihn als „Machtergreifung". Heutige Historiker sprechen von „Machtschleichung", „Machtübergabe", „Machtübertragung" oder „Machtauslieferung".
   a) Erkläre die Unterschiede und
   b) begründe, welcher Begriff am treffendsten ist.
6. Vergleiche Aufstieg und „Machtergreifung" Hitlers mit der Geschichte des Faschismus in Italien (siehe S. 150/151).
7. Informiere dich, wie in der Bundesrepublik eine Diktatur verhindert werden soll (Grundgesetz, Art. 1,3; Art. 20,4 und Art. 79,3).

- Wirtschaftskrise
  Die Große Koalition zerbricht, die Zeit der „Präsidialkabinette" beginnt
- leichte Verbesserung der wirtschaftlichen Lage (von der Bevölkerung kaum wahrgenommen)
- 30.01.: Hindenburg ernennt Hitler zum Reichskanzler

1930 — 1931 — 1932 — 1933 — 1934 — 1935

4 Jetzt forschen wir selbst!

Woran scheiterte „Weimar"?

Die Weimarer Republik war der erste demokratische deutsche Staat. Sie wurde nur 16 Jahre alt. Es folgte die nationalsozialistische Diktatur, die die Welt in einen erneuten Krieg stürzte, unermessliches Leid über viele Länder brachte und Juden und andere Minderheiten systematisch ermordete. Demokratie ist nicht selbstverständlich. Sie kann in Schwierigkeiten geraten und von politischen Gegnern bekämpft werden. Und sie kann ganz schnell beseitigt werden – auch heute.

Seit dem demokratischen Neubeginn nach dem Ende des „Dritten Reiches" 1945 beschäftigen sich Historikerinnen und Historiker mit den Gründen für das Scheitern der Weimarer Republik. Sie stellen sich die Frage, was wir heute besser machen können. Nachdem ihr dieses Kapitel durchgearbeitet habt, könnt ihr diese Frage auch selbst beantworten.

Vorschlag für eine Forschungsfrage:
Thema: *Warum ging die Weimarer Republik zugrunde? Aber vielleicht fallen euch ja noch weitere Fragen ein.*

Beschreiben
Stellt in einer Tabelle die Gründe für das Scheitern der Weimarer Republik *dar*, die ihr den vorangehenden Seiten entnehmen könnt. *Erstellt* eine zweite Tabelle mit Ursachen, die in den Quellen auf dieser Doppelseite enthalten sind.

Untersuchen
Vergleicht die beiden Tabellen. *Arbeitet heraus*, welche Aspekte sich entsprechen oder überschneiden.

Einordnen
Bewertet, welche zwei Gründe für das Scheitern der Republik aus eurer Sicht die wichtigsten sind. *Begründet* eure Entscheidung und diskutiert sie in der Klasse.

Präsentieren
Gestaltet eine Erörterung unter dem Titel: „Hat die Weimarer Republik sich selbst aufgegeben oder wurde sie zerstört?"

M 1 Schwächen der politischen Verfassung
Das Zusammenspiel von Reichstag und Reichspräsident birgt Gefahren:

Die starke Stellung des Reichspräsidenten [...] hat viele Parlamentarier schon frühzeitig dazu verführt, sich dem unbequemen Kompromisszwang von Koalitionsregierungen zu entziehen und die Verantwortung nach „oben", auf
5 den Reichspräsidenten, abzuschieben, der im nicht genau definierten Krisenfall auf die umfassenden Notstandsvollmachten des Artikels 48 zurückgreifen und als Ersatzgesetzgeber auftreten konnte. [...]
Die weitgehende Ausschaltung des Reichstages [seit 1930]
10 verstärkte die politische Radikalisierung und niemand artikulierte den Massenprotest mit so viel populistischem Geschick wie Hitlers Nationalsozialisten.

Heinrich August Winkler, Auf ewig in Hitlers Schatten? Über die Deutschen und ihre Geschichte, München 2007, S. 73

M 2 Versäumnisse in der Gründungsphase
Zu den Weichenstellungen während der Revolution 1918:

Gewiss, man kann behaupten, dass es nicht nur verpasste Chancen, sondern auch verhinderte Katastrophen gegeben habe. Darf man aber die Stimmen derer, die bereits damals weitergehende Reformen in Staat, Gesellschaft und Wirt-
5 schaft forderten und – selbst wenn sich dies erst im Nachhinein als richtig herausstellte – vor den Folgen zu großen Zögerns warnten, einfach beiseiteschieben? [...] Ebert hätte wissen müssen, dass er aktiver und entschlossener hätte handeln müssen, um den beharrenden Kräften die Mög-
10 lichkeit zur Gegenrevolution zu nehmen.

Michael Epkenhans, in: Die Zeit, Nr. 6, 1. Februar 2007, S. 53

M 3 „Die Quelle"
Karikatur von Daniel Fitzpatrick, The St. Louis Post, 19.10.1930

M 4 Bevorzugung einer autoritären Lösung
Zur Rolle der politisch Verantwortlichen in der Endphase der Republik:

[Es] bestand seit 1932 zweifellos ein außerordentlich starker Trend in Richtung einer Hitler-Lösung. Um diesen vermeintlichen Ausweg aus der Systemkrise zu blockieren, hätte es eines hohen
5 Maßes an politischer Fantasie bedurft, vor allem bei jener Gruppe eigentlicher Entscheidungsträger, die seit der Errichtung des Präsidialregimes das parlamentarische Machtvakuum ausfüllten. Aber gerade in diesem Kreis [...]
10 dominierte der Wille zur autoritären Umgestaltung von Staat und Gesellschaft, und damit reduzierte sich das Spektrum möglicher politischer Kombinationen so sehr, dass an einem Arrangement mit der Hitler-Partei kaum vorbeizukom-
15 men war [...].

Eberhard Kolb und Dirk Schumann, Die Weimarer Republik, München ⁸2013, S. 152 f.

M 6 Notverordnung
Karikatur von Erich Schilling in der Satire-Zeitschrift „Simplicissimus", 16. 2. 1931
Bildunterschrift: „Nach den Erfahrungen der letzten Wochen ist verfügt worden, dass jeder Demonstrationszug seinen eigenen Leichenwagen mitzuführen hat."

M 5 „Deine Losung Deutschnational!"
Plakat der DNVP zur zweiten Reichstagswahl 1924

M 7 Folgen der Weltwirtschaftskrise
Die Krise hat nachhaltige politische Wirkungen:

In Deutschland legte die Weltwirtschaftskrise schonungslos die eiternden Wunden offen, die man seit 1918 nur oberflächlich versorgt hatte. Es war nun unübersehbar, wie schwach und vorder-
5 gründig die Akzeptanz der Demokratie unter den politischen, wirtschaftlichen und militärischen Eliten war. Und je schlimmer die Wirtschaftskrise wurde, desto mehr schrumpfte bei den breiten Massen der Glaube an die Demokratie, die in den
10 Augen einer wachsenden Mehrheit schuld war an der schlimmen Lage Deutschlands. [...] Seit 1930 hing die Demokratie in Deutschland praktisch an einer Lebenserhaltungsmaschine. Ein Klima politischer Polarisierung und Radikalisierung machte
15 schließlich Hitler zum großen Nutznießer.

Ian Kershaw, To Hell and Back. Europe, 1914-1949, Harmondsworth 2016, S. 208 (übersetzt von M. Brabänder)

4 Warum bleibt Frankreich eine Demokratie?

M 1 Gegen die Republik
Foto vom 6. Februar 1934
Aufmarsch von Weltkriegsveteranen und rechtsextremen Ligen auf dem Place de la Concorde in Paris, um gegen die Republik zu demonstrieren.

Demokraten und Extremisten

Die Weltwirtschaftskrise hatte auch Frankreich erfasst. Der Staat versuchte, durch extremes Sparen die Wirtschaft zu sanieren. Doch die Kürzung der Gehälter und Renten der Staatsbediensteten brachte nicht die erhoffte finanzielle Erleichterung, sondern führte zu steigender Arbeitslosigkeit und Armut. So kam es auch in Frankreich vermehrt zu politischen Unruhen.

Die Regierungen in Paris waren daher alles andere als stabil: Zwischen 1932 und 1934 gab es sieben Regierungen aus Parteien der linken oder rechten Mitte. In den Wahlen von 1932 verloren die rechten Parteien zwar gegenüber der gemäßigten Linken. Aber auch sie nutzten den Unmut der Bevölkerung für ihre Ziele.

Vom Parlament auf die Straße

Nationalismus, Antisemitismus und Fremdenfeindlichkeit prägten zunehmend das öffentliche Leben. Besonders die antiparlamentarischen, paramilitärischen „Ligen" der rechtsextremen Parteien bekamen Zulauf. Die „Action Française", der „Croix de feu" und die „Jeunesses Patriotes" fanden Zustimmung bei Veteranen des Weltkrieges, aber auch bei Intellektuellen und Jugendlichen. In ihnen wurden autoritäre, faschistische Ideen diskutiert. Die konservative Presse in Paris schürte das regierungsfeindliche Klima.

Ein Skandal stürzt Frankreich in die Krise

Als im Januar 1934 bekannt wurde, dass hochrangige Politiker der linksliberalen Regierung in einen Betrug mit öffentlichen Geldern verwickelt waren, nutzten die rechtsextremen Ligen die angeheizte Stimmung, um gegen das ihrer Meinung nach korrupte Parlament zu hetzen. Rechte Demonstranten riefen „Nieder mit den Dieben!" und „Abgeordnete an die Laterne!" Für den **6. Februar 1934** organisierten sie einen „Marsch auf Paris". Dabei kam es zu gewaltsamen Auseinandersetzungen mit der Polizei. 15 Menschen starben, über 1400 wurden verletzt. Die Regierung musste zurücktreten.

Die Republik widersteht

Dennoch konnten die Rechten die Republik nicht beseitigen. Die Gruppierungen waren sich in ihren Zielen zu uneins. Zudem wirkte der 6. Februar als „Weckruf". Am 12. Februar demonstrierten alle linken Parteien gemeinsam gegen den ihrer Meinung nach faschistischen Staatsstreich. Sie wollten verhindern, dass ihre Uneinigkeit zu Ereignissen wie in Deutschland führte. Kommunisten und Sozialisten überwanden daher ihre Vorbehalte gegenüber den gemäßigten Linken und bildeten ein Wahlbündnis: die Volksfront (**front populaire**). Anders als Deutschland, wo demokratisches Denken nicht stabil Fuß fassen konnte, und das daher eine „**improvisierte Demokratie**" blieb, war Frankreich eine „**gelernte Demokratie**": Das parlamentarische System bestand seit über fünf Jahrzehnten. Zudem hatte die Republik im Ersten Weltkrieg das undemokratische Deutsche Kaiserreich niedergerungen. Große Teile der Bevölkerung standen also auch in der Krise weiterhin hinter der Demokratie und waren bereit, sie zu verteidigen.

Bei den Wahlen im Mai 1936 siegte die Volksfront unter Léon Blum. Durch Lohnerhöhungen, Einführung von bezahltem Urlaub und die Verstaatlichung der Rüstungsindustrie wurden die Nachwirkungen der Weltwirtschaftskrise abgefedert.

Europa in der Zwischenkriegszeit

M 2 „Wir regieren als Republikaner"
Am 6. Juni 1936 spricht der neu gewählte Premierminister Léon Blum zur Bevölkerung:

Das französische Volk hat seinen unerschütterlichen Entscheid getroffen, die demokratischen Freiheiten, die sein Werk sind und sein Gut bleiben, vor allen gewalttätigen und hinterlistigen
5 Angriffen zu schützen. Es hat seinen Willen bekräftigt, auf neuen Wegen die Mittel gegen die Krise zu suchen, die es niederdrückt. [...] Schließlich hat es seinen Willen nach Frieden, der es ganz erfüllt, festgehalten.
10 Die Aufgabe der Regierung, die sich Ihnen vorstellt, steht also schon in der ersten Stunde ihres Bestehens fest. [...] Während wir uns also bemühen, in voller Zusammenarbeit mit Ihnen, die französische Wirtschaft wieder zu beleben, die
15 Arbeitslosigkeit zu überwinden, die Größe der verbrauchbaren Einkommen anzuheben, all jenen ein wenig Wohlgefühl und Sicherheit zu bieten, die durch ihre Arbeit den wahren Reichtum schaffen, werden wir das Land zu regieren haben.
20 Wir regieren als Republikaner. Wir werden die republikanische Ordnung aufrechterhalten, wir werden in ruhiger Festigkeit die Gesetze der republikanischen Verteidigung anwenden.

Léon Blum, in: Lachaise. Nr. 28, zit. nach: Georg Kreis (Hrsg.), Geschichte Frankreichs in Quellen, Bd. 2: Von Napoleon bis zur Gegenwart, Stuttgart 2015, S. 51-53 (übersetzt von Urs Egli)

M 3 Frankreich am Rande eines Bürgerkrieges?
Der Historiker Andreas Wirsching schreibt 1999 über die Bedeutung des 6. Februars 1934:

Wie gespannt die politische Lage in der Hauptstadt war, kam u.a. dadurch zum Ausdruck, dass unmittelbar nach den Vorfällen des 6. Februar der Begriff des Bürgerkrieges in aller Munde war. [...]
5 Mithin stand der 6. Februar weniger am Ende eines innenpolitischen Polarisierungsprozesses, als dass er vielmehr seinen Ausgangspunkt bildete. Er bewirkte eine bis dahin nicht gesehene Massenmobilisierung. [...] Während Kommunisten
10 und Sozialisten zur „antifaschistischen" Mobilisierung aufriefen und allmählich zu einer gemeinsamen Plattform fanden, gewannen die außerparlamentarischen Kampfverbände mit dem Hinweis auf die Gefahr einer drohenden kommu-
15 nistisch-sozialistischen Diktatur erheblichen Zulauf. [...] Das politische Schicksal Frankreichs [schien] mehr als je zuvor davon abzuhängen, wer in der Hauptstadt die Straße beherrschte. Über mehrere Jahre hinweg wurde die Pariser Re-
20 gion nun zum Schauplatz einer Welle politischer Demonstrationen und Kundgebungen, die nicht selten gewalttätigen Charakter annahmen.

Andreas Wirsching, Vom Weltkrieg zum Bürgerkrieg? Politischer Extremismus in Deutschland und Frankreich 1918 - 1933/1939. Berlin und Paris im Vergleich, München 1999, S. 474 f.

M 4 „Face à la dictature..."
Foto vom 12. Februar 1934

Gemeinsamer Protestmarsch von Sozialisten und Kommunisten gegen die Bedrohung der Republik durch rechtsradikale Gruppen. Der Text auf dem Plakat lautet übersetzt: „Im Angesicht der Diktatur ist der Aufstand eine Pflicht"

---

1. Erläutere, wie sich die Weltwirtschaftskrise in Frankreich auf die Politik auswirkte. Vergleiche diese politischen Auswirkungen mit denen in Deutschland.
2. Arbeite heraus, inwiefern der 6. Februar eine Krise der Demokratie darstellte (Darstellungstext, M3).
3. Arbeite heraus, wie Léon Blum seinen Wahlerfolg begründet und welche Aufgaben er für die Regierung sieht (M2).
4. Partnerarbeit: Erörtert Gründe, warum die Demokratie in Deutschland scheiterte, sich in Frankreich aber behaupten konnte.

- 6. Februar 1934: Beginn der gewaltsamen Demonstrationen in Paris, Rücktritt der gewählten Regierung
- 12. Februar 1934: Protestmarsch gegen die Ausschreitungen der rechtsradikalen Gruppen
- 14. Juli 1935: Zusammenschluss von Kommunistischer Partei (PCF), französischem Gewerkschaftsbund (CGT), sozialistischer Partei (SFIO) und der Parti radical zur Volksfront
- Mai 1936: Parlamentswahlen; Sieg der Volksfront unter Léon Blum (SFIO)

4 Das weiß ich – das kann ich!

Am Anfang dieses Kapitels stehen zwei Leitfragen:
Inwiefern kann man die Zwischenkriegsjahre als zerrissene Jahre bezeichnen?
Warum überlebte die neue Demokratie nicht?
Mit den Arbeitsfragen zu den fünf Kategorien auf S. 142 f. kannst du sie nun beantworten:

Herrschaft
Am Ende des Ersten Weltkriegs hatte der amerikanische Präsident Woodrow Wilson mit seinen 14 Punkten eine Vision entworfen, wie die Welt in Zukunft in Frieden und Demokratie leben könnte.
Deutschland wurde durch die Weimarer Reichsverfassung zur Demokratie. Sozialdemokraten (SPD) und linke Liberale (DDP), aber auch der politische Katholizismus (Zentrum) standen hinter der demokratischen Ordnung. Nur selten waren sie als Weimarer Koalition aber stark genug, um die Regierung zu stellen. Dagegen gab es zahlreiche Republikgegner.
Während in Deutschland schließlich die Demokratie ausgehebelt wurde, konnte sie in Frankreich bewahrt werden, obwohl auch dort rechte Gruppen gegen sie arbeiteten.

Wirtschaft
Kriegsschulden, Sozialleistungen und Reparationen lasteten schwer auf der deutschen Staatskasse. Die Inflation nahm ständig zu. Die Ruhrbesetzung 1923 brachte das Fass zum Überlaufen: Die Geldentwertung lief völlig aus dem Ruder. Die Menschen verloren fast über Nacht alle ihre Ersparnisse. Dann setzte eine vorübergehende Stabilisierung ein. Mit dem Ausbruch der Weltwirtschaftskrise 1929 fand sie jedoch ein Ende. Millionen Menschen verloren ihren Arbeitsplatz. Vor allem in den Städten herrschte blanke Not. Indem es der Regierung nicht gelang, etwas dagegen zu unternehmen, ließ sie der politischen Radikalisierung freien Lauf.

Kultur
Zu den Republikgegnern gehörten viele Konservative, die schon während des Kaiserreiches Schlüsselstellungen in Verwaltung und Militär innegehabt hatten. Diese alten Eliten wollten zurück zur Monarchie und verharrten in antidemokratischem Denken. Noch entschiedener bekämpften völkische Gruppierungen wie die NSDAP die Republik. Sie hetzten hemmungslos gegen die Republik. Auf der anderen Seite stand die KPD dem Weimarer Staat ebenfalls feindselig gegenüber.

Gesellschaft
Die Entstehung zahlreicher Nachfolgestaaten nach dem Ersten Weltkrieg verlief nicht ohne Probleme: Oft lebten mehrere ethnische Minderheiten in einem Land, die auch noch ganz unterschiedliche Religionen ausübten. So kam es immer wieder zu Spannungen mit der Mehrheitsbevölkerung.
In Deutschland bot die Demokratie die Gelegenheit, die verkrusteten sozialen Strukturen der Kaiserzeit zu durchbrechen. Doch die alten Eliten des Kaiserreiches, die in der Republik weiterhin viel Einfluss hatten, betrachteten diese Entwicklung mit Verachtung und wollten zurück zur Monarchie.

Vernetzung
Den Friedensvertrag von Versailles empfand man in Deutschland als ungerecht und maßlos. Erst Außenminister Gustav Stresemann gelang es, die Beziehungen zu Frankreich zu verbessern. Deutschland wurde außerdem in den Völkerbund aufgenommen.
In Italien nutzten radikale Kräfte die Enttäuschung über den Ausgang des Ersten Weltkrieges und die Ängste der Menschen, um eine faschistische Diktatur zu errichten.

Werte die Karteikarten unter der Fragestellung aus, ob die Chancen oder die Belastungen der Weimarer Republik überwogen.

Kompetenz-Test
Einen Fragebogen, mit dem du überprüfen kannst, was du schon erklären kannst und was du noch üben solltest, findest du unter Code 31043-38.

Europa in der Zwischenkriegszeit

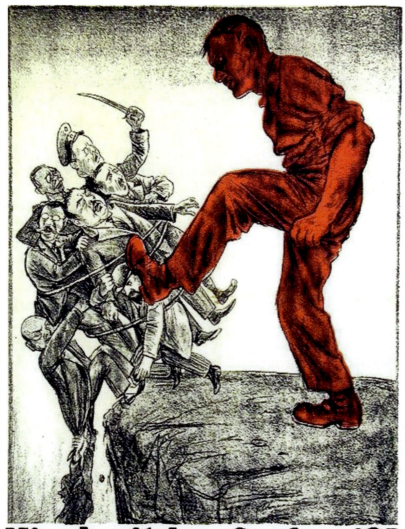

M „Hinab mit dem Geschmeiß!"
Wahlplakat der KPD zur Reichstagswahl 1924
In der Personengruppe links sind der sozialdemokratische Reichspräsident Friedrich Ebert (1919-1925), Außenminister Gustav Stresemann von der DVP, der Chef des Generalstabes Hans von Seeckt, der Vorsitzende des nationalistischen und antisemitischen Alldeutschen Verbandes Heinrich Claß, sowie der NSDAP-Vorsitzende Adolf Hitler zu erkennen.

Die Zwischenkriegsjahre werden auch als „zerrissene Jahre" bezeichnet.
1. Erkläre diese Bezeichnung ausgehend vom Plakat (M).
2. Blättere gemeinsam mit deinem Sitznachbarn das Kapitel „Europa in der Zwischenkriegszeit" nochmals durch und sammelt anhand der Materialien weitere Belege für diese „Zerrissenheit".
3. Gibt es auch heute in unserer Gesellschaft Anzeichen von „Zerrissenheit", vielleicht sogar solche, die den Zusammenhalt ernsthaft gefährden könnten? Diskutiert diese Frage in Form einer Podiumsdiskussion in eurer Klasse.

Service-Anhang

Die GFS im Fach Geschichte vorbereiten

Auch in diesem Schuljahr hast du wieder die Möglichkeit, im Fach Geschichte eine „GFS" vor deiner Klasse zu präsentieren. Wie du im letzten Jahr erfahren hast, muss die „gleichwertige Feststellung von Schülerleistungen" gut vorbereitet sein, denn allein von geschichtlichen Ereignissen zu berichten oder Personen vorzustellen reicht nicht aus. Das wäre so, wie wenn du aus einem Steinbruch wahllos Steine holen würdest, ohne zu wissen, was du damit anfangen möchtest. Eine gelungene GFS kannst du dir vielmehr als einen wohlkonstruierten, hohen Turm mit einer Aussichtsplattform vorstellen.

Der „GFS-Turm"

Das Fundament stellt dein Wissen über ein bestimmtes Thema dar. Darauf konstruierst du den Sockel, deine Leitfrage. Sie ist die Basis, auf der du deinen Turm errichtest. Die Konstruktion entspricht deiner Argumentation, mit der du die Leitfrage beantwortest. Je überzeugender und umfangreicher deine Argumente sind, desto stabiler und höher wird der Turm. Mithilfe der Treppe verknüpfst du die einzelnen Gedanken sinnvoll miteinander, sie ist quasi der rote Faden, der sich durch deine Darstellung zieht. Den krönenden Abschluss stellt die Aussichtsplattform dar. Von hier aus präsentierst du deine Ergebnisse deinem Publikum.

So vermeidest du Baufehler

Planung: Fange rechtzeitig damit an, den Bauplan für den Turm zu erstellen. Zwei bis drei Wochen vor dem Termin sollten genügen.
Fundament: Recherchiere intensiv zu deinem Themenbereich (Schulbuch, Schulbibliothek, Internet), sodass du über ein großes Wissen verfügst.
Sockel: Formuliere eine präzise Leitfrage, die problemorientiert angelegt, nicht zu weit und nicht zu eng gefasst ist. Hierbei hilft dir dein Lehrer bzw. deine Lehrerin. Achte darauf, dass deine Frage nicht nur Informationen ermitteln will („Welche Bestimmungen enthielt der Versailler Vertrag?"), sondern, dass sie eine begründete Meinung einfordert. Verzichte nie auf eine Leitfrage. Unterscheide unbedingt zwischen Thema und Leitfrage.

Konstruktion: Erzähle nicht nur etwas über das Thema oder gar alles, was du darüber weißt, sondern wähle aus deinem Wissen nur die Aspekte aus, die als Argumente zur Beantwortung deiner Leitfrage taugen bzw. wichtig sind. Deine Argumentation muss sachlich richtig und logisch aufgebaut sein. Stelle nicht nur Behauptungen auf, sondern begründe und erläutere sie mit Fakten und Beispielen, so wie du es auch im Deutschunterricht gelernt hast.
Treppe: Achte darauf, dass deine Darstellung einen roten Faden hat, die Argumente aufeinander aufbauen und sinnvoll miteinander verbunden werden.
Plattform: Bereite deine Präsentation gut vor. Überlege dir, welches Redeziel du erreichen, welche Botschaft du deinem Publikum mitteilen möchtest, welche Medien du einsetzen willst, wie du sie einsetzt. Gestalte eine Visualisierung, die deine Ergebnisse veranschaulicht. Erarbeite den genauen Aufbau deiner Präsentation und achte darauf, dass du die vorgegebene Zeit einhältst und stets dein Publikum im Blick hast.

Ein Turm entsteht

Du hast dich dazu entschlossen, deine GFS in diesem Jahr im Fach Geschichte zu machen. Dein Lehrer hat dir mehrere Themengebiete zur Auswahl gestellt, aus denen du dir ein konkretes Thema zurechtlegen sollst. Die Zeit der Industrialisierung hat sofort dein Interesse geweckt. Du beginnst zu recherchieren und verschaffst dir so eine Vorstellung von dieser Zeit. Dein Wissen erweitert sich rasch und schon bald bist du dir sicher, dass sich dein konkretes Thema auf die Schwarzwälder Uhrenindustrie erstrecken wird. Eine tragfähige Leitfrage hast du auch bald formuliert:

„Welche Rolle spielte die Schwarzwälder Uhrenindustrie für den Prozess der Industrialisierung in Deutschland?"

Nun sitzt du zuhause am Schreibtisch und überlegst, wie du deine GFS gestalten kannst. Dazu überblickst du nochmals dein gesamtes Wissen, das du zu diesem Thema zusammengetragen hast.

M 1 Der „GFS-Turm" Die Bauteile des Turms versinnbildlichen die unterschiedlichen Elemente der Erarbeitung eines GFS-Vortrages.

Die GFS im Fach Geschichte

M 2 Ein mögliches Fundament
Wissensaspekte zum Thema „Industrialisierung"

Fabrik – Dampfmaschine – mechanischer Webstuhl – Bevölkerungswachstum – Kapital – Soziale Frage – Wohnungselend – Technisierung – Karl Marx – Verstädterung – Beginn in England – niedrige Löhne – Unternehmer – Arbeiterschaft – Eisenbahn – Hemmnisse in Deutschland – Kinderarbeit – Sozialgesetzgebung – Ausbeutung – Selbsthilfe der Arbeiterschaft – Gewerkschaften – Produktionssteigerung – lange Arbeitszeit – Kohle und Stahl – Fabrikordnungen – Zeiterfassung, Proletarisierung – Krankheit – Arbeitsunfälle – Armut – Arbeitslosigkeit – Invalidität – SPD – Armenfürsorge – Gewerbefreiheit – Hochindustrialisierung – Rationalisierung – ... – ...

So könnte das Fundament des Turmes aussehen. Aber nicht alle Elemente sind wichtig, um die Leitfrage überzeugend beantworten zu können. Jetzt heißt es, gezielt auszuwählen. Richtschnur dafür ist allein die Leitfrage. Alles, was nicht als Argument zu ihrer Beantwortung dient, kannst du vernachlässigen. Auf diesem Sockel kannst du nun deine Gedankenkonstruktion errichten. Die Konstruktion der Argumente könnte folgendermaßen aussehen:
- Die Uhrenindustrie spielte zu Zeit der Industrialisierung eine wichtige Rolle als Arbeitgeber/Arbeitsplatz
+ Rolle der Uhrenindustrie als Lieferant von Messgeräten
+ als Motor für technische Neuerungen
+ als Motor der Industrialisierung in bestimmten Gebieten
+ bei der Kontrolle von Arbeitern

Um die Leitfrage fundiert und ausgewogen zu beantworten, musst du noch weitere Punkte berücksichtigen:
- Die Uhrenindustrie war keine Hauptindustrie; andere Bereiche waren wichtiger (Stahl, Eisen, Textil).
- Nur eine relativ kleine Gruppe von Menschen war aktiv an der Uhrenindustrie beteiligt.
- Es gab nur regionale Schwerpunkte.

Ein mögliches Fazit könnte lauten: Die Schwarzwälder Uhrenindustrie war keine zentrale Antriebskraft der Industrialisierung. Sie hat aber einen wichtigen Beitrag geleistet (Schaffung qualifizierter Arbeitsplätze, Messtechnik, Kontrolle). Unter regionalen Gesichtspunkten war sie sogar sehr wichtig für den Prozess der Industrialisierung in bestimmten Gegenden.

Mithilfe dieser Argumentationskette erreichst du auf sicherem Weg die Aussichtsplattform. Jetzt hast du viele unterschiedliche Möglichkeiten, deine Ergebnisse zu präsentieren. Die folgende Darstellung gibt dir einen Überblick, wie du dabei vorgehen kannst.

M 3 Bestandteile einer GFS-Präsentation

---

1. Prüfe, ob es sich bei den folgenden Beispielen um Leitfragen handelt, die für eine GFS geeignet sind oder nicht. Begründe deine Meinung.
   a) Welche Beschlüsse wurden auf dem Wiener Kongress gefasst? – b) Stellt das Hambacher Fest von 1832 einen Höhepunkt der liberalen Bewegung dar? – c) Was passierte in der Julikrise von 1914? – d) Inwiefern war der Versailler Vertrag eine Belastung für die Weimarer Republik?
2. Formuliere Leitfragen zu den folgenden Themenbereichen:
   a) Napoleon und Europa
   b) Die Zukunftsvision von Karl Marx
   c) Die Gründung von Kolonien
   c) Ursachen des Ersten Weltkrieges
   d) Die Oktoberrevolution
   e) Woodrow Wilson
   f) Der Versailler Vertrag
   g) Die Weimarer Verfassung
3. Wenn du die GFS im Fach Geschichte ablegen möchtest: Leite aus den genannten Bereichen ein Thema ab – oder suche mit deinem Lehrer/deiner Lehrerin ein anderes Thema aus.

Service-Anhang

Aufgaben richtig verstehen – durch Operatoren

Was ihr bei den Aufgaben in diesem Buch genau zu tun habt, zeigen euch die Verben an, die dort verwendet werden. Diese Verben werden in der folgenden Tabelle erklärt. Außerdem geben wir euch zusätzliche Hilfestellungen. Die Symbole ▁▂▃, ▁▂▃ und ▁▂▃ zeigen euch an, in welchem Anforderungsbereich (AFB) ihr euch dabei befindet.

Arbeitsanweisung in der Aufgabe, AFB	Was ist genau zu tun?	Was dir zusätzlich helfen kann
analysieren	Du wertest Materialien (Texte, Bilder, Karten usw.) „mit Methode" aus.	In der „Methodenbox" der Methodenseiten in diesem Buch findest du hilfreiche Arbeitsschritte.
begründen	Du untermauerst eine Aussage mit Gründen.	Formulierungen, die du verwenden kannst: *Dafür spricht … – Ein Grund dafür ist …*
beschreiben	Du gibst die wichtigsten Merkmale in ganzen Sätzen und eigenen Worten wieder.	Formulierungen, die du verwenden kannst: *Hier ist abgebildet … – Hier sehe ich … – Hier wird gesagt, dass …*
beurteilen	Du nimmst Stellung zu einer Aussage von anderen oder einem Sachverhalt. Dabei geht es darum herauszufinden, ob diese Aussage überzeugend – also logisch und in sich stimmig – ist. Gib dabei die Gründe für dein Urteil an.	Formulierungen, die du verwenden kannst: *Ich halte die Aussage für überzeugend, weil … – Weniger / nicht überzeugend ist, dass …*
bewerten	Auch hier geht es darum, Stellung zu beziehen. Allerdings kannst und sollst du hier stärker das einbeziehen, was dir persönlich oder unserer Zeit heute wichtig ist.	Formulierungen, die du verwenden kannst: *Ich halte das für richtig (bzw. falsch), weil … – Damit habe ich Schwierigkeiten, weil … – Die Menschen heute sehen das anders, da …*
bezeichnen	Du bringst deine Beobachtungen – meist bezogen auf Tabellen, Schaubilder, Diagramme oder Karten – auf den Punkt.	Formuliere möglichst genau und nicht „schwammig". Helfen können die Fachbegriffe am Seitenende und das „Lexikon zur Geschichte" S. 190 ff.
charakterisieren	Du beschreibst etwas, indem du das, was besonders auffällig ist, hervorhebst.	Formulierungen, die du verwenden kannst: *Auffällig ist … – Der Autor benutzt für … die Worte …*
darstellen	Du zeigst Zusammenhänge auf. In der Regel schreibst du dazu einen eigenen, gegliederten Text.	Hier wird eine meist recht ausführliche Schreibarbeit von dir verlangt. Als Vorarbeiten können daher eine *Stichwortsammlung* und eine *Gliederung* hilfreich sein.
ein-, zuordnen	Du stellst etwas in einen Zusammenhang, der dir durch die weitere Aufgabenstellung vorgegeben wird.	Achte darauf, auch zu erklären, *warum* das eine zum anderen passt. Als Vorarbeit kann es wichtig sein, zunächst zu beschreiben, was ein- oder zugeordnet werden soll.
entwickeln	Du suchst nach einem Lösungsansatz für ein Problem.	Achte darauf, dass sich dein Lösungsansatz *mit Gründen oder Belegen* aus den vorgegebenen Materialien *untermauern* lässt.

Aufgaben richtig verstehen – durch Operatoren

Arbeitsanweisung in der Aufgabe, AFB	Was ist genau zu tun?	Was dir zusätzlich helfen kann
erklären	Du gibst aufgrund deines Wissens eine Antwort.	Hier sollst du die Gründe für etwas oder die Zusammenhänge von etwas aufzeigen. So kannst du eine Antwort auf die Frage geben, *warum etwas so ist oder war*. Formulierungen, die du verwenden kannst: *weil ...; deshalb ...; daher ...; dadurch ...*
erläutern	Du erklärst, warum etwas so ist, und nennst dabei Beispiele oder Belege.	Die hier besonders wichtigen Beispiele und Belege sollen deine Erklärung veranschaulichen, also verständlich machen, warum etwas so ist. Formulierungen, die du verwenden kannst: *Dies zeigt sich daran, dass ... – Dies wird belegt durch ...*
erörtern	Dir wird ein Problem vorgegeben. Wie auf einer zweischaligen Waage kannst du das Problem abwägen. „Lege" dazu Gründe *dafür* in die eine Schale, Gründe *dagegen* in die andere Schale. Am Ende kommst du zu einem Ergebnis deiner Abwägung. Dabei kann dir wieder der Blick auf die Waage helfen: In welcher der beiden Waagschalen finden sich die gewichtigeren Gründe?	Formulierungen, die du verwenden kannst: *Dafür spricht ... – Dagegen spricht ... – Insgesamt komme ich zu der Einschätzung, dass ...*
erstellen	Du zeigst Zusammenhänge auf – oft mit einer Skizze oder einer Zeichnung.	Du kannst z. B. Pfeile, Tabellen oder eine Mindmap verwenden.
gestalten	Du stellst etwas her oder entwirfst etwas, z. B. einen Dialog zwischen zwei Personen oder ein Plakat.	Hier ist besonders deine Kreativität gefragt. Achte aber darauf, dass die Aufgabenstellung im Blick bleibt.
herausarbeiten	Du filterst aus einem Material unter bestimmten Gesichtspunkten die wichtigsten Informationen heraus.	Achte auf die in der Aufgabenstellung genannten Gesichtspunkte und vermeide eine reine Inhaltswiedergabe. Gib bei Texten die Zeilen an, auf die du dich bei deiner Herausarbeitung beziehst.
nennen	Du zählst knapp die gefragten Informationen oder Begriffe auf.	Da hier oft mehrere Punkte gefragt sind, ist es sinnvoll, deiner Antwort eine Struktur zu geben: 1. ...; 2. ...; 3. ... usw.
überprüfen	Du untersuchst, ob eine Aussage stimmt, und formulierst ein Ergebnis deiner Überlegungen.	Auch hier hilft das Bild der Waage (s. o.: „erörtern")
vergleichen	Du stellst zwei Aussagen oder Materialien gegenüber und suchst anhand bestimmter Vergleichspunkte nach Gemeinsamkeiten und Unterschieden. Am Schluss formulierst du ein Ergebnis.	Hier kann eine dreispaltige Tabelle hilfreich sein: Spalte 1: Merkmal, das du vergleichen möchtest – Spalte 2: Material 1 – Spalte 3: Material 2. Achte darauf, dass auch die Nennung von Unterschieden zu einem Vergleich gehört.

Service-Anhang

Methodenkarten

Wir haben alle Methodenkarten aus den Bänden 1 bis 3 von „Das waren Zeiten" für dich zu einem Heft zusammengestellt. Du kannst sie unter dem Code **31043-39** herunterladen.

Mit dieser Methodensammlung kannst du die fachgerechte Bearbeitung von historischen Quellen aller Art üben – Kompetenzen, die du auch später immer wieder benötigst!

Hilfestellungen: Gewusst wie!

Kapitel 1: Europa nach der Französischen Revolution

S. 15 — **Aufgabe 2**
Überlege, welche Funktion Krönung und Salbung bei einer Kaiserkrönung im Mittelalter besaßen. Wozu war der Papst nötig? In welche Tradition möchte sich Napoleon stellen und was sagt dies über seinen Herrschaftsanspruch aus?

S. 17 — **Aufgabe 3**
Um zu verstehen, was bzw. wer mit „von oben" gemeint ist, kannst du auch M3, Z. 14-19, heranziehen.

S. 19 — **Aufgabe 2**
Deine Lösungsvorschläge sollten konkrete Maßnahmen beinhalten, die ein Herrscher ergreifen kann. Setze dazu bei den Fragen an, die von Hoff aufwirft.

Aufgabe 3
Du kannst so beginnen: „Wie die Karte zeigt, werden durch Säkularisation und Mediatisierung die neuen deutschen Teilstaaten größer und einheitlicher. Dies bringt Vorteile, denn…
- die Verwaltung ist weniger kompliziert.
- Weniger Grenzen bedeuten für den Handel …
- …

S. 21 — **Aufgabe 4**
Achte auf die Bildkomposition: Welche Farben werden verwendet und wofür stehen diese? Was ist dunkel, was hell dargestellt? Welche Haltung und Mimik haben die Aufständischen? Usw.

S. 23 — **Aufgabe 3**
Beachte dabei auch, wie die Herrscher von Preußen, Österreich und Russland auf dem Bild dargestellt werden. Überlege insbesondere, auf welche Zeit sich die Darstellung bezieht. Sah man um 1800 so aus? Wenn nein, wann sah man so aus? Und was sagt das darüber aus, woran sich das Bündnis orientierte?

Aufgabe 6
Stichworte: Bündnisse, Frieden, Akzeptanz der Restauration etc.

Methodenkarten • Hilfestellungen: Gewusst wie!

S. 25

Aufgabe 1
Bedenke z.B., worin die Leistung Luthers für die deutsche Sprache bestand. Vielleicht erinnerst du dich aber auch noch daran, was ihr im letzten Jahr über die Gründe gelernt habt, warum viele Fürsten sich der Reformation angeschlossen haben.

S. 27

Aufgabe 2
Achte auf die Flaggen, die im Bild zu sehen sind. Erkläre, welche Nationen hier repräsentiert werden. Hinweise gibt die Bildlegende.

S. 29

Aufgabe 5
Suche dir dazu Kriterien, um vergleichen zu können. Möglich sind beispielsweise die Lage der Bevölkerung, insbesondere der ärmeren Schichten, aber auch inwieweit sich die Herrschenden von ihren Bürgern entfernt haben.

S. 31

Aufgabe 6
Überlege dazu, welche Art von Entscheidungen in einer Gruppe leichter durchzusetzen sind – und wann es günstiger ist, alleine zu handeln. Sicher hast du ähnliche Situationen erlebt, wenn ihr in der Klasse über etwas entscheidet.

S. 37

Aufgabe 3 a) und b)
Verwendet für die Suchmaske die Begriffe „Revolutionär" und „Auswanderer". Eventuell müsst ihr eure Suche für die Teilaufgabe b) noch auf andere Internetseiten ausdehnen (z. B. www.deutsche-biographie.de).

S. 39

Aufgabe 6
Lies dazu im Darstellungstext nach, was dort über den Zusammenhang von „Krieg" und „nationale Einheit" bzw. die Bildung eines Nationalstaates gesagt wird.

S. 41

Aufgabe 5
Achte auf den Bildaufbau, das Licht, die Haltung und Blickrichtung der dargestellten Personen und die Farben der Uniformen.

S. 45

Aufgabe 4
Achte insbesondere darauf, welches Ereignis am Anfang der Bildung des jeweiligen Nationalstaates stand und ob die Bildung überhaupt erfolgreich war. Beachte auch die Informationen von S. 42 f.

Service-Anhang

Kapitel 2: Durchbruch der Moderne

S. 53 — **Aufgabe 2**
Überlege, welche der abgebildeten Gegenstände zum (privaten) Haushalt und welche zur (gewerblichen) Produktion gehören.

S. 55 — **Aufgabe 6**
Bedenke dabei, welche Konsequenzen die schnellere Verbindung verschiedener Regionen für die Industrie und die Menschen hatte.

S. 57 — **Aufgabe 2**
Überlege, welche Geräte du über den Tag verteilt nutzt. Gibt es dafür jeweils einen Ersatz? Und wie sehr bist du auf diese Geräte angewiesen?

S. 61 — **Aufgabe 4**
Achte bei der Bewertung darauf, zu nennen, an welchem Wert du das Verhältnis misst (z. B. Gerechtigkeit).

S. 63 — **Aufgabe 3**
Beschreibe zunächst das Stickbild: Was ist abgebildet, wie lautet der Text und was sagt er aus? Welchen Stellenwert besitzt die Arbeit? Stelle die Ansichten von Marx diesen Punkten gegenüber und beurteile, ob diese übereinstimmen.

S. 65 — **Aufgabe 5**
Untersucht zunächst das Gemälde: Welche Situation wird dargestellt und wer sind die Protagonisten? Wie werden die Personen auf dem Bild dargestellt? Was wird daraus über ihre Situation, ihre Ansichten deutlich? Zentral ist sicher der Disput zwischen dem Fabrikherrn und dem Arbeiterführer (links). Überlegt, worum es in dem Konflikt genau gehen könnte und welche Argumente beide Seiten vorbringen.

S. 67 — **Aufgabe 5**
Überlege, was ein Politiker der Arbeiterpartei auf die Frage antworten könnte, ob Bismarck die Not der Arbeiter wirklich lindern bzw. deren Lage grundlegend ändern will.

S. 71 — **Aufgabe 2**
Du kannst so formulieren: „Die Gewerbeordnung schützt vor Lärm- und Geruchsbelästigung, vor …"

S. 73 — **Aufgabe 5**
Lies dazu nochmals auf S. 62 nach, was den Sozialismus kennzeichnet. Warum ist es demnach für die sozialistische Frauenbewegung nicht ausreichend, die Lage der Frau allmählich zu verbessern?

Hilfestellungen: Gewusst wie!

S. 77 **Aufgabe 4**
Ein Vorwurf, der Juden in Deutschland oft gemacht wurde, war, sie seien eigentlich gar keine richtigen Deutsche. Inwiefern begegnet dieses Bild und seine Aufbewahrung diesem Vorwurf?

S. 79 **Aufgabe 4**
Lies hierzu auch nochmals auf den Seiten 78 und 80 nach.

S. 81 **Aufgabe 3**
Suche nach Formulierungen, die man so verstehen kann, als seien sie nicht ernst gemeint oder als würden sie eine Distanzierung ausdrücken.

S. 83 **Aufgabe 2**
Bei der Sammlung von Stichpunkten helfen euch die W-Fragen, wie z. B.: Wann? Wo? Wer? Warum? Welche Folgen? Euer Lexikonartikel könnte etwa so beginnen: „Radikalnationalismus: Bezeichnung für eine Haltung …"

S. 85 **Aufgabe 3**
Vergleichskriterien könnten z. B. sein: Welches Datum wird gefeiert? Warum wurde dieses Datum gewählt? Welche Werte stehen hinter diesem Ereignis? Welche Ziele hat die Erinnerung an dieses Ereignis? Wer sind die Befürworter und Kritiker?

S. 91 **Aufgabe 1**
Beachte dabei „Höhepunkte" und „Tiefpunkte" der Einwanderungszahlen. Kannst du auch Gründe nennen, die sich z. B. für die hohe Einwanderzahl nach 1848 anführen lassen?

S. 93 **Aufgabe 3**
Ein Ansatzpunkt für die Diskussion könnte die Frage sein, ob sich Konkurrenz und Rivalität wirklich friedlich in der Idee der Weltausstellung ausdrücken konnten oder nicht genau das Gegenteil bewirkten.

Kapitel 3: Imperialismus und Erster Weltkrieg

S. 101 **Aufgabe 1**
Du kannst dabei folgendermaßen beginnen: „Bereits der Begriff ‚Wettlauf' legt nahe, dass die Kolonisierung Afrikas …"

S. 103 **Aufgabe 2**
In dem Vergleich sollten die beiden Begriffe „Rassismus" und „Sozialdarwinismus" vorkommen.

Service-Anhang

S. 105

Aufgabe 1
Um zu begründen, warum die Zeichnung nachträglich und mit ganz bestimmten Absichten angefertigt wurde, hilft es, folgende Fragen zu beantworten: Aus welcher Perspektive wird das Ereignis dargestellt und woran erkennst du das? Ist die Zeichnung realistisch? Welchen Eindruck soll der Betrachter vom Ereignis bekommen?

S. 109

Aufgabe 4
Ziehe hierzu nochmals deine Ergebnisse von Aufgabe 2 heran, insbesondere, welche außenpolitischen Ziele Wilhelm II. verfolgte.

S. 111

Aufgabe 5
Deine Grafik könnte zum Beispiel so aussehen:

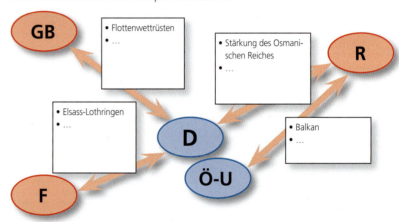

S. 113

Aufgabe 2
Lies noch einmal die rechte Textspalte des Darstellungstextes. Beantworte anschließend folgende Fragen: Wie war das Verhältnis der Regierung zu den Sozialdemokraten? Welche Rolle spielte der Krieg für den sogenannten „Burgfrieden"? Wieso stabilisierte dies die kaiserliche Regierung?

S. 117

Aufgabe 4
Ziehe hierzu die Quellen M2 - M4 heran und werte sie gezielt unter dem Aspekt „Leiden" aus.

S. 123

Aufgabe 2
Fertige eine Tabelle an, in der du neben selbst gewählten Kategorien (z. B. Bündnisverpflichtungen, Meinung der Bevölkerung, Entfernung zum Kriegsgeschehen, gemeinsame Vergangenheit mit dem Deutschen Reich) auch den Anlass für den Kriegseintritt sowie die Ziele gegenüberstellst. Sieh dir dazu noch einmal auf S. 108 die Bündnispolitik und die Gründe für die Kriegseintritte an.

Hilfestellungen: Gewusst wie!

Aufgabe 4
Wiederhole, was du über den Stellungskrieg im Westen gelernt hast. Welche Gründe sehen die Amerikaner für den Kriegseintritt? Was haben sie von dem Krieg in Europa bisher mitbekommen? Kann man mit einem Vergleich die Leser beeinflussen? Wären harte Fakten überzeugender?

S. 125

Aufgabe 4
Beachte dabei insbesondere, wie der Maler die Körperhaltung, den Gesichtsausdruck und die Kleidung der Personen darstellt.

S. 127

Aufgabe 3
Ihr könnt folgendermaßen vorgehen: Bildet Arbeitsgruppen von vier bis fünf Personen, die Pro- bzw. Kontra-Argumente sammeln. Beachtet beim Sammeln der Argumente nacheinander folgende Leitfragen:
- Wie wirkt sich das Handeln Lenins und seiner Anhänger auf die politische Situation in Russland aus?
- Gibt es Auswirkungen auf den Krieg? Wenn ja, welche?
- Was bedeutet ein Erfolg Lenins und seiner Anhänger langfristig für Russland und für andere europäische Staaten, insbesondere Deutschland?

Bestimmt dann einen aus eurer Gruppe, der eine Beraterrolle einnimmt. Lasst jede der Gruppen ihre Argumente in dem Rollenspiel vorbringen.

Aufgabe 6
Berücksichtige, was du über die weitere Geschichte der Sowjetunion weißt.

S. 129

Aufgabe 3
Die Personen auf dem Bild stellen die drei Präsidenten George Washington (Gründungspräsident 1789-1797), Abraham Lincoln (Präsident in der Zeit des Bürgerkrieges, der sich für die Wiederherstellung der Union und die Abschaffung der Sklaverei einsetzte, 1861-1865, ermordet) und Woodrow Wilson („Friedens- und Neutralitätspräsident", 1913-1921) dar. Am Bildrand sind weiter ein Marinesoldat und ein Armeesoldat abgebildet.
Die „Liberty Bell" wurde anlässlich der 50-Jahr-Feier der Religionsfreiheit in Philadelphia 1753 aufgehängt. Sie gilt als wichtigstes Symbol für Freiheit und Demokratie in den USA und wurde beispielsweise anlässlich der Unabhängigkeitserklärung geläutet.
Die Worte „Freiheit, Gleichheit, Gerechtigkeit" sind ein Synonym für die amerikanische Verfassung.

S. 131

Aufgabe 3
Beachte bei der Beantwortung der Frage auch, was der Darstellungstext im zweiten Absatz dazu sagt.

S. 133

Aufgabe 2
Beziehe in deine Erläuterung ein, in welcher militärischen, politischen und gesellschaftlichen Lage sich Deutschland am Ende der „Urkatastrophe" des Ersten Weltkrieges befand.

Service-Anhang

S. 135 — **Aufgabe 2**
An dieser Stelle können grundsätzliche politische Fragen und Werte wie beispielsweise Gerechtigkeit und Teilhabe oder Macht und Mitbestimmung untersucht werden.

S. 137 — **Aufgabe 2**
Schlage dazu die Begriffserklärung im Anhang („Lexikon zur Geschichte") nach.

Kapitel 4: Europa in der Zwischenkriegszeit

S. 145 — **Aufgabe 3**
Versuche dazu insbesondere, die Argumente der beiden Historiker aus M3 herauszuarbeiten und in eigenen Worten wiederzugeben.

S. 149 — **Aufgabe 4**
Winkler schildert, was Deutschland nach dem Versailler Vertrag noch war. Du kannst seine Aussage umformen in Sätze wie: „Die Alliierten hätten auch …".
– In deine Beurteilung kannst du einbeziehen, ob den Menschen damals eine derart nüchterne Betrachtung leicht oder schwer fiel und warum.

S. 151 — **Aufgabe 4**
Berücksichtige die Bildunterschrift, den Darstellungstext, M3 und M4.

S. 153 — **Aufgabe 4**
Beachtet hierbei insbesondere die Bestimmungen der in M3 genannten Artikel der Weimarer Reichsverfassung, die vom Reichspräsidenten ausgesetzt bzw. eingeschränkt werden können. Diese lauten wie folgt:
Artikel 114: Die Freiheit der Person ist unverletzlich. Eine Beeinträchtigung oder Entziehung der persönlichen Freiheit durch die öffentliche Gewalt ist nur aufgrund von Gesetzen zulässig. […]
Artikel 115: Die Wohnung jedes Deutschen ist für ihn eine Freistätte [Zufluchtsort] und unverletzlich. Ausnahmen sind nur aufgrund von Gesetzen zulässig.
Artikel 117: Das Briefgeheimnis sowie das Post-, Telegrafen- und Fernsprechgeheimnis sind unverletzlich. Ausnahmen können nur durch Reichsgesetz zugelassen werden.
Artikel 118: Jeder Deutsche hat das Recht, innerhalb der Schranken der allgemeinen Gesetze seine Meinung durch Wort, Schrift, Druck, Bild oder in sonstiger Weise frei zu äußern. An diesem Rechte darf ihn kein Arbeits- oder Anstellungsverhältnis hindern, und niemand darf ihn benachteiligen, wenn er von diesem Rechte Gebrauch macht. […]
Artikel 123: Alle Deutschen haben das Recht, sich ohne Anmeldung oder besondere Erlaubnis zu versammeln. […]
Artikel 124: Alle Deutschen haben das Recht, zu Zwecken, die den Strafgesetzen nicht zuwiderlaufen, Vereine oder Gesellschaften zu bilden. […]
Artikel 153: Das Eigentum wird von der Verfassung gewährleistet. […]

Hilfestellungen: Gewusst wie!

S. 155

Aufgabe 3
Statt auf einzelne Parteien einzugehen, kannst du drei Blöcke, nämlich Republikfeinde von links, Republikfeinde von rechts sowie republiktragende Parteien, betrachten.

S. 157

Aufgabe 2
Rosa Luxemburg würde sicher die abschätzige und diffamierende Darstellung des Revolutionärs erwähnen. Sie könnte auch versuchen, den Plakattext mit Hinweis auf die bolschewistische Oktoberrevolution zu entkräften.

S. 159

Aufgabe 2
Charakterisiere hierzu den Angriff der roten Gestalt und berücksichtige die Einzelheiten. Hinweis: Die „Ballonmütze" wurde von Arbeitern getragen und steht für Sozialismus.
Frage dich, inwieweit die Aussage der Zeichnung den Deutschen half, das Trauma des verlorenen Krieges zu bewältigen und inwieweit sie Stimmung gegen die Republik machte.

S. 161

Aufgabe 1
Verwende beispielsweise ein Diagramm, in dem der zeitliche Verlauf und das Ausmaß der Inflation erkennbar werden. Überlege ausgehend von den Zahlen in M4, welche Größe du auf welcher Achse darstellen kannst und welche Schrittgrößen sinnvoll sind.

S. 163

Aufgabe 2
Gehe hier auch der Frage nach, welches der beiden Materialien die historische Situation besser beschreibt.

S. 165

Aufgabe 1
Du kannst mit den Situationen beginnen, in denen die Frauen auf den Bildquellen dargestellt sind. Welche gesellschaftlichen Forderungen sind für Frauen heute wichtig?

S. 167

Aufgabe 3
An dieser Stelle kannst du auf den Bericht des Zeitzeugen (M3), die Bildquellen (M2, M4) und ggf. auf die Ergebnisse der Partnerarbeit aus Aufgabe 2 zurückgreifen.

S. 169

Aufgabe 4
Frage dich, welche Möglichkeiten der deutsche Wähler nach von Papens Vorstellungen hat, seinen politischen Willen durchzusetzen. Frage auch, ob die Eigenschaften der Z. 2 - 4 in von Papens Regierung tatsächlich erfüllt waren – siehe Adressaten von M5.

S. 175

Aufgabe 1
Informationen zu den Auswirkungen der Weltwirtschaftskrise in Deutschland liefert dir der Darstellungstext auf S. 166 und 168.

Service-Anhang

Lexikon zur Geschichte: Begriffe

In allen Darstellungstexten sind wichtige Begriffe **hervorgehoben** und auf der jeweiligen Seite unten wiederholt. Erklärungen für diese Begriffe gibt dir unser „Lexikon zur Geschichte". Viele Begriffe, die ein Geschichtsforscher braucht, kommen in verschiedenen Zeiten immer wieder vor. Manche ändern dabei auch ihre Bedeutung. Andere Begriffe hängen miteinander zusammen oder erklären einander.

Wenn wir bei der Erklärung eines Wortes einen anderen Eintrag in das Lexikon verwenden, machen wir dies mit dem ▸ Pfeilsymbol deutlich. Dies kannst du dir beim Nachschlagen zunutze machen: Folge einfach den Pfeilen, dann erschließt du ein ganzes zusammenhängendes Themenfeld. Probier es einmal aus, zum Beispiel mit dem Begriff „Oktoberrevolution".

14. Juli: Der französische Nationalfeiertag erinnert an den Sturm auf die Pariser Bastille im Jahr 1789 bzw. an das genau ein Jahr später stattfindende „Föderationsfest", auf dem König Ludwig XVI. den Eid auf die ▸ Verfassung ablegte.

14 Punkte: Ein 14 Ziele umfassendes Programm des amerikanischen Präsidenten Woodrow Wilson (1913 - 1921) vom 8. Januar 1918. Dieses sollte angesichts der Erfahrung des Ersten ▸ Weltkrieges die Grundlage für einen dauerhaften Frieden in Europa schaffen und zur ▸ Demokratisierung möglichst vieler Staaten beitragen.

6. Februar 1934 (6 février): Datum des sogenannten „Marsches auf Paris", an dem rechtsextreme Vereinigungen in Frankreich versuchten, die linksliberale Regierung wegen eines Betrugsskandals zu stürzen. Es kam zu gewaltsamen Unruhen, letztlich blieb die ▸ Republik trotz dieser Krise aber erhalten.

Alliierte (engl. *allies*: Verbündete): Der Begriff bezeichnet miteinander verbündete Staaten. Das waren im Ersten ▸ Weltkrieg die gegen die Mittelmächte verbündeten Großmächte Frankreich, Großbritannien und Russland (Entente) mit weiteren verbündeten Staaten.

alte Eliten: Gemeint sind damit die bereits im Kaiserreich (daher „alt") einflussreichen, oft dem Adel angehörenden gesellschaftlichen Gruppen in Militär, Verwaltung und Justiz, die der Weimarer ▸ Demokratie ablehnend gegenüberstanden.

alte und junge Nationalstaaten: ▸ Nationalstaat

antidemokratisches Denken: ablehnende und verachtende Haltung gegenüber der ▸ Demokratie. Vor allem die ▸ alten Eliten des ▸ Deutschen Kaiserreiches standen der Demokratie der Weimarer ▸ Republik feindlich gegenüber und sehnten sich nach den alten Strukturen des Kaiserreiches und nach einem „starken Mann" zurück.

Antisemitismus: wörtlich „Semitenfeindschaft" (Semiten: Angehörige einer verwandten Gruppe von Völkern in Vorderasien und Nordafrika); der Begriff bezieht sich aber nur auf Juden. Die um 1880 in Deutschland entstandene Bezeichnung meint die seit dem 1. Jh. n. Chr. bestehende Ablehnung oder Bekämpfung von Juden aus religiösen oder sozialen Gründen sowie die in der 2. Hälfte des 19. Jh. beginnende rassisch (biologisch) begründete Judenfeindschaft (▸ Rassismus).

Arbeiter: Personen, die für ihre überwiegend körperliche Arbeit einen Geldlohn bekommen und so versuchen, ihren Lebensunterhalt zu bestreiten (▸ Arbeiterbewegung).

Arbeiterbewegung: Zusammenschluss von ▸ Arbeitern, um ihre soziale, wirtschaftliche und politische Benachteiligung zu beseitigen. Den Anfang der deutschen Arbeiterbewegung bildeten kleine Gesellen- und Handwerkervereine. Die Allgemeine Deutsche Arbeiterverbrüderung von 1848 forderte ein allgemeines, gleiches Wahlrecht und eine Lösung der ▸ Sozialen Frage. Wichtige Aufgaben in der Arbeiterbewegung übernahmen die ▶Gewerkschaften und der 1863 gegründete Allgemeine Deutsche Arbeiterverein, aus dem die Sozialdemokratische Partei Deutschlands hervorging, die sozialistische (▶Sozialismus) und kommunistische (▶Kommunismus) Forderungen stellte.

„Blankoscheck": Am 5. Juli 1914, am Vorabend des Ersten ▶Weltkrieges, gab die deutsche Reichsführung ihrem Bündnispartner Österreich freie Hand für eine militärische Aktion gegen Serbien. Berlin knüpfte an seine Unterstützung keine Bedingungen. Man sprach daher auch von einem „Blankoscheck", einer uneingeschränkten Vollmacht.

Bündnispolitik: Teil der Diplomatie und Außenpolitik. Die Außenpolitik des Reichskanzlers ▶Otto von Bismarck zielte nach 1871 darauf, Frankreich von anderen Staaten zu isolieren und Österreich-Ungarn, Italien und Russland durch Bündnisse an das ▶Deutsche Kaiserreich zu binden. Der Zerfall des Bismarck'schen Bündnissystems nach 1890 trug zur außenpolitischen Isolierung des Deutschen Reiches vor dem Ersten ▶Weltkrieg bei.

Bürgertum: Vom Mittelalter bis Ende des 18. Jh. zählten die Bürger der Städte gemeinsam mit den freien Bauern zum „Dritten Stand" der Gesellschaft. In den bürgerlichen ▶Revolutionen des 18. und 19. Jh. erkämpfte sich das wohlhabende und gebildete Bürgertum mit Unterstützung der ▶Arbeiter und Unterschichten seine rechtliche und politische Gleichberechtigung mit dem Klerus (Erster Stand) und dem Adel (Zweiter Stand).

Demokratie (griech. *demos*: Volk; *kratéin*: Herrschaft): eine Staatsform, in der alle wahlberechtigten Bürger und Bürgerinnen sich direkt oder indirekt an der Regierung beteiligen können. Zu den wichtigsten Merkmalen einer Demokratie gehören freie, allgemeine, regelmäßig wiederkehrende, gleiche und geheime Wahlen. Alle politischen Entscheidungen werden nach dem Mehrheitsprinzip getroffen. Darüber hinaus besteht in einer modernen Demokratie eine Gewaltenteilung, wonach voneinander unabhängige Organe der Gesetzgebung (Legislative), Regierung (Exekutive) und Rechtsprechung (Judikative) bestehen. Der erste moderne demokratische Staat waren die aus dem Unabhängigkeitskrieg gegen Großbritannien (1776-1783) hervorgegangenen Vereinigten Staaten. Die Französische ▶Revolution gab nach 1789 der Forderung nach demokratisch gewählten Regierungen in den europäischen Staaten eine neue Bedeutung. Im 1871 gegründeten Deutschen Reich wurde zwar der Reichstag demokratisch gewählt, doch die Regierung wurde vom Kaiser bestimmt (konstitutionelle Monarchie). Erst die Weimarer ▶Verfassung von 1919 bildete die Grundlage für eine ▶parlamentarische Demokratie in Deutschland.

Demokratieexport: Vorstellung, wonach die ▶Demokratie bzw. demokratische Ideale oder eine demokratische Ordnung des Staates gewissermaßen von einem Land in ein anderes Land wie ein Exportgut übertragen werden und dadurch die ▶Demokratisierung vorangetrieben werden könne.

Demokratisierung: Vorgang, durch den zunehmend demokratische Verhältnisse in einem Staat hergestellt werden, in welchem dies bisher noch nicht der Fall war, etwa in einer Monarchie.

Deutscher Bund: auf dem ▶Wiener Kongress 1815 gegründeter Zusammenschluss von anfangs 34 unabhängigen (souveränen) Fürsten und vier freien Städten (Lübeck, Hamburg, Bremen und Frankfurt am Main). Die Fürsten meinten, dass ihre Macht von Gott gegeben sei, und sahen dies als Grundlage dafür, allein und ohne das Volk zu herrschen. Der Deutsche Bund blieb bis zur Gründung des ▶Norddeutschen Bundes 1866 bestehen.

Deutsches Kaiserreich: deutscher Staat, der im Verlauf des Deutsch-Französischen Krieges 1871 auf Betreiben ▶Bismarcks gegründet wurde. Das Deutsche Kaiserreich war nach der ▶Verfassung von 1871 ein konstitutionell-monarchischer Bundesstaat (konstitutionelle Monarchie), an dessen Spitze der König von Preußen als Deutscher Kaiser stand und in dem gewählte Abgeordnete im Reichstag Gesetzesanträge stellen konnten.

Diktatur: Zur Überwindung von Notsituationen konnte in der römischen Antike auf Empfehlung des Senats und Anordnung eines Konsuls ein Alleinherrscher (Diktator) für sechs Monate die Regierungsgewalt übernehmen. Den Anordnungen des Diktators mussten sich alle fügen. Heute wird die Herrschaft einer Person, Gruppe oder Partei als Diktatur bezeichnet, die die Macht im Staat weitgehend unbeschränkt ausübt und die ▸Menschen- und Bürgerrechte nicht beachtet. Beispiele sind der NS-Staat, die Sowjetunion und die DDR sowie die noch bestehenden Volksrepubliken wie China und Nordkorea.

„Dolchstoßlegende": nach 1918 von rechtsradikalen Zeitungen verbreitete und seit 1919 von ▸Hindenburg vertretene Behauptung, die deutsche Armee sei im Ersten ▸Weltkrieg nicht an der Front besiegt, sondern durch fehlende Unterstützung aus der Heimat „von hinten erdolcht" und zur Kapitulation gezwungen worden. Diese Geschichtslüge verschweigt, dass führende Militärs bereits Ende September 1918 die Niederlage gegen die übermächtige Allianz der Gegner eingestanden hatten.

Eisenbahn: Die Eisenbahn gilt als wichtiges Symbol für technischen Fortschritt und die Modernisierung im 19. Jh. Mit ihrer Hilfe war es möglich, große Gütermengen und viele Menschen in kurzer Zeit über weite Strecken zu transportieren. Sie wurde zum Schrittmacher der ▸Industrialisierung und trug wesentlich zur Verbindung der Räume bzw. Vernetzung der Menschen bei.

ethnische Minderheiten: eine Gruppe von Menschen, die als Minderheit in einem Staatsgebiet lebt und sich z. B. durch ihre Sprache, Kultur oder Religion von der Mehrheit der Bevölkerung unterscheidet.

europäischer Völkerfrühling: Diese bildhafte Umschreibung aus dem 19. Jh. meint das Streben der Menschen in den verschiedenen europäischen Staaten nach nationaler Einheit und Freiheit. In diesen Forderungen fühlten sie sich über die Staatsgrenzen hinweg verbunden.

Fabrik (lat. *fabricare*: anfertigen): eine durch den technischen Fortschritt im Zeitalter der ▸Industrialisierung entstandene Produktionsstätte, in der viele kleine Arbeitsgänge aufeinander abgestimmt und im Gegensatz zur Manufaktur nicht mehr nur vereinzelt, sondern hauptsächlich von Maschinen übernommen werden. Die Fabriken ermöglichten eine enorme Erhöhung der Produktionsmengen. Sie veränderten im 19. Jh. die Arbeitswelt, brachten die soziale Gruppe der Industriearbeiter und mit ihnen die ▸Soziale Frage hervor.

Frauenemanzipation: Emanzipation bedeutet wörtlich Befreiung. Historisch betrachtet geht es dabei um den langwierigen Kampf um die rechtliche und soziale Gleichstellung der Frauen mit den Männern.

front populaire (Volksfront): Ein Versuch auf Vorschlag der Kommunisten, zwischen den bürgerlichen Linken, den Sozialdemokraten und Kommunisten ein Wahl- oder Regierungsbündnis herzustellen. In Frankreich gab es unter Ministerpräsident Léon Blum eine Volksfront-Regierung von 1936-1937.

Gegenrevolution: der Versuch, nach einer erfolgten ▸Revolution, das „Rad der Geschichte" wieder zurückzudrehen, d.h. den Zustand vor der Revolution wiederherzustellen (▸Restauration) und die Revolutionäre zu bekämpfen.

gelernte Demokratie: meint im Gegensatz zur ▸improvisierten Demokratie, dass die ▸Demokratie über längere Zeit gelernt, also eingeübt, angewandt und „gelebt" wurde. Sie gilt damit als gefestigt und weniger gefährdet als in der improvisierten Demokratie, die man mit den Begriffen „unvorbereitet", „schlecht vorbereitet" oder „notdürftig verankert" beschreiben kann.

Lexikon zur Geschichte

Gewerkschaften: Zur Durchsetzung ihrer Interessen gegenüber den ▸Unternehmern schlossen sich die ▸Arbeiter seit dem 19. Jh. in Gewerkschaften zusammen. Diese gingen nach britischem Vorbild aus einzelnen Berufsverbänden, z. B. der Drucker, Metall-, Holz- und Bergarbeiter, hervor. Sie kämpften um Lohnerhöhungen und Arbeitszeitverkürzungen, aber auch um die generelle Verbesserung der Arbeitsbedingungen. Ihr wirkungsvollstes Kampfmittel war der Streik. Die Gewerkschaften spielten eine wichtige Rolle in der ▸Arbeiterbewegung.

Heimatfront: Umschreibung für die Einbeziehung der Zivilbevölkerung in einen Krieg. Dies ist etwa der Fall, wenn militärische Handlungen auch die nicht direkt am Krieg beteiligten Menschen hinter der Front betreffen (z. B. durch Bombenangriffe). Aber auch im Blick auf die Arbeit der Zivilbevölkerung in der Rüstungsindustrie wird von Heimatfront gesprochen.

Imperialismus (lat. *imperium*: Herrschaft): „Großreichspolitik" in allen Epochen. Im engeren Sinne die direkte oder indirekte Herrschaft wirtschaftlich-industriell entwickelter Mächte Europas, der USA und Japans über unterlegene Regionen ab ungefähr 1880.

Imperien (lat. *imperium*: Herrschaft): Der Begriff „Imperium" meinte im antiken Römischen Reich zunächst die Befehlsgewalt der höchsten römischen Beamten, später das gesamte römische Herrschaftsgebiet (Imperium Romanum). Später bezeichnete man Reiche, die große Teile der Welt beherrschten, als Imperien.

improvisierte Demokratie: meint im Gegensatz zur ▸gelernten Demokratie, dass die ▸Demokratie in einem Land erst seit Kurzem besteht. Aufgrund fehlender Erfahrung und demokratischer Tradition muss die Demokratie erst eingeübt werden und ist in den Köpfen der Menschen oft nur „notdürftig verankert".

Industrialisierung: die durch den Einsatz von Maschinen, neuen Verkehrs- und Transportmitteln und den Handel bewirkte tief greifende Veränderung der Lebens- und Arbeitswelt. Sie begann Mitte des 18. Jh. in England und erfasste die meisten europäischen Staaten sowie die Vereinigten Staaten von Amerika. Die Industrialisierung veränderte die Gesellschaft umfassend und zog die ▸Soziale Frage nach sich.

Inflation (lat. *inflatio*: Anschwellen): Wenn die Menge des im Umlauf befindlichen Geldes die Menge der zum Kauf angebotenen Güter übersteigt, steigen die Preise und der Wert des Geldes sinkt. Opfer der Inflation sind vor allem Menschen, die von Ersparnissen leben. Bei einer monatlichen Inflationsrate von 20 Prozent spricht man von einer galoppierenden Inflation. Steigen die Preise noch schneller und verliert das Geld noch schneller an Wert, so spricht man ab einer monatlichen Inflationsrate von 50 Prozent von Hyperinflation. Zu besonders starken Inflationen kam es nach dem Ersten ▸Weltkrieg in fast allen kriegführenden Staaten und nach dem Zweiten Weltkrieg aufgrund der hohen Rüstungsausgaben.

Judenemanzipation: Emanzipation bedeutet wörtlich Befreiung. Judenemanzipation meint die schrittweise Beseitigung der jahrhundertelangen Benachteiligung der Juden in Deutschland und anderen Ländern. Im Laufe des 19. Jh. konnten Juden eine allmähliche Besserstellung erreichen.

Klassengesellschaft: nach ▸Karl Marx und ▸Friedrich Engels Kennzeichen für die Industriegesellschaft. Diese setze sich aus der Klasse der Kapitalisten, die Geld, Marktkenntnisse und Produktionsmittel besitzen, und der Klasse der besitzlosen ▸Arbeiter (Proletarier) zusammen.

Kolonialreich: Nach der Entdeckung Amerikas 1492 begann ein Kolonialzeitalter, in dem die wirtschaftlich und politisch führenden Mächte Europas Kolonien auf anderen Kontinenten errichteten. Der ▸Imperialismus führte im 19. und 20. Jh.

Service-Anhang

zum schnellen Ausbau von Kolonialreichen. Das Deutsche Reich verlor nach dem Ersten ▸Weltkrieg seine Kolonien. Der Zweite Weltkrieg leitete das Ende des Kolonialzeitalters ein.

Kommunismus (lat. *communis*: allgemein, allen gemeinsam): eine Weltanschauung, die von einem gemeinsamen Eigentum an den Produktionsmitteln wie Boden, Kapital, ▸Fabriken und Maschinen ausgeht, in der es keine Ausbeutung der ▸Arbeiter mehr gibt und Frieden und Gerechtigkeit herrschen. Gegenteil des Kommunismus ist der Kapitalismus. Nach ▸Marx und ▸Engels ist der Kommunismus das anzustrebende Endstadium der gesellschaftlichen Entwicklung (Marxismus). Ihm geht ein sozialistischer Staat (▸Sozialismus) voraus. Seit der ▸Oktoberrevolution betrachteten es Sowjetrussland bzw. die UdSSR als ihre Aufgabe, den Kommunismus weltweit durchzusetzen.

Kriegsschuldartikel: meint den Artikel 231 des ▸Versailler Vertrages, in dem festgelegt wurde, dass „Deutschland und seine Verbündeten als Urheber für alle Verluste und Schäden verantwortlich sind", welche die anderen Länder im Ersten ▸Weltkrieg erlitten hatten. Der Artikel macht zudem Deutschland und seine Verbündeten allein für den Kriegsausbruch verantwortlich.

Legitimität (lat. *lex, legis*: Gesetz, Rechtfertigung): Um Herrschaft formell rechtskräftig werden zu lassen, muss sie gerechtfertigt, also legitimiert werden. Denn jede Form politischer Herrschaft beruht nicht nur auf dem Herrschaftsanspruch, sondern auch auf der Bereitschaft der Beherrschten, diese Herrschaft anzuerkennen. Im Mittelalter bis ins 19. Jh. beriefen sich die Herrscher auf das Gottesgnadentum zur Rechtfertigung ihrer Herrschaft.

Liberalismus (lat. *liberalis*: freiheitlich, eines freien Menschen würdig): Staats-, Gesellschafts- und Wirtschaftslehre, die von der Aufklärung geprägt war und sich von freier Entfaltung des Einzelnen einen Fortschritt in Kultur, Recht, Wirtschaft und Gesellschaft erhoffte. Liberale forderten die Gründung eines ▸Nationalstaates sowie ▸Verfassungen, ▸Menschen- und Bürgerrechte und eine freie Wirtschaft.

„Machtergreifung": nationalsozialistische Bezeichnung für die Übernahme der Regierung durch ▸Hitler am 30. Januar 1933, der die Weimarer ▸Republik in einen totalitären Staat umwandelte (Nationalsozialismus, „Drittes Reich").

Materialschlacht: Bezeichnung für Schlachten, bei denen enorme Mengen an Waffen und Munition eingesetzt werden. Aufgrund des technischen Fortschritts im Zuge der ▸Industrialisierung prägte diese Art von Schlachten den Ersten ▸Weltkrieg. Die Folgen waren eine nie dagewesene Verwüstung ganzer Landstriche und extrem hohe Opferzahlen.

Mediatisierung („Mittelbarmachung"): bezeichnet die Aufhebung der Reichsunmittelbarkeit der meisten Reichsstädte und vieler weltlicher Reichsstände (z. B. Reichsritter) während der napoleonischen Herrschaft. Sie unterstanden nun nicht mehr direkt dem Kaiser, sondern den jeweiligen Landesherren.

Menschen- und Bürgerrechte: Freiheiten und Rechte aller Menschen, u. a. die Gleichheit vor dem Gesetz, Glaubens- und Gewissensfreiheit und das Recht auf freie Meinungsäußerung. Sie sind unantastbar und sollten vom Staat geschützt werden. In den USA („Virginia Bill of Rights", 1776) und in Frankreich während der Französischen ▸Revolution („Erklärung der Menschen- und Bürgerrechte", 1789) wurden Menschen- und Bürgerrechte erstmals Bestandteil von ▸Verfassungen.

Migration (lat. *migrare*: wandern): Jede Art von Wanderungsbewegung kleinerer oder größerer Gruppen von Menschen oder ganzer Völker aus unterschiedlichen Gründen: Verfolgung aus religiösen oder politischen Motiven, Armut, Hungersnöte, Perspektivlosigkeit. Bei den Gründen unterscheidet man zwischen Push- und Pull-Faktoren.

Lexikon zur Geschichte

Militarismus: die besondere Wertschätzung von Befehl, Gehorsam und Disziplin und die bevorzugte Stellung des Militärs in einer Gesellschaft. Vorstellungen vom Recht des Stärkeren und vom Krieg als notwendigem Mittel von Politik sind weit verbreitet. Die Verbindung von ▸Nationalismus und Militarismus prägte das ▸Deutsche Kaiserreich.

Nachfolgestaat: Ein Staat, der auf dem ehemaligen Gebiet eines zerfallenen oder verkleinerten Staates entsteht.

Nationalismus: weltanschauliches Bekenntnis zur eigenen Nation und dem Staat, dem man angehört. Auf der einen Seite stand die Überzeugung, dass alle Völker einen Anspruch auf nationale Selbstbestimmung haben, auf der anderen die Hochschätzung des eigenen Volkes.

Nationalstaat: ein Staat, dessen Bürger ganz oder überwiegend derselben Nation angehören. Als Nation (lat. *natio*: Herkunft, Abstammung) wird seit dem 18. Jh. eine große Gruppe von Menschen mit gleicher Abstammung, Geschichte, Sprache und Kultur bezeichnet. Im Unterschied dazu spricht man von einem Vielvölker- oder Nationalitätenstaat, wenn die Bürger eines Staates mehreren großen Nationalitäten angehören, wie z. B. die Österreichisch-Ungarische Monarchie zwischen 1867 und 1918. Da Deutschland mit der Reichsgründung erst 1871 zum Nationalstaat wurde, spricht man auch von einem jungen Nationalstaat – im Gegensatz zu alten Nationalstaaten wie Frankreich oder England, die sich schon weit vor 1800 als Nation verstanden (▸alte und junge Nationalstaaten).

Norddeutscher Bund: 1866 entstand unter Preußens Führung der Norddeutsche Bund. Er löste den auf dem ▸Wiener Kongress 1814/15 geschaffenen ▸Deutschen Bund ab und bestand aus Preußen, 17 Kleinstaaten nördlich der Mainlinie und vier freien Städten. Der Norddeutsche Bund ging 1871 im ▸Deutschen Kaiserreich auf. Seine ▸Verfassung war die Grundlage der Reichsverfassung.

NSDAP (Nationalsozialistische Deutsche Arbeiterpartei): 1920 gegründete demokratiefeindliche, extrem nationalistische und antisemitische (▸Antisemitismus) Partei, an deren Spitze seit 1921 Adolf ▸Hitler stand. Nach der ▸Weltwirtschaftskrise von 1929 entwickelte sich die NSDAP zur Massenpartei. Seit 1932 stellte sie die stärkste Fraktion im Reichstag. Nach der ▸„Machtergreifung" Hitlers am 30. Januar 1933 trugen das „Ermächtigungsgesetz" und die „Gleichschaltung" zum Ende der ▸parlamentarischen Demokratie und des Rechtsstaates sowie zum Aufbau einer ▸Diktatur bei. Die nationalsozialistische Politik (Nationalsozialismus) von 1933 bis 1945 war verantwortlich für die Verfolgung und Misshandlung politischer Gegner, den Zweiten ▸Weltkrieg, für die Zwangsarbeit in den Konzentrations- und Vernichtungslagern sowie für den Völkermord (Genozid) an den Juden (Holocaust / Shoa), Sinti und Roma.

Obrigkeitsstaat: autoritäres Staatsmodell, bei dem Staat (einschließlich Staatsbeamte) und Herrscher über dem Volk stehen und ihre Legitimation nicht aus dessen Willen ableiten. Ein Beispiel für einen Obrigkeitsstaat ist das ▸Deutsche Kaiserreich.

Oktoberrevolution: Sturz der Provisorischen Regierung in Russland am 7./8. November (25./26. Oktober nach russischem Kalender) 1917 und gewaltsamer Aufbau einer kommunistischen Gesellschafts- und Wirtschaftsordnung (▸Kommunismus, ▸Rätedemokratie, ▸Revolution).

Parlament: ursprünglich eine von einem Herrscher einberufene Versammlung angesehener Männer seines Reiches (Stände). Seit 1295 wurde in England der Große Rat des Königs durch gewählte Vertreter des Landadels und der Städte ergänzt. Diese Versammlungen waren die Keimzelle des englischen Parlaments.

Parlamentarische Demokratie: auch als repräsentative ▸Demokratie bezeichnet. Staatsform, in der die gesetzgebende Gewalt bei den vom Volk frei gewählten Abgeordneten des ▸Parlaments

195

liegt. Die ausführende Gewalt (Regierung) wird vom Staatsoberhaupt ernannt, ist aber von Mehrheiten im Parlament abhängig. Die nach der Novemberrevolution von 1918 erarbeitete Weimarer ▶Verfassung war Grundlage der ersten parlamentarischen Demokratie in Deutschland. Das am 23. Mai 1949 verkündete Grundgesetz machte die Bundesrepublik Deutschland zu einer parlamentarischen Demokratie.

Radikalnationalismus: extreme Form des ▶Nationalismus. Überzogener Stolz auf die eigene Nation, während andere Nationen mit Argwohn gesehen oder gar verachtet werden.

Rassismus: Rassistisches Denken geht davon aus, dass die eigene Rasse einer fremden überlegen ist (▶Sozialdarwinismus). Kennzeichen von Rassismus sind: Benachteiligung, Ausgrenzung und Unterdrückung von Menschen wegen ihrer Herkunft, Hautfarbe oder Religion. Rassismus fand immer dort Anhänger, wo andere Bevölkerungsgruppen oder ganze Völker (▶Imperialismus) unterdrückt und entrechtet wurden, um eigene Machtpositionen zu behaupten oder zu erlangen.

Rätedemokratie: Herrschaftsform der direkten ▶Demokratie von unten nach oben. Räte – gewählte Ausschüsse von ▶Arbeitern in Betrieben und von Soldaten in Truppenteilen – haben gesetzgebende, ausführende und rechtsprechende Gewalt auf allen Ebenen.

Reichsverfassung (Weimarer Verfassung): die 1919 von der in Weimar tagenden Nationalversammlung erarbeitete ▶Verfassung. Sie trat am 11. August 1919 in Kraft und machte das Deutsche Reich zur ▶Republik und ▶parlamentarischen Demokratie. Die Verfassung enthielt umfangreiche Grundrechte (▶Menschen- und Bürgerrechte) und wies dem Reichstag eine zentrale Rolle im Gesetzgebungsverfahren zu. Trotzdem war der Reichspräsident das mächtigste Verfassungsorgan, da der Reichskanzler sein Vertrauen benötigte, er den Reichstag auflösen konnte und das Recht hatte, Notverordnungen zu erlassen. Dieses Nebeneinander von Präsidentenmacht und Parlamentsdemokratie führte am Ende der Weimarer Republik zu Problemen.

Republik (lat. *res publica*: öffentliche Angelegenheit): in Rom um 500 v. Chr. entstanden. Heute Bezeichnung für alle Staatsformen, in der das Staatsoberhaupt kein Monarch ist. Kennzeichen einer republikanischen Herrschaft sind seit der Amerikanischen sowie der Französischen ▶Revolution eine ▶Verfassung, ein ▶Parlament, die Gewaltenteilung sowie die Vergabe von öffentlichen Ämtern durch Wahlen.

Restauration (lat. *restaurare*: wiederherstellen): Wiederherstellung früherer politischer und gesellschaftlicher Verhältnisse, die oft durch eine ▶Revolution beseitigt worden waren. So wird auch die Epoche in der Zeit von 1815 bis 1848 genannt, in der die Fürsten durch eine restaurative Politik versuchten, alle nationalen und liberalen Bestrebungen zu unterdrücken (▶Gegenrevolution).

Revolution (lat. *revolutio*: Umwälzung): grundlegende und tief greifende Veränderung bestehender Verhältnisse. In der Politik wird von Revolutionen gesprochen, wenn der Zugang zur Macht (Herrschaft) in einem Staat in kurzer Zeit grundlegend verändert wird. Revolutionen sind in der Regel mit großen kulturellen, sozialen, wirtschaftlichen und rechtlichen Veränderungen einer Gesellschaft und der Anwendung von Gewalt verbunden.

Rüstungswettlauf: auch Wettrüsten genannt; schrittweise erfolgende und sich gegenseitig steigernde militärische Aufrüstung konkurrierender oder miteinander verfeindeter Staaten bzw. Bündnissysteme. Das Aufrüsten zwischen dem ▶Deutschen Kaiserreich und Großbritannien vor dem Ersten ▶Weltkrieg ist ein Beispiel für einen Rüstungswettlauf.

Säkularisation (lat. *saecularis*: weltlich): die Übernahme der Herrschaft in kirchlichen Gebieten durch weltliche Fürsten während der napoleonischen Herrschaft.

Lexikon zur Geschichte

Sedantag: Gedenktag im ▸Deutschen Kaiserreich, der jährlich am 2. September gefeiert wurde. Er erinnerte an den entscheidenden Sieg der deutschen Truppen in der Schlacht bei Sedan im deutsch-französischen Krieg 1870 und wurde mit Militärparaden, geschmückten Straßen und Lobreden begangen.

Selbstbestimmungsrecht der Völker: Das Recht eines Volkes, die eigenen Angelegenheiten selbst zu bestimmen, d. h. einen Staat zu bilden und frei über die politische, wirtschaftliche und gesellschaftliche Ordnung zu entscheiden.

Siegermächte: Nationen, die siegreich aus dem Ersten ▸Weltkrieg hervorgingen (Frankreich, Großbritannien, Italien und die USA).

Sozialdarwinismus: die Übertragung der biologischen Evolutionstheorie Charles Darwins (1809-1882) von der natürlichen Auslese und vom Kampf ums Dasein auf die Gesellschaft. Sozialdarwinistische Vorstellungen gingen von der Überlegenheit der industrialisierten über die nichtindustrialisierten Völker aus und rechtfertigten so den ▸Imperialismus, die Rassenlehre (▸Rassismus) und den ▸Antisemitismus.

Sozialdemokratie: seit Mitte des 19. Jh. Teil der politisch organisierten ▸Arbeiterbewegung, die unter dem Einfluss von ▸Marx und ▸Engels stand. Sie setzte sich nicht nur für die Lösung der ▸Sozialen Frage ein, sondern auch für das allgemeine Wahlrecht und damit die ▸parlamentarische Demokratie. Die Sozialdemokratie wandelte sich von einer revolutionären Arbeiterpartei zu einer reformorientierten Volkspartei.

Soziale Frage: Bevölkerungsexplosion, Massenarbeitslosigkeit und -armut sowie Wohnungsnot kennzeichneten die Soziale Frage vor und während der Industriellen ▸Revolution. Staat, Kirche, ▸Unternehmer und ▸Arbeiter suchten nach Einführung der Gewerbefreiheit und dem Ende der Zünfte Lösungen für diese sozialen und gesellschaftlichen Probleme. Die von ▸Marx und ▸Engels verkündete kommunistische Weltanschauung (▸Kommunismus) und die sozialistischen Forderungen (▸Sozialismus) der ▸Sozialdemokratie waren Reaktionen auf die ungelöste Soziale Frage.

Sozialgesetzgebung: Die von ▸Bismarck zwischen 1883 und 1890 eingeführte gesetzliche Kranken-, Unfall- und Altersversicherung war die Grundlage der deutschen Sozialgesetzgebung. Sie sollte die Arbeiterschaft mit dem ▸Deutschen Kaiserreich versöhnen.

Sozialismus (lat. *socius*: Genosse): eine Wirtschafts- und Gesellschaftsordnung, die auf gesellschaftlichen oder staatlichen Besitz der Produktionsmittel (▸Fabriken usw.) zielt und eine gerechte Verteilung der Güter und Gewinne an alle Mitglieder der Gemeinschaft anstrebt.

Unternehmer: Personen, die das Risiko auf sich nehmen, mit eigenem Geld eine Firma oder ▸Fabrik zu gründen, d. h. Gebäude und Maschinen zu besorgen, Mitarbeiter anzustellen und in großem Stil zu produzieren. Sie hoffen durch diese Unternehmung möglichst hohe Gewinne zu erzielen.

Urbanisierung (lat. *urbs*: Stadt): Verstädterung, bei der neue Städte entstehen und bestehende wachsen.

Verfassung: in früheren Zeiten waren die politischen Rechte und Aufgaben der Könige, Regierungen, Stände und Bürger oder auch Wahlen in einzelnen Urkunden oder durch Traditionen geregelt. Im Laufe der Geschichte änderte sich die Verteilung der Macht und wurde allmählich in einer Verfassung (Konstitution), d. h. in einem einzigen Dokument, schriftlich festgelegt. Die amerikanische Verfassung von 1787 wurde von Vertretern der Kolonisten erarbeitet. Die französische Verfassung von 1791 war das Werk der Nationalversammlung, die aus der 1789 einberufenen Versammlung der Stände (Generalstände) hervorgegangen war (Französische ▸Revolution). Die von den Abgeordneten der deutschen Nationalversammlung erarbeitete Reichsverfassung von

1849 konnte nicht gegen die Macht der Fürsten durchgesetzt werden. Das 1871 gegründete ▸Deutsche Kaiserreich erhielt eine fortschrittliche Verfassung, die das allgemeine und gleiche Männerwahlrecht garantierte.

Versailler Vertrag: Ergebnis der Pariser Friedenskonferenz von 1919, an der Deutschland und Sowjetrussland nicht teilnehmen durften. Der Vertrag wurde am 28. Juni 1919 im Schloss von Versailles unterzeichnet, trat am 10. Januar 1920 in Kraft, beendete mit weiteren Verträgen den Ersten ▸Weltkrieg und war Grundlage für den Völkerbund. Der Vertrag machte Deutschland und seine Verbündeten für den Kriegsausbruch verantwortlich (Art. 231, ▸Kriegsschuldartikel) und legte umfangreiche Gebietsabtretungen sowie Reparationen fest. Die ▸Siegermächte bestanden auf einer vorbehaltlosen Anerkennung des Vertrages. Das „Versailler Diktat" führte vor und nach der Unterzeichnung zu innenpolitischen Auseinandersetzungen in der nach der ▸Revolution von 1918 entstandenen Weimarer ▸Republik (Revision).

Weimarer Koalition: Koalition (Bündnis) zwischen den Parteien SPD, katholisches Zentrum sowie liberale DDP, die von Anfang an hinter der ▸parlamentarischen Demokratie standen. Das Bündnis regierte in den Anfangsjahren der Weimarer ▸Republik (1919-1921).

Weltausstellung: Internationale Ausstellung, die seit 1851 immer wieder in verschiedenen Ländern stattfindet und auf der die teilnehmenden Länder ihre Leistungen auf technischem und handwerklichem Gebiet präsentieren.

Weltkrieg: Als Weltkriege werden Kriege bezeichnet, die auf mehreren Kontinenten und unter Einsatz von allen verfügbaren Ressourcen geführt werden. Am Ende eines Weltkrieges steht oft eine grundlegende Neuordnung des internationalen Staatensystems.

Weltwirtschaftskrise: allg.: ökonomische Krise, die in vielen oder allen Ländern der Welt Auswirkungen hat; spez.: Krise der Wirtschaft nach dem Zusammenbruch der New Yorker Börse im Oktober 1929. Ihre Folge waren ein weltweiter Rückgang von Produktion und Handel, Zusammenbruch von Banken und Verlust von Sparvermögen, Massenarbeitslosigkeit und Verelendung. In Deutschland machte sie eine begonnene politische Entspannung zunichte und stärkte die radikalen Parteien.

Wiener Kongress: 1814/15 versammelten sich die europäischen Mächte in Wien, um in einer neuen Friedensordnung das Gleichgewicht der Mächte auf dem Kontinent wiederherzustellen und revolutionäre Bestrebungen (▸Revolution) zu verhindern.

Wirtschaftsliberalismus: folgt der Auffassung, ein Wirtschaftssystem reguliere sich am besten selbst, und fordert eine strikte Nichteinmischung des Staates in wirtschaftliche Belange/Angelegenheiten. Der Staat hat lediglich die Aufgabe, die politische und rechtliche Ordnung aufrechtzuerhalten. Als Begründer des Wirtschaftsliberalismus gilt der schottische Philosoph Adam Smith.

Zensur: Staatliche Überprüfung von Veröffentlichungen auf unerwünschte Inhalte sowie Streichung der unerwünschten Passagen oder Verbot ganzer Texte.

Lexikon zur Geschichte: Personen

Bismarck, Otto Fürst von (1815-1898): Jurist, Gutsherr und Diplomat; 1862 bis 1890 preußischer Ministerpräsident und Minister des Auswärtigen, 1871 bis 1890 auch Reichskanzler. Er gilt als eigentlicher Gründer des ▸Deutschen Kaiserreiches. Mit seiner ▸Sozialgesetzgebung reagierte er auf die ▸Soziale Frage und den wachsenden Einfluss der ▸Arbeiterbewegung.

Briand, Aristide (1862-1932): französischer Politiker; mehrmals Außenminister, zuletzt 1925-1932. Er bemühte sich nach dem Ersten ▸Weltkrieg mit ▸Stresemann um die deutsch-französische Aussöhnung zur Sicherung des Friedens in Europa. Beide Staatsmänner erhielten 1926 den Friedensnobelpreis.

Engels, Friedrich (1820-1895): Kaufmann, Philosoph und sozialistischer Politiker aus Barmen. Mit seinem Freund ▸Marx prägte er die Vorstellungen vom ▸Kommunismus, der ▸Arbeiterbewegung und der ▸Sozialdemokratie.

Hitler, Adolf (1889-1945; Selbstmord): deutscher Politiker österreichischer Herkunft; Kriegsfreiwilliger im Ersten ▸Weltkrieg; seit 1921 Vorsitzender der ▸NSDAP; ab dem 30. Januar 1933 Reichskanzler. 1934 übernahm er auch das Amt des Reichspräsidenten (Titel: „Führer und Reichskanzler"). Sein ▸Antisemitismus, seine Rassenlehre und seine Vorstellung von der Ausdehnung des Deutschen Reiches (▸Radikalnationalismus) führten zu einer totalitären Innenpolitik, zum Vernichtungskrieg und zum Holocaust.

Service-Anhang

Marx, Karl (1818-1883): Journalist, Philosoph und Begründer des Marxismus. Gemeinsam mit ▸Engels prägte er die Vorstellungen vom ▸Kommunismus der ▸Arbeiterbewegung und der ▸Sozialdemokratie.

Stresemann, Gustav (1878-1929): Wirtschaftsfachmann und Politiker; 1923 Reichskanzler; 1923-1929 Außenminister. Er prägte die Außenpolitik der Weimarer ▸Republik, setzte sich für die Aufnahme Deutschlands in den Völkerbund ein, bemühte sich mit ▸Briand um die Verständigung mit Frankreich und erhielt mit ihm 1926 den Friedensnobelpreis.

Wilhelm II. (1859-1941): preußischer König und Deutscher Kaiser von 1888 bis 1918. Nach grundlegenden Meinungsverschiedenheiten mit ihm trat Reichskanzler ▸Otto von Bismarck 1890 zurück. Wilhelm II. änderte den außenpolitischen Kurs und wollte die weltpolitische Geltung des Deutschen Reiches steigern. Nach der Niederlage im Ersten ▸Weltkrieg wurde er zur Abdankung gezwungen.

Sachregister

Die **hervorgehobenen** Seitenzahlen verweisen auf Begriffe, die im Bildungsplan als besonders wichtig bezeichnet werden. Sie werden im Darstellungstext durch Fettdruck hervorgehoben, in der Fußzeile nochmals aufgeführt und im „Lexikon zur Geschichte" erläutert.

14. Juli (1789)   **84** f.
14 Punkte   **144**-146, 176
6. Februar 1934 (6 février)   **174**

Alliierte   112, 122 f., 130, 148, 150, 162
alte Eliten   136, 143, **158**, 176
alte Nationalstaaten   44, 46
antidemokratisches Denken   143, **158**, 176
Antisemitismus   51, **78** f., 94, 158, 174
Arbeiter   28, 30, 50-52, **60**-68, 72, 78, 94, 126, 134-136, 154, 158, 160, 167
Arbeiterbewegung   51, **64**, 94
Arbeitslosigkeit   24, 46, 60, 90, 105
Auswanderung   36 f., 90 f., 105

Balkankriege 1912/13   110 f.
Bastille   14, 84
Befreiungskriege   12, 20
Bevölkerungswachstum   24, 58
Bildung   29, 64 f., 75, 78, 83, 102, 124
„Blankoscheck"   **112**
Bolschewiki   126-129, 134
Bourgeoisie   41, 62 f., 127
Bündnispolitik   99, **108**, 110, 138, 145
Bürgerrecht   12, **30**, 46, 128, 138
Bürger, Bürgertum   12 f., 24, **26**-28, 30, 45 f., 65, 72, 75, 78, 81, 138, 154

Chemische Industrie   56, 71, 138
Code Civil, Code Napoléon   14, 17, 76 f.

Dampfmaschine   52, 60, 70 f.
Dampfschiff   37, 51, 88, 92, 94
Dawes-Plan   162 f., 166

Demokraten, Demokratie   12, 17, 24, 26, 30, 33 f., 40, 44, 50, 63, 84, 94, 98, 122 f., 128 f., 132, 134, 138, 141-143, 146, **152**, 154, 156, 158, 172-176
Demokratieexport   **128** f.
Demokratisierung   133, **144**
Deutsche Demokratische Partei (DDP)   154 f., 168, 176
Deutsche Volkspartei (DVP)   154 f., 162, 168, 177
Deutscher Bund   **22** f., 26-28, 30, 38, 44, 54, 76
Deutscher Zollverein   54
Deutsches Kaiserreich   40, 46, 56, 64, 66-68, 76, 80, 86, 142 f., 152, 154-156, 174, 176
Deutschnationale Volkspartei (DNVP)   154 f., 169
Diktatur   85, 126, 128, 141, **150**, 172, 175 f.
„Dolchstoßlegende"   **158** f.
Dreiklassenwahlrecht   40

Einigungskriege   38, 80, 84
Eisenbahn   28, 50-52, 54 f., 68, **88** f., 92-94
Elektrizität, Elektroindustrie   50, 56 f., 92, 98, 119, 138
Emanzipation   72, 76 f., 82
Entente cordiale   108
Erbfeindschaft   80
Erster Weltkrieg   42, 44, 84, 98 f., 112-120, 124, 126, 128, 130, 134, 137, 141 f., 144-146, 161 f., 174, 176
ethnische Minderheiten   **146**, 176
europäischer Völkerfrühling   **26**, 42, 44, 46

Service-Anhang

Fabrik 50, **52**, 54, 56, 60-62, 64, 66-72, 78, 94, 126, 160, 164
Faschismus 142, 150f., 174, 176
Februarrevolution 1917 126
Februarrevolution 1848 28f., 76
Französische Revolution 10, 12, 14, 16f., 22-24, 33, 44f., 76, 84f.
Frauenemanzipation 72-75, 94
Frieden von Brest-Litowsk 126, 148
front populaire (Volksfront) 174

Gegenrevolution 30, 46, 172
gelernte Demokratie 174
Gewerkschaften **64**, 66, 94, 132, 134, 150, 158
Gleichberechtigung 75-77, 94, 126, 152f., 164

Hambacher Fest 26f., 42
Heilige Allianz 22, 76
Heiliges Römisches Reich Deutscher Nation 16, 18, 22, 24, 86
Heimarbeit 52f., 72
Heimatfront 99, **118**f., 132, 138
Herero-Aufstand 106f.
Hitler-Putsch 158

Imperialismus 96-98, **100**f., 138
Imperium 100, **130**f., 138
improvisierte Demokratie 174
Industrialisierung 28, 36, 42, 48-**52**, 53-57, 59-71, 74, 78, 80, 88, 94, 138
Inflation **160**f., 168, 176

Juden, Judentum 76f., 82f., 90, 94, 152, 172
Judenemanzipation **76**f., 82, 94, 152
Julirevolution 1830 26, 42, 76
junge Nationalstaaten **44**, 46

Kapitalismus 62, 98, 135, 138
Karlsbader Beschlüsse 24
Kinderarbeit 60f., 64-66, 72
Klassengesellschaft **62**f., 94

Kolonialreich 99, **100**-102
Kolonien 52, 80, 88, 98, 100, 102-104, 108, 138, 145, 148
Kommunismus, Kommunisten **62**f., 78, 94, 98, 126, 128f., 134, 138, 144, 150, 156, 167, 174f.
Kommunistische Partei Deutschlands (KPD) 136, 154-156, 168f., 176f.
konstitutionelle Monarchie 26, 30f.
Kriegsschuldartikel 148

Legitimität 22
Liberale, Liberalismus 24, 26, 28, 39f., 46, 76, 78, 98, **128**, 138, 154

„**M**achtergreifung" **170**f.
Marxismus 62, 64, 155
Märzforderungen 29
Materialschlacht 98, 116-**118**, 138
Mediatisierung **16**, 22, 46
Menschen- und Bürgerrechte 12, **30**, 46, 128, 138, 153
Migration 13, **36**f., 43, 46, 51, 54, 68, 71, **90**f., 94, 105
Militarismus 51, **82**f., 94, 135
Mittelmächte 112, 118, 122
Monarchie 17, 26, 30f., 84, 111, 130, 132, 134, 138, 146, 150, 155, 176

Nachfolgestaat **146**f., 176
Nation 15, 20, 27, 44, 51, 76, 80, 84, 92, 94, 144
Nationalismus 13, **24**, 44, 46, 76, 80, 84, 94, 142, 150, 174
Nationalliberale Partei (NLP) 132
Nationalsozialismus, Nationalsozialist 142, 167f., 170, 172
Nationalsozialistische Deutsche Arbeiterpartei (NSDAP) **154**f., 158, 168-170, 176f.
Nationalstaat 12, **24**, 26, 44-46, 80, 84, 138
Nationalversammlung 30-32, 46, 76, 132f., 136f., 152, 154, 156

Sachregister

„Neue Frau"   164 f.
Norddeutscher Bund   **38**, 76 f.
Notverordnung   153, 168 f., 172
Novemberrevolution 1918   130 - 136, 172

Obrigkeitsstaat   50, **84**, 94
Oktoberrevolution 1917   98, 122, **126**, 128, 130, 138, 144

Panthersprung nach Agadir   108 f.
Parlament   **26**, 29 f., 39, 44, 126 f., 130, 132 f., 136, 150, 152, 154 f., 168 f., 173 f.
parlamentarische Demokratie   44, 126 f., **136**, 152, 154 f., 174
Parteien   30 f., 64 f., 66, 82, 128, 132, 148, 154 f., 156, 158 f., 168 f., 170, 174
Paulskirche   30 - 32, 42, 46
Pogrom   82 f., 90
Präsidialkabinett   168 - 170, 173
Proletariat, Proletarier   62 f., 75, 127, 135
Propaganda   114, 120 f., 158

Radikalnationalismus   51, **82**, 94, 99, 108, 112, 138
Rassismus   82, 99, **102**, 138, 159
Rat der Volksbeauftragten   134, 136
Rätedemokratie   126 f., 130, 132, 134, **136** f., 154, 156, 158
Reichsgründung „von oben"   40 f., 46, 84, 87
Reichstag   16, 31, 40, 77, 101, 130 f., 133, 135, 152 - 155, 168 - 170, 172 f.
Reichsverfassung (der Weimarer Republik)   **152** f., 168 - 170, 176
Reparationen   148 f., 160, 162, 168, 176
Republik   15, 26, 33, 132, 135, 142, **152** f., 155 - 176
Restauration   **22** f., 46, 76, 90
Revolution   10 - **14**, 16 f., 22 - 26, 28 - 30, 33 - 35, 42, 44 - 46, 50, 62 - 66, 74 - 76, 84 f., 94, 98, 125 - 127, 129 - 131, 134 - 136, 144, 149 f., 172

Rheinbund   16, 20
Ruhrbesetzung   160, 176
Rüstungswettlauf   99, **108**, 138

Säkularisation   **16**, 18, 22, 46
Schlacht von Tannenberg   116
Schlacht von Verdun   116
Schlacht von Waterloo   20
Schlieffen-Plan   112, 116
Sedantag   **84** f.
Selbstbestimmungsrecht der Völker   133, **144**, 146 f.
Siegermächte   **144**, 146, 149 f., 160, 168
Sozialdarwinismus   **78**, **102**, 138
Sozialdemokraten, Sozialdemokratie   **64**, 78, 84, 105, 113, 177
Sozialdemokratische Partei Deutschlands (SPD)   64 f., 130, 132 - 137, 154 - 156, 168 f., 176 f.
Soziale Frage   **60**, 62, 74, 94
Sozialgesetzgebung   50, **66** f., 94
Sozialismus, Sozialisten   62 - 64, 66, 72, 75, 78, 125, 135, 150, 174 f.
Sozialistengesetz   66
Spartakus-Bund   132, 134 - 136, 156
Stellungskrieg   116, 122
Streik   64 f., 118, 126, 130, 132, 136, 158, 160

Telegraf   28, 51, 56, 88 - 90, 92, 94

Umweltverschmutzung   69 - 71, 78
Unabhängige Sozialdemokratische Partei Deutschlands (USPD)   132, 134, 136, 155
Unternehmer   **52**, 56, 60, 63, 66, 68, 94, 134, 160
Urbanisierung   51, 54, **68** f., 90, 94

Verdun   116 f.
Verein   26, 37, 46, 64, 66, 72, 97, 108, 119
Verfassung   12, 14, 23 f., 26, 29, **30** f., 40, 42 - 44, 46, 78, 130, 133, 136, 142, 152 f., 168 - 170, 176

Service-Anhang

Verhältniswahlrecht 154
Versailler Vertrag 146, **148**-150, 152, 162f., 176
Verstädterung ▸ *Urbanisierung*
Vertrag von Locarno 162
Völkerbund 143-145, 162, 176
Völkermord 106f.
Völkerschlacht bei Leipzig 20, 24
Vormärz 26, 74, 76

Wahlrecht 26, 40, 46, 65, 72, 153f., 156, 164
Wartburgfest 24f.
Weimarer Koalition **154**, 176
Weimarer Republik 143, 152-173, 176
Weltausstellung **92**-94
Weltkrieg 42, 44, 84, 98f., 112-120, **122**, 124, 126, 128, 130, 134, 137, 141f., 144-146, 161f., 172, 174, 176
Weltwirtschaftskrise 142, 150, **166**-168, 173f., 176
Wiener Kongress **22**, 28, 42f., 46
Wirtschaftsliberalismus **52**, 94

Zensur 14, **24**, 26, 28, 31, 46, 153
Zentrum 130, 132, 154f., 168, 176
Zweiter Weltkrieg 142, 172

Personenregister

Die **hervorgehobenen** Seitenzahlen verweisen auf wichtige Personen, die im Darstellungstext durch Fettdruck hervorgehoben, in der Fußzeile nochmals aufgeführt und im „Lexikon zur Geschichte" erläutert werden.

A
Alexander II. (von Russland)   76, 78

B
Bebel, August   41, 65
Bethmann Hollweg, Theobald von   113
Bismarck, Otto von   **38**-41, 45, 66f., 108
Blum, Léon   174f.
Bly, Nellie   88
Boos, Wilhelm   132
Briand, Aristide   **162**f.
Brüning, Heinrich   168f.
Bülow, Bernhard von   101, 109

C
Chaplin, Charlie   49
Claß, Heinrich   177
Cohen-Reuß, Max   137

D
Darwin, Charles   78, 102
Dawes, Charles Gates   162

E
Ebert, Friedrich   130, 133-136, 153f., 158, 172, 177
Edison, Thomas Alva   57
Egestorff, Georg   56
Engels, Friedrich   **62**

F
Fabri, Friedrich   105
Ferraris, Galileo   57
Feuchtwanger, Lion   161
Frank, Leonhard   161
Franz Joseph I. (von Österreich)   113
Franz Ferdinand (von Österreich)   112
Friedrich I. Barbarossa   86f.
Friedrich I. (von Württemberg)   18
Friedrich Wilhelm III. (von Preußen)   21
Friedrich Wilhelm IV. (von Preußen)   28-30, 33, 135

G
Gagern, Heinrich von   32
Giesebrecht, Franz   102
Göbel, Heinrich   57
Görres, Joseph   23
Gramme, Zénobe   57
Grey, Edward   109, 112

H
Hardenberg, Karl August von   17
Hecker, Friedrich   34f.
Henschel, Karl Anton   56
Herbert, Henry   101
Herwegh, Georg   34
Hindenburg, Paul von   116, 122, 131, 158, 168, 170
Hitler, Adolf   155, **158**, 168, 170f., 173, 177
Hoddis, Jakob von   81
Hofer, Andreas   20
Hoff, Johann Christian von   19
Hötzendorf, Franz-Conrad von   111
Houston, David Franklin   123

J
Jagow, Gottlieb von   112
Jérôme Bonaparte   16-18, 77
Joséphine de Beauharnais   15

K
Kapp, Wolfgang   158
Karl Ludwig Friedrich (von Baden)   18
Katharina (von Württemberg)   18
Kennan, George   125
Kessler, Emil   54
Kotzebue, August von   24f.
Krupp, Alfred   56

L
Lange, Helene   75
Lenin, Wladimir Iljitsch   126-128
Leopold II. (von Belgien)   100

Service-Anhang

Lerchenfeld, Hugo Graf von   112
Leutwein, Theodor   103
Liebknecht, Karl   134-136
Livingstone, David   100
Ludendorff, Erich   116, 131, 158
Lüderitz, Adolph   104
Lüttwitz, Walther Freiherr von   158
Luxemburg, Rosa   136

Maharero, Samuel   106f.
Makulo, Disasi   105
Marx, Karl   **62**-64, 94, 128
Max von Baden   134
Mélito, André-François Miot de   15
Merck, Ernes   164
Metternich, Klemens Wenzel Fürst von   22f.
Moltke, Helmuth von   112
Mussolini, Benito   150f.

Napoleon Bonaparte   12, 14-18, 20-22, 42-44, 46, 85
Nikolaus II. (von Russland)   124-126

Otto-Peters, Louise   73

Papen, Franz von   168-170
Pichon, Stephen   147
Poincaré, Raymond   147
Princip, Gavrilo   112

Quidde, Ludwig   83

Rhodes, Cecil   101
Rosegger, Peter   55

Sand, Carl Ludwig   24f.
Scheidemann, Philipp   134f., 154
Schleicher, Kurt von   168
Schlieffen, Alfred Graf von   112
Seeckt, Hans von   177
Siebenpfeiffer, Philipp Jacob   27
Siemens, Werner von   56f.

Sophie Chotek von Chotkowa   112
Stanley, Henry Morton   100
Stengelin, Johann   37
Stresemann, Gustav   **162**f., 176f.
Struve, Gustav   34f.
Swan, Joseph Wilson   57

Thaer, Albrecht von   131
Tocqueville, Alexis de   69
Treitschke, Heinrich von   79
Trotha, Lothar von   107

Verne, Jules   88
Victoria I. (von Großbritannien)   92
Vogelsang, Heinrich   104

Wesemann, Johann Heinrich   21
Wieczorek-Zeul, Heide   107
Wilhelm I. (von Preußen)   38-41, 77, 84, 86f.
Wilhelm I. (von Württemberg)   132
Wilhelm II. (von Preußen)   78, 80, 82, 87, 92, 97, **108**, 111, 113, 131
Wilson, Woodrow   122f., 129, 131, 144-146, 176
Wißmann, Hermann von   103
Witte, Sergej Juljewitsch Graf   125

Zetkin, Clara   75

Bildnachweis

Akademie der Künste, Berlin / © The Heartfield Community of Heirs / VG Bild-Kunst, Bonn 2018 – S. 169 • akg-images, Berlin – S. 24, 27, 30, 43, 51, 60, 61, 62, 63, 72, 77, 110, 112, 173; - / Arkivi – S. 4, 80, 96/97; - / Walter Ballhause – S. 167; - / Arthur Kampf – S. 171; - / Erich Lessing – S. 21; - / Nimatallah – S. 14; - / Jean-Pierre Verney – S. 129; - / © VG Bild-Kunst, Bonn 2018 – S. 116 (2), 157 • Alamy Stock Photo / Josse Christophel – Cover, S. 9 • Anhaltische Gemäldegalerie Dessau – S. 22 • Archiv der sozialen Demokratie der Friedrich-Ebert-Stiftung, Bonn – S. 75 • Arkivi-Bildagentur, Berlin – S. 93 • Bibliothèque Nationale de France, Paris – S. 15 • © Bildarchiv der Deutschen Kolonialgesellschaft / Universitätsbibliothek, Frankfurt am Main – S. 106 • bpk-Bildagentur, Berlin – S. 5, 23, 32, 34, 45, 123, 127, 131, 141, 142, 151, 154, 162, 167, 172, 199; - / adoc-photos – S. 175; - / Roman Beniaminson – S. 125; - / Hermann Buresch – S. 41; - / © Olaf Gulbransson / VG Bild-Kunst, Bonn 2018 – S. 82; - / Dietmar Katz – S. 73; - / Kunstbibliothek / SMB – S. 98, 109; - / Kunstbibliothek / SMB / Dietmar Katz – Cover, S. 9; - / Kunstbibliothek / SMB / Dietmar Katz / © VG Bild-Kunst, Bonn 2018 – S. 165 • Dr. Christoph Bühler, Heidelberg – S. 121 • Daimler AG, Stuttgart – S. 164 • Deutsches Historisches Museum, Berlin – S. 20, 39, 50, 64, 66, 106, 115, 117, 137; - / S. Ahlers – S. 144 • © Die Photographische Sammlung / SK Kultur – August-Sander-Archiv, Köln / VG Bild-Kunst, Bonn 2018 – S. 83 • DIZ Süddeutscher Verlag Bilderdienst, München – S. 143, 158; - / Scherl – S. 150 • DIZ Süddeutsche Zeitung Photo / Scherl, München – S. 105, 139 • dpa Picture-Alliance / akg-images, Frankfurt – S. 35, 65, 71, 84, 88, 92, 93, 99, 103, 104, 159; - / akg-images / Erich Lessing – S. 95; - / akg-images / © VG Bild-Kunst, Bonn 2018 – S. 152; - / Arco Images GmbH / G. Thielmann – S. 107; - / Arkivi – S. 118; - / Artcolor / A. Koch – S. 200; - / Bildagentur Huber / Szyszka – S. 87; - / Bildarchiv – S. 200; - / CPA Media / Pictures From History – S. 157, 177; - / dpa-Report / DB Munch Museum Oslo – S. 81; - / Heritage Images / Fine Art Images – S. 98, 128; - / © Illustrated London News Ltd / Mary Evan Picture Library – S. 70; - / IMAGNO / Austrian Archives – S. 124; - / Mary Evans Picture Library – S. 99, 119; - / maxppp / © Leemage – S. 200; - / maxppp / © Selva / Leemage – S. 79 • Getty Images / afp, München – S. 85; - / Gamma-Keystone – S. 174 • Wolfgang Haney, Berlin – S. 78 • Silver Hesse, Zürich – S. 170 • Historisches Museum, Neu-Ruppin – S. 12, 28 • © Landesarchiv Baden-Württemberg / Staatsarchiv Sigmaringen / Ho 80A T2 Nr. 492, Sigmaringen – S. 18 • Landeshauptarchiv Koblenz / LHKKo / Bestand 710, Nr. 2195 – S. 69 • Mauritius Images / Alamy Stock Photo / Art Collection 3 – S. 44; - / Alamy Stock Photo / Paul Fearn – S. 33, 76, 113; - / Ewing Galloway – S. 199; - / Alamy Stock Photo / Peter Horree – S. 199; - / Alamy Stock Photo / John Frost Newspapers – S. 130, 166; - / Alamy Stock Photo / Photo 12 – S. 13, 36, 143, 145; - / Collection Christophel / Charles Chaplin Productions – S. 3, 48/49; - / JT Vintage – S. 115; - / Memento – S. 139; - / United Archives – S. 99, 100, 101, 135 • Musée National du Louvre, Paris – S. 3, 10/11 • Museum für Energiegeschichte(n) / Avacan AG, Hannover – S. 57 • Museum Schloss Wolfach / Foto: Landesstelle für Museumsbetreuung Baden-Württemberg – S. 35 • Nationalarchiv Namibia, Windhoek – S. 106 • Sammlung Karl Stehle, München – S. 75 • Dr. Markus Sanke, Bamberg – Vorsatz vorne + hinten • Schützengesellschaft Kronach e. V., Kronach – S. 47 • Solo Syndication / David Low, London – S. 163 • Staatsbibliothek Bamberg – S. 142, 160 • Staatsgalerie Stuttgart / © VG Bild-Kunst 2018 – S. 140/141 • Stadt Sachsenheim / Stadtmuseum und -archiv, Sachsenheim – S. 37 • Statista GmbH, Hamburg – S. 89 • Stiftung Deutsches Technikmuseum / Hist. Archiv / Foto: AEG-Bestand / I.2.060 FS 055-1-09-01, Berlin – S. 57

Service-Anhang

• The Ohio State University / Billy Ireland Cartoon Library & Museum, Ohio – S. 146 • Thinkstock / iStockphoto / johan10 – S. 199 • ullstein bild, Berlin – S. 136; - / Granger-NYC – S. 89; - / Gerd Heinrich – S. 121; - / histopics – S. 13, 25; - / Imagno – S. 90; - / Roger-Viollet – S. 13, 26; - / Roger-Viollet / Albert Harlingue – S. 161 • Universitätsbibliothek Heidelberg – S. 95, 102, 132, 149, 159 • Wirtschaftsarchiv Baden-Württemberg, Stuttgart / Bestand B 250 Maschinenfabrik Esslingen, Esslingen a.N. / Vorsig. 16012 – S. 51, 54 • Württembergische Landesbibliothek / Graphische Sammlungen, Stuttgart – S. 133 • www.simplicissimus.info – S. 173; - / © VG Bild-Kunst, Bonn 2018 – S. 143, 168 • www.wikimedia.org – S. 51, 69